本书由河北省高等学校人文社会科学重点研究基地"董仲舒与传统文化研究中心"资助出版；

　　本书为衡水市政协委托项目系列成果之一；河北省教育厅人文社会科学研究重大课题攻关项目（ZD202125）阶段性成果。

魏彦红

著

BEISONG
HUANGDI
YU
JIAOYU
KAOLUN

# 北宋皇帝
# 与教育考论

西南大学出版社
SWUP 国家一级出版社 全国百佳图书出版单位

图书在版编目(CIP)数据

北宋皇帝与教育考论 / 魏彦红著 . -- 重庆 : 西南
大学出版社, 2024.5
ISBN 978-7-5697-1721-1

Ⅰ.①北… Ⅱ.①魏… Ⅲ.①教育制度—研究—中国
—北宋 Ⅳ.①G529.441

中国版本图书馆 CIP 数据核字(2022)第 239545 号

# 北宋皇帝与教育考论

BEISONG HUANGDI YU JIAOYU KAOLUN

魏彦红 著

责任编辑:李晓瑞
责任校对:王传佳
封面设计:熊　熊
排　　版:夏　洁
出版发行:西南大学出版社(原西南师范大学出版社)
　　　　　地址:重庆市北碚区天生路2号
经　　销:全国新华书店
印　　刷:重庆紫石东南印务有限公司
成品尺寸:170mm×240mm
印　　张:15
字　　数:280千字
版　　次:2024年5月 第1版
印　　次:2024年5月 第1次印刷
书　　号:ISBN 978-7-5697-1721-1
定　　价:78.00元

魏彦红教授在大学本科阶段学的是教育学,毕业后一直在高校工作。因为业绩突出,屡获表彰和奖励。2010年她考入河北大学宋史研究中心读博士,选定的博士毕业论文题目是"北宋皇帝重教研究",我担任指导教师。经过4年的辛勤努力,她完成了毕业论文,顺利通过答辩。博士毕业后,她在完成各种工作任务之余,继续修改完善扩充毕业论文,写出书稿《北宋皇帝与教育考论》。征序于我后,又根据我的意见做了进一步的修改。现在,准备正式出版,可喜可贺。可喜的是,中国教育史、宋史研究领域即将增添一部新的重要学术专著。可贺的是,通过多年的努力探索,魏彦红教授的工作业绩表上即将增添厚重的新创获。

在当今社会,教育的重要性已经家喻户晓,广为人知。但是,如何充分支持教育的发展,如何科学而正确地进行教育,是远远没有解决的问题。教育事业,是一个复杂的系统工程,绝不仅仅是学校、教师和教育主管部门的事情。当我们思考这些问题的时候,一定会回顾历史,从中外历史中总结经验教训,汲取智慧。

魏彦红教授这部《北宋皇帝与教育考论》,与教育通史和教育理论著作不同,属于教育史专题研究著作。由于皇帝的特殊身份——政治上的国家最高统治者,又使得这部著作带有一定的政治史研究色彩。该书对于我们更加深入全面地了解北宋时期的教育和皇帝,具有重要的参考价值。

该书共有三部分。除了第一部分"绪论"外,重点是第二部分和第三部分。第二部分"皇帝对经筵、太子及宗室教育的重视",共有3章。经筵,对于北宋的成年皇帝来说是一种咨询性、顾问性的学习教育制度;对于未成年的小皇帝来说是一种培育性、塑造性的学习教育制度。具有最高权威的皇帝带头读书学习,其示范性、引领性是无与伦比的,对于推动全国各阶层重视教育、重视读书学习发挥出巨大作用。同时,对于皇帝本身进一步扩充知识、提高治国理政的能力,也具有重大意义。历观古今中外,实行这种制度者并不多见。可以说,这种皇帝学习制度,这种最高领导人学习制度,是中国传统历史文化的一种珍贵遗产。特别是对于我们中国这样一个幅员辽阔、人口众多的大国来说,尤其重要。对于皇太子即皇帝继承人的教育,北宋皇帝也很重视,也留下了一些文献记载。但因为种种原因,乏善可陈。倒是对宗室的教育和管理,北宋做得比较成功,给后世留下了一些值得借鉴的规章制度。第三部分"北宋皇帝对国家教育发展的推动",共有5章,分别论述了北宋皇帝对从中央到地方的教育制度、教育机构的重视和采取的各种具体措施。我们从中可以看到,北宋建国初期的皇帝忙于战争,对于国家的教育事业并不是十分重视。从宋仁宗开始,越来越重视教育。宋神宗和宋徽宗两朝,曾对当时的教育制度进行重大调整改革。宋神宗时期推行的"三舍法",即使在今天看来,也具有合理性,但是,并没有坚持下来。其中的经验教训,值得我们认真反思。北宋推行的"学田制",也具有一定的合理性,但是宋代以后也没有得到继承和发扬。"学田制"的本质,是解决办学经费问题。而办学经费问题,至今仍在困扰着很多学校。我记得20世纪,我国从小学到大学的许多学校都有自己的试验田或农场,有的甚至有自己的校办工厂,为学生们提供劳动实践场所是其主要功能。遗憾的是,后来大多数都消失不见了。全面分析总结中外这方面的经验教训,应该是一个重要课题。另外,对于北宋教官、教师的选拔和任用,魏彦红的书中也有探讨,亦有一定的现实意义。

众所周知,宋代是一个"重文轻武"或者说"崇文抑武"的朝代。虽然宋代武力较弱、武功不扬,但宋代的经济和教科文是当时全球最先进、最发达的。宋代经济和教科文发展的最高峰,是在北宋中后期。这一时期,恰恰是宋代教育事业最发达的时期。当人们追问宋代经济和教科文发达的原因时,难免存在各种各样的见解。然而,不论哪一种见解,都离不开当时的中央集权的政治体制。在中央集权的政治体制中,皇帝是最重要的因素。皇帝的个人素质与好恶,至关重要。魏彦红的这部著作,主要是研究论述北宋皇帝对教育事业的重视。应该说,她是抓住了一个关键性问题。对于这个问题,以前的研究成果已经有所涉及,但并没有做专门的系统探讨。她的这部《北宋皇帝与教育考论》，在收集分析丰富史料的基础上，在吸收前人研究成果之后，对这个关键性问题做出了迄今为止最为系统的研究论述，值得充分肯定。期盼魏彦红教授在今后的工作中继续努力，为祖国文化教育事业的发展，为人类命运共同体的建设，做出新的贡献。

在肯定、祝贺、祝愿之余，我想再谈一点感想。我国现在的教育事业，与以前相比，确实有翻天覆地的变化和巨大的发展。但与发达国家相比，还存在许多不足和差距。同时，我国教育事业的发展不平衡问题依然存在。怎么办？我的看法，应该立足当下，瞻前顾后。所谓立足当下，就是彻底搞清楚社会经济和教育事业的现状，一切从现实出发。应该搞清楚，各行业、各阶层、各地区有什么诉求，哪些诉求是合理诉求，在经费分配上是否强调了重点发展而忽视了全面提高。所谓瞻前，就是研究总结海内外的历史经验教训。所谓顾后，就是搞清楚国家和人类社会未来的发展趋势和需求，据此谋划教育改革。这三个切入点，历史研究是基础。没有历史研究，就不可能看清楚现状，也不可能看清楚未来。

2022 年 2 月 6 日于保定紫园

# 第一部分

# 绪论

# 第一章
# 研究对象、意义及现状

## 第一节 研究对象及意义

宋朝是我国封建社会高度发展期,其政治、经济、文化、教育等都发展到了相当高的程度。尤其是北宋的教育,在经济不断繁荣的同时也逐渐显示出其成熟的一面。宋初"尚文"政策的制定影响了整个有宋一代且成为其教育政策的基石,重视文化和教育成为宋朝的基本国策。这一切首先基于北宋皇帝对文化和教育的重视。皇帝对教育的认同、重视与其本人所受的教育引导有着直接的渊源,可以说皇帝以自身学习的经历及其文化教育理念引导着人们受教育的方向。历史发展到宋代,中央集权制进一步得到加强,以"皇帝为核心,包括宰执、侍从、台谏组成的中枢权力机构,而皇帝始终处于主导地位"[①]。处于权力"主导地位"的宋代皇帝,其本人及其皇族成员接受的教育自然具有主导性,对教育的影响亦具有决定性。

宋代商品经济的繁荣,社会财富的积累,促进了科学技术的进步,也为宋代文化教育事业的发展奠定了坚实的物质基础,并与之相得益彰、互为依托,形成了中国封建社会中少有的"文治"局面。在我国古代教育发展史上,宋代教育承上启下[②]——继承了唐代文化教育的遗产,被元明清诸朝所沿袭。所以,宋代教育模式基本代表了我国封建社会中后期的教育模式。

宋朝皇帝的共同特征是崇尚文治,不仅本人喜好吟诗赋画等风雅之事,并且确有几位皇帝在书法、绘画、诗文等方面表现出特殊的才华,尽管他们不都是英明的君主,在治理国家方面的才能也比较平庸,但由于他们雅好文学艺术,自然也会影响宗室及社会风气,由此对文化教育的发展产生了深远的积极影响。

---

[①] 朱瑞熙:《朱瑞熙文集》第2册,上海古籍出版社,2020年,第23页。

[②] 乔卫平:《中国教育制度通史》第3卷,山东教育出版社,2000年,第4页。

两宋在文化教育方面确实采取了不少改革措施,促进了教育的发展。例如,北宋三次大规模的兴学活动推动了学校教育的发展和教育制度的完善,在整个社会营造了重视学校教育的良好氛围;对科举制度的一系列改革,如建立殿试制度,实行权知贡举制,实施弥封、誊录、锁院、别头试等系列举措,增加了科举考试的客观性,在一定程度上确保了公平竞争,消除了徇私舞弊现象等,从而大大推进了宋代文化教育事业的发展。

有宋一代,皇帝对教育的发展具有主导权。其从国家利益大局出发,听取士大夫阶层的意见和建议,实施了三次兴学活动,对于其"文治"的国策来说,实为有力之举。三大兴学活动的展开,使北宋教育体制不断成熟,全国性官学体系及其管理体制逐步形成,并为以后历朝所沿用。皇帝对教育发展的主导权还表现在其对于学校教育内容和培养方向上具有全局性的指导作用,在科举制度上有所体现。在北宋,科举制进入了成熟、完备的阶段,之后历代科举制虽然在内容上有所损益和调整,但在总体框架上尚未超越宋代厘定的范围。

北宋时期教育制度承上启下,教育模式较为成熟稳定,对之后历朝历代具有很好的借鉴作用,研究宋代教育尤其是北宋教育状况对今天的教育仍然具有一定的现实意义。但是以往学术界对北宋官府、民间教育的关注较多,而对以皇帝为主线对教育的推进、皇帝与教育的关系等关注较少,值得进一步深入研究和探讨。


## 第二节　学术史梳理与评析①

教育的发展与皇帝对教育的重视息息相关,学术界已有不少学者从不同的视角进行了研究。归纳起来,这些研究主要表现在经筵教育、学校教育、宗室教育和帝王研究四个方面。

### 一、经筵教育研究

经筵是皇帝接受教育的专业用语,指的是古代帝王为研读经史、提高自身文化素养而专门设立的御前讲席。近年对经筵研究的成果日渐丰富起来,主要

---

① 本部分参考了笔者的文章《北宋皇帝重教研究综述》,《河北大学学报》(哲学社会科学版)2012年第5期。

体现在对经筵制度、经筵内容等进行了探讨,在此对这些观点做一简单梳理。宋代经筵研究的代表人物是朱瑞熙先生,朱先生在其大作《宋朝经筵制度》①中从经筵官的设置、编制和管理机构入手,阐述了经筵官的人选标准、开讲时间和场所、讲读方法、讲读内容、经筵官的待遇等。这是一篇关于经筵研究的具有代表性的学术研究成果。龚延明先生在其《宋代经筵制度探析》②中认为,宋代台谏官多兼经筵官,这也反映出经筵官之除授,成了宋代皇权与相权明争暗斗之地。结合宋代经筵讲读的时间、内容、场所和方式,纵向考察两宋经筵制度,亦可看出其为宋代文治的成功发挥了重要作用。夏福英先生也从不同的角度对经筵制度进行了探讨,他在《宋代经筵制度化与"帝王之学"的形成》③一文中认为,日御经筵自宋仁宗始。朝廷有逐渐制度化的经筵反映了宋代文化的兴盛。经筵制度化则孕育、催生了"帝王之学"。"帝王之学"由北宋范祖禹初创,到南宋真德秀时方建构成完备的理论体系。"帝王之学"主要指帝王所应具备的理想人格与所应掌握的知识体系。姜鹏先生的博士论文《北宋经筵与宋学的兴起》④则从宋学兴起与发展的角度切入,对北宋哲宗朝经筵官的遴任进行了梳理与考证,从中分析经筵官对宋学思想的传播,并整理出《北宋经筵事迹年表(至哲宗朝)》。陈东先生在其博士论文《清代经筵制度研究》⑤中,在对清代经筵制度进行研究之前,梳理了经筵发展的脉络;他在《中国古代经筵概论》⑥中对经筵的定义进行了梳理和考辨,并对历代经筵制度的具体内涵、性质进行了追溯,认为经筵不仅是一种帝王教育制度,还是一种对君主专制体制进行制约的政治制度,是各王朝崇儒重教政策的象征。《南宋经筵制度及其历史作用》⑦是马元元的硕士学位论文,在对经筵制度发展沿革论述的基础上,对南宋经筵制度的重建、结构和经筵官进行了考证和研究,尤其是对经筵与理学的关系及经筵官的选任和待遇做了重点考述。邹贺和陈峰先生的论文《中国古代经筵制度沿革考论》⑧对

---

① 朱瑞熙:《宋朝经筵制度》,《中华文史论丛》第55辑,上海古籍出版社,1996年。
② 龚延明:《宋代经筵制度探析》,《中原文化研究》2020年第2期。
③ 夏福英:《宋代经筵制度化与"帝王之学"的形成》,《社会科学战线》2017年第10期。
④ 姜鹏:《北宋经筵与宋学的兴起》,复旦大学博士学位论文,2006年。
⑤ 陈东:《清代经筵制度研究》,山东大学博士学位论文,2006年。
⑥ 陈东:《中国古代经筵概论》,《齐鲁学刊》2008年第1期。
⑦ 马元元:《南宋经筵制度及其历史作用》,河北大学硕士学位论文,2008年。
⑧ 邹贺、陈峰:《中国古代经筵制度沿革考论》,《求索》2009年第9期。

经筵的广义和狭义定义进行了区分,认为狭义的经筵指北宋确立的御前学术讲座,并考述了经筵官的渊源、设置以及北宋经筵对金、元、明、清诸朝的影响。邹贺的博士论文《宋朝经筵制度研究》①则对宋朝经筵进行了较为全面的探讨。研究重心放在了对宋朝经筵制度的探讨上,并以宁宗朝为例对经筵官进行了考证,对经筵制度的运行情况进行了重点分析,认为宋朝经筵制度是成功的,协调了皇帝与大臣在学术观点和政治观点上的矛盾。曾祥波先生撰文《经筵概念及其制度源流商兑——帝学视野中的汉唐讲经侍读与宋代经筵》②提出了自己的看法:经筵名称的出现与制度的完备皆在北宋仁宗朝。应放弃"广义经筵"概念的用法,恢复自北宋起就已存在的"帝学"概念,将汉、唐、宋的讲经侍读活动统称为"帝学"。姜鹏先生在《经筵讲读与史学义理化》③中认为宋代经筵中讲读儒家经典与历史经验,为帝王提供治国理据与借鉴,这种制度也为士大夫提供了利用历史诠释表达政治观点的合理途径。近年邹贺先生对经筵进行了深入探讨,《从"经筵"词源管窥儒、释文化的互相影响》④一文认为,宋代"经筵"的词源是唐代"讲经筵""经筵",因而在宋代"经筵"与"讲筵"可以同义互换。"经筵"的本义是"铺筵大讲",指佛经讲习研讨集会,到唐代词义扩大到包括儒家学术讲座。"经筵"词源演变是南北朝以降儒、释合流的外在表现形式之一。他在《宋代经筵讲读经史蠡析》⑤中认为,宋代经筵讲读经史书目,包括经部、史部、经筵专门教材。教材又分三类:第一类是本朝历代皇帝为政故实和思想,第二类是古代统治者求学事迹,第三类是史学著作。田志光、杨国珍在《宋代经筵官俸禄与待遇》⑥中认为宋代经筵官俸禄与待遇经历了诸多演变,主要表现在官俸的数量、物质赏赐的种类、结构以及礼仪形式的具体差异等方面。把握两宋经筵官享受待遇的变化,可以从中窥探经筵官在宋代中央文官体系中的角色定位,并由此进一步了解宋朝"崇文抑武"政治理念演变的内涵。武建雄先生在《北宋经

① 邹贺:《宋朝经筵制度研究》,陕西师范大学博士学位论文,2010年。

② 曾祥波:《经筵概念及其制度源流商兑——帝学视野中的汉唐讲经侍读与宋代经筵》,《史学月刊》2019年第8期。

③ 姜鹏:《经筵讲读与史学义理化》,《复旦学报》(社会科学版)2009年第3期。

④ 邹贺:《从"经筵"词源管窥儒、释文化的互相影响》,《保定学院学报》2019年第4期。

⑤ 邹贺:《宋代经筵讲读经史蠡析》,《中国区域文化研究》2021年第1期。

⑥ 田志光、杨国珍:《宋代经筵官俸禄与待遇》,《宋史研究论丛》2017年第1期。

筵奏议的思想内涵及政治意义——以〈宋朝诸臣奏议·经筵〉为例》①中提出,北宋经筵官上呈帝王的奏议,主要阐述帝王进学修德、讲筵时限、经筵官选任、讲官坐讲等方面的思想与主张。经筵奏议对北宋帝王的谏净,彰显了士大夫群体政治地位的提升与主体意识的增强。《北宋经筵讲诗对宋诗学形成的影响》②是王贞贞、舒大刚先生从《诗经》讲解的角度对经筵的研究成果,认为经筵的传授与面向普通学子的传统讲授在内容和方向上有本质的区别,经筵讲诗也逐渐形成了有别于传统诗学的阐释方式,帝王的个性和喜好客观上推动了经筵讲诗的转型发展,自上而下地引领了宋代诗学大胆创新和疑古的新学风潮。

近年,有学者从史料中深入挖掘对经筵记载的具象内容,最具代表的是王瑞来先生。王先生撰文《"君德成就责经筵"——〈玉牒初草〉所见君臣互动考察》③,他认为,对于经筵讲读的具体情形鲜有研究。宋代玉牒的唯一遗存《玉牒初草》中有着大量的经筵讲读的记载。尽管记载仅有短短两年,但作为一个剖面,具现了宋代经筵讲读的场景。这些记载不仅可以将制度规定形象化,并且可以补充制度记载的缺失。更为重要的是,透过这些记载,在士大夫政治的背景之下,士大夫按照内圣外王的理念引导和教育君主的场面清晰地展现出来。

对宋代经筵讲义研究的学者主要有赵润金、王琦、孙杰教授等。赵润金先生撰文《宋代经筵讲义体的发展》④,认为经筵讲义是道学的产物。宋孝宗在位期间崇尚道学,促使经筵讲义走向兴盛。王琦教授近年对经筵讲义进行了系统的研究,这里择其代表性成果进行分享。她在《论宋代经筵讲义的兴起》⑤中对宋代经筵讲义进行了初步的梳理,认为经筵讲义作为宋代兴起的一种新经学体例,为经筵制度定型与学术转型的产物,具有"义理"特征与"帝学"色彩,是帝学建构与理学发展的关键环节。王琦教授以"经义、君德与治道——宋代《论语》经筵讲义研究"⑥和"经筵进讲与孟子升格运动"⑦为题进行了具体而深入的研

---

① 武建雄:《北宋经筵奏议的思想内涵及政治意义——以〈宋朝诸臣奏议·经筵〉为例》,《淮北师范大学学报》(哲学社会科学版)2018年第2期。
② 王贞贞、舒大刚:《北宋经筵讲诗对宋诗学形成的影响》,《河南大学学报》(社会科学版)2019年第5期。
③ 王瑞来:《"君德成就责经筵"——〈玉牒初草〉所见君臣互动考察》,《社会科学战线》2020年第6期。
④ 赵润金:《宋代经筵讲义体的发展》,《北方论丛》2017年第6期。
⑤ 王琦:《论宋代经筵讲义的兴起》,《中国哲学史》2018年第2期。
⑥ 王琦:《经义、君德与治道——宋代〈论语〉经筵讲义研究》,《孔子研究》2020年第6期。
⑦ 王琦:《经筵进讲与孟子升格运动》,《中国哲学史》2021年第1期。

究。孙杰教授《经筵讲读：经筵讲官与帝王互动中的经典传承——以〈五经〉〈四书〉为中心的考察》①一文对经筵内容进行了深入探讨。经筵讲学中通过经典诠释所形成的讲义体文本，成为引领学术风向、推动经学传承的政治力量。《法祖宗、裨治体：宋代圣政编纂与经筵讲读》②是他维宏先生从圣政的角度进行研究的成果，文章认为，宋真宗之后历代不断续修圣政，为经筵活动中讲读圣政提供了教材，成为宋代帝王之学中不可或缺的一部分。

以上对经筵研究的成果涉及面较为广泛，奠定了北宋经筵研究的基础。虽然近年对经筵研究有不断深入的倾向，但多数成果倾向于对制度的探讨，涉及的内容多为经筵的基本范畴，或者倾向于对南宋经筵的研究。如对经筵制度性质的探讨力度不够，经筵官的设置及其对皇帝的影响很少有人涉猎，以及皇帝在经筵学习中的价值观等需要进行深入探讨。这些便是本书要研究的重点。

## 二、宋代学校教育研究

对宋代学校教育进行全面研究的主要有王云五、袁征、李弘祺、苗春德等诸位先生。

王云五先生的著作《宋元教学思想》③对宋代教育影响较大的思想家诸如范仲淹、欧阳修、王安石、司马光、苏轼、周敦颐等人的教学思想进行了剖析。鉴于这些思想家中不少人做过经筵官或东宫官，可以从中分析他们的教学思想对皇帝或皇储的影响，亦可推测出皇室教育的方法、内容等，从中可以看出他们的思想对当时皇帝教育及教育政策的制定影响是较大的。

袁征先生对宋代学校教育进行了较为全面而深入的研究，其博士论文《宋朝学校教育研究》④分析了宋代背景下学校教育的现状，分类介绍了太学、州学的发展以及县学、小学的普及。他将重点放在了对学校、书院课程和教材，学生升补考试和教职人员选任的研究上面，时间跨越两宋。文中虽然没有涉及皇帝、宗室教育的章节，但完善的学校教育制度可使我们侧读北宋皇帝对教育的重视，并获得某些研究启示。1991年，袁征先生的代表作《宋代教育——中国古

---

代教育的历史性转折》①问世，较之其博士论文又深入细致了很多，内容更加充实完善。其中增加了宋代著名教育家及其教学法内容，在结束语部分对宋代教育的一些重要问题，如徽宗时期办学运动的评价、宋代书院发展的四个阶段、宋代教育发展的基本趋势、宋代教育的社会影响等，进行了综合考察，并在著作的最后附上了一些重要表格，内容涉及的主要是宋代公立学校的系统、教师职责和各个朝代的主要课程和经学教材。这些内容均为研究北宋皇帝重教行为及对北宋教育的再认识提供了很多思考，具有较高的学术价值。其《北宋的教育与政治》②就北宋学校教育与政治的关系作了探讨，着重讨论了三次兴学运动与当时政治形势的相互作用，以及兴学在学校建设和教学内容方面的特点，并对《宋史·选举志》中的问题稍加修订。这为我们了解北宋皇帝制定教育政策的政治因素及背景提供了帮助。袁征先生对宋代学校教育的相关研究在一定程度上奠定了北宋皇帝重教研究的基础。此外，袁征先生还有专门的文章研究宋代小学的课程和教材③，他根据文献记载认为宋代小学开设了三类基本课程：识字、诗赋、经术。神宗、徽宗等曾一度取消诗赋课程。政府指导的教材有大经五种(《诗》《书》《易》《周礼》《礼记》)和小经两种(《论语》和《孟子》)。文章还挖掘出宋代小学识字、诗赋、文史知识、伦理政治等教材。这对研究北宋皇子教育的内容提供了一些借鉴。

李弘祺先生在其《宋代教育散论》④中从多个视角对宋代教育进行了审视：宋代教育史研究的几个方向，公平、平等与开放，宋代教育与科举的几个问题，北宋国子监与太学的经费，宋神宗朝太学政策的两个阶段等。李弘祺先生在其著作《宋代官学教育与科举》⑤中专门探讨了官学与科举的关系。具体从中央官学(国子监、太学)与地方官学两大方面进行了研究。对国子监、太学及二者之间的关系、学生构成、学官选聘、经费等问题做了较为详尽的剖析；对地方教育的组织及内容，教官、学生来源与财政状况进行了探讨；对科举考试的程序、内容以及官学生活做了分析。以上研究成果对我们挖掘北宋官学教育制度与科举制度的相关内容有所启发，从宏观上让我们认识到北宋皇帝对国家教育发展

---

① 袁征：《宋代教育——中国古代教育的历史性转折》，广东高等教育出版社，1991年。
② 袁征：《北宋的教育与政治》，《宋辽金史论丛》(第二辑)，中华书局，1991年。
③ 袁征：《宋代小学的课程和教材》，《河北学刊》1991年第2期。
④ 李弘祺：《宋代教育散论》，台湾东昇出版事业有限公司，1980年。
⑤ 李弘祺：《宋代官学教育与科举》，台湾联经出版事业公司，1994年。

的推动作用。

苗春德先生主编的《宋代教育》①一书分为政策编、铨选编、学校编、管理编、学术编、人物编等六部分，包含了宋代教育的大部分内容，是了解宋代教育的基本著作，虽然对皇帝教育、宗室教育的内容涉猎不是太多，但其中很多内容是我们了解北宋皇帝重教相关内容的基础，对研究皇帝与教育的关系亦有诸多启示。苗春德、赵国权两位先生的著作《南宋教育史》②，则对南宋的基本特征、官学教育、私学教育、书院教育、社会教育以及教育思想等内容做了较为详尽的论述，这虽是研究南宋教育的重要著作，但对比之下对北宋教育的研究亦有诸多借鉴。

丁建军、金志易先生的《宋代教育发达原因探析》③较为透彻地分析了发达的宋代教育及其原因，对了解宋代皇帝及宗室教育有很多启发。我们从韩冬的《宋初教育及其借鉴作用》④中了解到宋初教育虽不发达，但很重视教育，宋初各帝采取了很多"崇文"措施，这些措施及各帝对教育进行整顿和改革的决心给当今教育提供了不少借鉴，我们能从中对宋初皇帝的教育行为有所侧读。

顾宏义先生的著作《教育政策与宋代两浙教育》⑤，从宋代的兴学政策出发，研究了两浙州县官学和两浙书院教育状况，并论述了两浙学者的教育思想，以个案为例分析了宋代教育政策的作用限度。对两宋官学教育政策作为专题研究的有张春生的硕士论文《两宋官学教育政策研究》⑥，文章中梳理了宋代官学发展的脉络，探讨了宋代官学的经费政策。从州县官学的角度切入，重点分析了宋代政府对地方官学的行政管理，建立了较为全面的学官考核机制，完善了地方官学学规。以上成果对研究北宋皇帝对教育政策的制定及对全国教育发展的影响提供了资料。

戴晓刚在其硕士学位论文《宋代三次兴学中的教学改革研究》⑦中具体分析了北宋三次兴学中教学改革的情况以及三次兴学教学改革的启示。朱云霞的

---

① 苗春德：《宋代教育》，河南大学出版社，1992年。

② 苗春德、赵国权：《南宋教育史》，上海古籍出版社，2008年。

③ 丁建军、金之易：《宋代教育发达原因探析》，《河北大学学报》(哲学社会科学版)2007年第4期。

④ 韩冬：《宋初教育及其借鉴作用》，《杭州大学学报》1994年第2期。

⑤ 顾宏义：《教育政策与宋代两浙教育》，湖北教育出版社，2003年。

⑥ 张春生：《两宋官学教育政策研究》，河北大学硕士学位论文，2003年。

⑦ 戴晓刚：《宋代三次兴学中的教学改革研究》，西北师范大学硕士学位论文，2004年。

硕士论文《宋代教育中的进步因素研究——兼谈对当今中学语文教育的启示》①中结合宋代政治、经济、思想背景阐述了功利主义教育哲学,从教学内容、教学组织形式、教学方法、考试制度等角度分析了宋代教育的进步因素。《宋代原创性教育思想研究》②是杨冰的硕士学位论文,其中透析出宋代教育中独特而又具有现代启示的教育思想。无论是教学改革还是进步的教育因素均与皇帝重视教育发展有着必然的关系,所以这也是我们深入探讨皇帝重教行为的重要领域。近年,对宋代官学教育研究有深入的倾向。姜锡东与许丞栋对庆历兴学的性质与意义进行了深入探讨。《庆历兴学——宋代官学教育自发向自觉的转折》③一文认为,庆历兴学改革是宋代人才培养的一次标志性转变,标志着宋代官学教育由无意识的自发阶段转变为有目的的自觉阶段。庆历兴学所倡导的官学教育理念为后面的两次兴学打下了坚实基础,最终使宋代官学教育达到一个前所未有的高度。这篇文章使我们对庆历兴学意义的认识上升到新的高度。张邦炜先生曾撰写多篇文章对宋代教育进行了深入剖析与界定,他在《宋代政治文化史论》④一书中收录了《宋代文化的相对普及》《论北宋"取仕不问家世"》《论宋代国子学向太学的演变》三篇文章,张先生还特撰文《宋代学校教育的时代特征——着眼于唐宋变革与会通的观察》⑤。这四篇文章让我们认识到宋代文化和教育具有如下特点:其一,文化相对普及是宋代文化最为明显的特征。主要表现为文化从先进地区推广到落后地区,从通都大邑推广到穷乡僻壤,特别是从士阶层推广到农工商阶层,整个社会文化水平提高。其二,"广开来学之路"是宋代教育最富有时代意义的变化。与唐代相比,宋代官学招生范围扩大,入学资格降低,实际上已经向"孤寒之士"敞开大门。宋代国子学向太学的演变,即贵胄子弟专门学校转化为士庶子弟混合学校。其三,"取仕不问家世"是宋代科举制度最引人注目的重大发展。同唐代相比,录取范围扩大,制度比较严密。

我们看出,对宋代学校教育研究的成果多而深入。这些成果为本书研究宋代教育奠定了基础,但也为本书的研究留下一定的空间。如北宋皇帝的诏令对学校教育发展的影响,北宋学官体系的特点,北宋教育发展的重要创举如提举学事司、学田制、教官试制度等的特殊意义,需要进一步研究。

### 三、宗室教育研究

宗室是皇族的重要组成部分,皇族是皇帝生活的圈子,所以宗室是其生活学习的一个重要场所,研究宗室教育可从侧面了解皇帝对宗室教育的重视,亦可管窥皇帝和皇储的教育。对宗室的研究主要集中在宗室教育、宗室管理、宗室成就等方面。这些均为我们研究宗室教育提供了或正面或侧面的视角。

所谓宗室教育,是指对于皇太子之外所有的皇族宗室子弟进行的教育活动。宗学是古代专为教授皇族子弟而设置的学校。汉平帝时始置宗师,宋神宗元丰六年(1083)始设宗室小学,检八至十四岁宗室子弟入学。[1]迄今为止,对宗室教育研究的成果不算太多,学者们从某个视角,将其作为一部分或者作为专题进行了一定的研究。葛庆华先生的《宋代宗室教育及应试问题散论》[2]一文中,介绍了宋王室为了加强对子弟的教育,建立了严格的奖惩制度和正规的教官制度,以及从小学到大学的教育体系;同时广开考选之门,使疏属宗室通过多种形式的考试获得受差遣的机会,并取得了较好的社会效果。对宋代宗室教育制度进行专题而系统研究的是河南大学2001年张小红的硕士论文《宋代宗室子弟教育制度研究》[3],该论文对宋代宗室子弟学校教育中的管理、教职人员的设置、课程设置、考试及奖惩制度等做了较为全面的论述。浙江大学何兆泉的博士论文《宋代宗室研究》[4]将宗室教育作为其中的一部分进行了考述,涉及内容包括宗学、宫学、宗室选试与应举等,解除了将宗学与宫学混为一体的误解,指出宫学以诸王宫为单位,宗学则于诸王宫外别创学校,统招宗室子弟进行教育。宫学是北宋时期宗室教育的主要形式。南宋以后由于宫学始终不振,最终被宗学取代。这为宗室教育的相关研究提供了重要资料与借鉴。韩国学者裴

---

① 杨学为:《中国考试大辞典》,上海辞书出版社,2006年,第284页。
② 葛庆华:《宋代宗室教育及应试问题散论》,《中州学刊》1999年第1期。
③ 张小红:《宋代宗室子弟教育制度研究》,河南大学硕士学位论文,2001年。
④ 何兆泉:《宋代宗室研究》,浙江大学博士学位论文,2004年。

淑姬的《论宋代的宗室应举》①则是专门研究宗室应举的文章。宋代自神宗熙宁二年(1069)起创立了宗室可以应试科举的制度,宋廷为此采取了一系列办学措施,设立宫学和宗学,在宗室内部创立书院、家塾和义学等以加强对宗室子弟的教学。文章还对宗室应举的种类、应举所赋予的仕宦以及宗室科举的特点等进行了论述。由此我们可以推测北宋皇帝对宗室成员及其教育、应举的重视程度。江小涛在《北宋的宗室学校教育》②中认为,与前代相比,宋代宗室教育具有亲疏并举、内外兼顾的特征。宗学兴盛,是宋代学校教育中颇具特色的内容。北宋宗室教育的进一步发展是在英、神二宗时期,这一时期从制度层面奠定宋代宗室教育的基本格局。英宗下诏增置宗室学官并实行大、小学分斋教育,标志着北宋的宗室教育走上了正轨。在兴学的高潮阶段,宗室教育真正做到了宗子不分内外,居各有宅,宅各有学,学皆有大小,大小皆有学官。徽宗年间,振兴宗学教育成为崇宁兴学的先声,宗室学校的规模达到了北宋时期的顶点。这篇文章有助于我们了解北宋宗室教育概况。程民生先生在《论宋代宗室的文化水平》③中也提出了宗室教育对宗室文化水平提升所起的重要作用。他认为,宋代皇帝高度重视宗室教育,使宗室教育制度化,尤其是宗学,强制学龄子弟读书。由于重视教育,宋代宗室普遍具有良好的文化素质。宋代宗室是宋代文化中一支不可忽视的力量。宗室的文化氛围潜移默化地消弭了暴戾之气,减少了皇族内斗。该文从宗室文化水平的视角反映了对宗室教育的重视。刘迪在《论宋代宗正寺、宗正司对宗室教育的保障作用》④一文中认为,宋代宗正寺、宗正司既是宫学、宗学的主管机构,采用多方举措促进宗室学校的持续发展,更对宗室子弟的教师进行监督管理,同时还根据宗室子弟学习的情况,对其进行奖励和惩罚。这些措施保证了宗室教育顺利发展,也是宋朝崇尚文治政策的重要表现。以上研究成果对了解和研究北宋皇帝重教行为及其相关内容提供了或直接或间接的引导,对于深入研究宗室教育提供了诸多帮助。

在宗室研究方面,关注较多的是宗室管理制度和宗室成员取得的成就等。《宋代宗族和宗族制度研究》⑤是王善军先生的关于宋代宗族研究的专著。他认

---

① 姜锡东、李华瑞:《宋史研究论丛》第九辑,河北大学出版社,2008年,第443页。

② 江小涛:《北宋的宗室学校教育》,《隋唐辽宋金元史论丛》第九辑,2019年,第191-206页。

③ 程民生:《论宋代宗室的文化水平》,《经济社会史评论》2018年第2期。

④ 刘迪:《论宋代宗正寺、宗正司对宗室教育的保障作用》,《铜仁学院学报》2016年第1期。

⑤ 王善军:《宋代宗族和宗族制度研究》,河北教育出版社,2000年。

为宋代宗族的发展倾向于求和睦与稳定,将政治伦理放在教育的首位。皇族是层次最高、群体最大的宗族,受社会大观念的影响实属必然,封建宗族的观念及其伦理道德亦是皇家宗室教育的重要目标。都樾在《略论宋代宗室的宗法文化特征》①中认为,作为国家文化的代表和旗帜,宋代宗室获得了合理的权力基础。宗室文化不断完善、发展并影响和推动了整个宋代文化。该文从文化的角度对宗室进行研究。河南大学晁根池的《宋代宗室管理制度探析》②对宋代宗室管理机构及其制度进行了探讨与评价。这为宗室管理机构的研究提供了一定的参考。汪圣铎先生在其论著《宋代社会生活研究》③中对宋朝宗室制度的研究较为深入细致。研究内容包含了宗室日常管理制度、宗室入仕制度以及宗室禄赐制度等,勾画出了一幅宋朝皇族生活、工作、学习的画面,为我们窥见宋室皇族打开了一扇大门。

不少学者对宗室成就非常关注,宗室成就的取得和皇帝对宗室教育的重视有着必然联系。所以关注宗室成就即在一定程度上关注了宗室教育,关注了皇帝对教育的重视程度。王作良的博士论文《两宋宗室词研究》④是具代表性的相关学术成果之一,该文重点对个案进行了研究评价,认为熙宁变法后推恩制的改革引起了宗室社会角色的转换和社会地位的变化,体现出宗室词的平民化、世俗化和个体化倾向。骆晓倩的博士论文《两宋宗室文学研究》⑤虽然也反映出对以上现象的关注,但以考察两宋宗室制度、宗室文化、宗族文化传统等入手为文章做了铺垫,其中也涉及了对宗室教育制度、考核制度及任官制度的考订与研究,这从文学与文化的角度对研究皇帝对宗室教育的重视程度开启了一扇侧门。孙巧莲的硕士论文《两宋宗室词人群体研究》⑥在分析宗室词出现的原因时突出了皇帝的右文政策及皇帝对子弟教育的重视,太宗及以后的历任皇帝都一直为提高宗室的整体文学素质而做出了积极努力,宗室子弟会因出色的文学才华而获得皇帝的奖赏。仁宗说过:"宗子好学者颇多,独尔以文章第进士,前此

---

① 都樾:《略论宋代宗室的宗法文化特征》,《南通师范学院学报》(哲学社会科学版)2000年第1期。
② 晁根池:《宋代宗室管理制度探析》,河南大学硕士学位论文,2005年。
③ 汪圣铎:《宋代社会生活研究》,人民出版社,2007年。
④ 王作良:《两宋宗室词研究》,陕西师范大学博士学位论文,2004年。
⑤ 骆晓倩:《两宋宗室文学研究》,四川大学博士学位论文,2007年。
⑥ 孙巧莲:《两宋宗室词人群体研究》,华东师范大学硕士学位论文,2008年。

盖未有也。朕欲天下知属籍有贤者,宜勿忘所学。"①对宋代宗室进行研究的还有都樾的《宋代宗室的文化成就及其影响》,甘松、刘尊明的《论宫廷文化背景下的宋代宫廷词创作》等,不再冗赘。

学者们从宗室教育、宗室管理和宗室成绩等方面进行了较为广泛的研究,遗憾的是还没有出现针对皇帝对宗室教育的影响进行研究的专题文章。对此,本书特设专题,并对相关领域如宗室管理机构的设立对宗室教育的保障等进行较为深入系统的探讨。

### 四、北宋帝王研究

皇权至高无上,皇帝的决策影响着整个国家的政治、经济、文化、教育等的发展,皇帝的文化素质、个人爱好、性格特征、身体健康状况等都有可能成为影响国家发展的重要因素。研究皇帝可以了解国家,所以众多学者将研究兴趣放在了帝王身上,研究宋帝的成果较多。宋朝诸帝在位时间长短不一,对国家影响悬殊,个性差异较大,所以大家更多把关注点放在那些在某些方面影响较大而又兼具个性的皇帝身上。这些研究成果均从正面或侧面让我们一睹皇帝风貌,为研究北宋皇帝重教活动搭建了重要而丰厚的资料平台。

有关宋太祖的著作有邓广铭先生的《论赵匡胤》②,邓小南先生的《宋太祖赵匡胤》③,龚延明先生的《宋太祖》④,毛元佑、雷家宏先生的《宋太祖》⑤等,探讨了赵匡胤生逢乱世、黄袍加身、挥戈南下、经略北边、励精图治等经历,对于全方位了解宋太祖有很大帮助。这些著作虽然均是对宋太祖的整体性论述,未从其重视教育的角度进行专门研究,但这为我们综合认识、评价宋太祖奠定了基础。剑锋先生在其《宋太祖"重文"的贡献》⑥中认为宋太祖制定"重文轻武"的方针是出于防止武将兵变的需要,为此宋太祖成为宋代物质文明和精神文明高峰形成的奠基者。而邓小南先生在《导向的确立——兼谈宋初"欲武臣读书"与"用

---

① 脱脱等:《宋史》卷二百四十四,中华书局,1977年,第8672页。(以下注释中涉及该版本《宋史》不再注明版本信息)
② 邓广铭:《邓广铭治史丛稿》,北京大学出版社,1997年。
③ 邓小南:《宋太祖赵匡胤》,《中华文明之光第二辑唐宋元》,北京大学出版社,1998年。
④ 龚延明:《宋太祖》,中华书局,1983年。
⑤ 毛元佑、雷家宏:《宋太祖》,吉林文史出版社,1996年。
⑥ 剑锋:《宋太祖"重文"的贡献》,《海南大学学报》(人文社会科学版)1992年第2期。

读书人"》①中对北宋太祖的用人意向做了深入分析,见解具有独到之处,认为出自太祖之口的"欲武臣读书"的深刻用意并不在于变武夫为操持"吏事"的治国能手或饱读经书的儒臣,而是要他们明悉君臣大义,自觉维护治国秩序。此研究成果对于认识与重新评价太祖的尚文政策有很大帮助。楚利英的硕士论文《宋太祖的治国思想》②,集中研究了太祖的治国思想,包括法治思想、"道理为大"思想、黄老思想、集权思想、革除弊政思想等,并分析了太祖思想的影响。《试论宋太祖朝的用人》③是张其凡先生《宋代人物论稿》中的一篇,通过对太祖朝用人的逐个分析得出了这样的结论:太祖一朝的中枢大臣,多非以文学著称者,文学之臣,罕至执政者。太祖朝用人,重用吏治之臣,并且重视吏道,提倡学习和精通法律。故此文可以让我们更深入地认识太祖的人才观,为研究宋帝重教活动起了引导作用。李佳森先生在《宋太祖治国方略的价值立足点及其历史借鉴》④中提出了"宋太祖的治国方略中蕴含着其稳固和平、改善民生和抑制暴力、崇尚创新的价值立足点"的观点。以上研究成果为我们从多方面认识宋太祖做了丰厚的铺垫。

张其凡先生在《宋太宗》⑤中,全面考察了宋太宗其人及其在位时期的政治状况,具体阐述了宋太宗的性格、才艺与思想倾向、宗教政策等。王瑞来先生的《略论宋太宗》⑥、毛元佑先生的《论宋太宗的性格特征及其影响》⑦等论文探讨了太宗其人与当朝政治。我们可以从中研读太宗性格、人才观及对重教国策制定的影响。宋晓希从御书赏赐的角度对太宗的文治气象进行了研究,《御书赏赐的文治气象——宋太宗与唐宋御书政治文化的传承和转型》⑧一文认为,宋太宗以御书赏赐来传达崇文的政治理念,御书赏赐的方式树立了自己的风格。利用飞白书、御草书诗、抄录经史故事和儒家经典等方式,表达了太宗试图复兴御书文化所代表的盛世意象的政治意图。宋太宗御书赏赐是宋代文化的一个新旧

---

① 朱瑞熙、王曾瑜、蔡东洲:《宋史研究论文集》第十一辑,巴蜀书社,2006年。

② 楚利英:《宋太祖的治国思想》,暨南大学硕士学位论文,2006年。

③ 张其凡:《宋代人物论稿》,上海人民出版社,2009年。

④ 李佳森:《宋太祖治国方略的价值立足点及其历史借鉴》,《领导科学》2019年6月(上)。

⑤ 张其凡:《宋太宗》,吉林文史出版社,1997年。

⑥ 王瑞来:《略论宋太宗》,《社会科学战线》1987年第4期。

⑦ 毛元佑:《论宋太宗的性格特征及其影响》,《华中师范大学学报》(哲学社会科学版)1989年第5期。

⑧ 宋晓希:《御书赏赐的文治气象——宋太宗与唐宋御书政治文化的传承和转型》,《北京社会科学》2016年第12期。

相兼的政治文化传统。这几篇论文对于研究太祖、太宗重儒思想及文教政策给予很大帮助。

对宋太祖和宋太宗进行综合研究的有贺圣迪先生的论文《宋太祖太宗的文化建树》[①]，从中可以了解开国之初两位皇帝的文化政策及举措：用儒家思想来指导皇帝与士大夫的修身、齐家、治国、平天下活动；设立文化研究机构崇文院；重视科学技术等。张震先生的《论宋太祖、宋太宗的德政》[②]一文，认为宋王朝在政治方面处于封建社会大变革时期，这种变化与北宋太祖、太宗的德政有着直接的关系。两位皇帝都非常重视对人才的选拔。尤其是宋太宗在太祖的基础上扩大了科举考试，为此重视教育对人才的培养实为必然之举。日本学者竺沙雅章先生的《宋朝的太祖和太宗——变革时期的帝王》[③]，论述了宋太祖和太宗一生的主要事迹，探讨了他们各自不同的个性特征、兴趣爱好以及日常生活。在《"张守真神降"考疑：术士与宋太祖太宗皇权更替》[④]一文中，韦兵先生从术士的角度对太祖死因进行了探讨，韦兵认为宋太祖、宋太宗皇权更替之际，"张守真神降"是术士利用黑煞神崇拜，为太宗谋取帝位制造符命的重要事件。文章通过对不同史源文本的对勘排比、考辨异同，认为太宗夺取皇位，预谋已久。以上成果或以较宽泛的视角，或从文化、政治的视角研究了宋初两位皇帝，对研究其重教活动搭建了重要的平台，读者可从中获得很多启发。

汪圣铎先生在《宋真宗》[⑤]中对这位君主的尊孔崇儒、喜文学多著述、与文人的交往、重科举立制度进行了详细论述，并梳理了宋真宗的部分著作。这对于深入认识宋真宗的重教活动奠定了基础。杨昆先生的《宋真宗与北宋兴衰》[⑥]、陈峰先生的《在底线上下的宋真宗》[⑦]、郭洪义先生的《宋真宗个人因素对澶渊之盟的影响》[⑧]等，论述了宋真宗本人对执政治国的影响，为研究其重教行为提供了不少借鉴。近年有学者针对宋真宗的封禅、《劝学诗》等进行了专题研

---

① 贺圣迪：《宋太祖太宗的文化建树》，《上海大学学报》（社会科学版）1993年第5期。

② 张震：《论宋太祖、宋太宗的德政》，《天府新论》2002年第4期。

③ （日）竺沙雅章：《宋朝的太祖和太宗——变革时期的帝王》，方建新译，浙江大学出版社，2006年。

④ 韦兵：《"张守真神降"考疑：术士与宋太祖太宗皇权更替》，《华东师范大学学报》（哲学社会科学版）2017年第3期。

⑤ 汪圣铎：《宋真宗》，吉林文史出版社，1996年。

⑥ 杨昆：《宋真宗与北宋兴衰》，《北方论丛》2005年第5期。

⑦ 陈峰：《在底线上下的宋真宗》，《读书》2019年第6期。

⑧ 郭洪义：《宋真宗个人因素对澶渊之盟的影响》，《辽宁师专学报》（社会科学版）2006年第5期。

究,汤勤福先生在《宋真宗"封禅涤耻"说质疑——论真宗朝统治危机与天书降临、东封西祀之关系》①中指出,宋真宗大中祥符年间的天书降临及东封西祀,并非为了涤耻,也不是为了证明赵宋皇权的合法性、合理性和权威性,更不是强化意识形态和构建精神信仰的一场思想运动。真宗的这些举动,实是解决其自身统治危机的一种手段。廖寅先生撰文《宋真宗〈劝学诗〉形成过程及作伪原因考述》②,认为:署名宋真宗的《劝学诗》在中国古代所有劝学诗文中传诵最广、影响最深。但事实上,《劝学诗》出自下层士人,体现下层士人的理想,并非宋真宗的作品。《劝学诗》也不是由某一位作者一次完成,而是由很多士人长时期共同完成,大致在宋末元初形成完整的《劝学诗》。因为宋真宗的独特身份和对于科举制度的独特贡献,这一由许多无名士人集体创作的作品,其作者"最佳人选"无疑是宋真宗。这些成果对于我们从不同的角度了解真宗对教育的重视程度有一定的借鉴价值。

黄燕生先生的《宋仁宗 宋英宗》③,包含了宋仁宗在太后阴影下的少年天子、亲政之初、庆历新政、劝立东宫等内容。李强的《政治文化视野中的宋仁宗》④、余慧婷的《宋仁宗的历史形象》⑤等论文从文化角度透视了宋仁宗的历史形象。赵冬梅的《宋仁宗之"仁"》⑥探讨了仁宗的人格魅力。田志光的《宋仁宗为赤脚大仙转世神话考论》⑦探讨了关于宋仁宗转世的神话传说,认为以道教势力为主导的各利益集团共同催生和传播了该神话,其目的在于为道教争取宋朝皇权、皇室的持续支持。近年对宋仁宗进行专题研究的成果较少,英宗因在位时间较短,对他的研究成果也不多。

仲伟民先生的《宋神宗》⑧探讨了宋神宗在位时期的重大经济、政治、军事事件,并对宋神宗的治国、人才、学术、军事思想及其品德进行了专门探讨。学者

---

① 汤勤福:《宋真宗"封禅涤耻"说质疑——论真宗朝统治危机与天书降临、东封西祀之关系》,《河北大学学报》(哲学社会科学版)2019年第2期。

② 廖寅:《宋真宗〈劝学诗〉形成过程及作伪原因考述》,《中国高校社会科学》2018年第3期。

③ 黄燕生:《宋仁宗 宋英宗》,吉林文史出版社,1997年。

④ 李强:《政治文化视野中的宋仁宗》,《中华文化论坛》2008年第1期。

⑤ 余慧婷:《宋仁宗的历史形象》,"国际宋史研讨会暨中国宋史研讨会第十二届年会"会议资料汇编,河北大学宋史研究中心编印。

⑥ 赵冬梅:《宋仁宗之"仁"》,《人民论坛》2020年第20期。

⑦ 田志光:《宋仁宗为赤脚大仙转世神话考论》,《河南大学学报》(社会科学版)2020年第4期。

⑧ 仲伟民:《宋神宗》,吉林文史出版社,1997年。

们对神宗的研究多围绕着变法主题进行。朱义群先生在《宋神宗起用王安石知江宁府的背景及其政治和文化意涵》①中认为,神宗起用王安石知江宁府,在政治上象征神宗、王安石"君臣合作"的开端,在文化上隐喻王安石"以道进退"与"观时而动"相结合这一处世哲学的成功实践。李晓虎、李利霞围绕变法对神宗进行了研究,撰文《宋神宗在熙宁变法中的过失与历史之鉴》②,认为宋神宗在熙宁变法中压抑相权使得王安石力不从心,姑息保守派引起变法派出现内讧及分裂,君主专制集权下人治多于法治,最终使得熙宁变法的失败成为必然。熙宁兴学是熙宁变法的重要内容,对熙宁变法的深入研究必然会进一步加深对熙宁兴学相关情况的了解。

　　王菡先生的《宋哲宗》③论述了宋哲宗少年登位、短暂执政状况,对其文化教育活动也有提及。任崇岳先生的《宋徽宗 宋钦宗》④论述了宋徽宗的穷兵黩武、苛政经济政策、崇奉道教和这位艺术巨匠的书画、诗词成就,并对北宋末年的政治、经济状况进行了一番探讨。作为北宋具有杰出成就的艺术家,近年研究宋徽宗的内容仍然主要集中在他的艺术成就上,此不赘引。除此之外,学者们对宋徽宗的研究角度也有开拓。游彪先生撰文《宋徽宗与成就斐然的宋代文化》⑤,对宋徽宗的艺术造诣及对教育的推动做出了较高的评价。他认为徽宗在位期间,普及教育,振兴礼乐,并通过自身的影响力和手中的权力推动书法、绘画、道教、医学等多个文化艺术领域的发展,培养了不少人才,为今人留下了宝贵的文化遗产。游彪先生的观点对进一步研究徽宗与教育的关系有较强的启发意义。《宋徽宗即位日记事发覆》⑥是顾宏义先生对徽宗即位问题研究的成果,文章指出,载入宋"国史"的有关徽宗即位本末之记事,实是当时皇权、后权与相权三者反复博弈、妥协之产物,使得徽宗继位前后的朝廷权力斗争之真相因重重掩饰,而与当日事实相距颇远。丁建军、秦思源撰文对徽宗东巡镇江的历史

---

① 朱义群:《宋神宗起用王安石知江宁府的背景及其政治和文化意涵》,《中华文化论丛》2017年第3期。
② 李晓虎、李利霞:《宋神宗在熙宁变法中的过失与历史之鉴》,《领导科学》2019年第19期。
③ 王菡:《宋哲宗》,吉林文史出版社,1997年。
④ 任崇岳:《宋徽宗 宋钦宗》,吉林文史出版社,1996年。
⑤ 游彪:《宋徽宗与成就斐然的宋代文化》,《人民论坛》2017年第13期。
⑥ 顾宏义:《宋徽宗即位日记事发覆》,《首都师范大学学报》(社会科学版)2017年第5期。

书写情况进行了探讨;①卢璐对《宋徽宗御解道德真经》进行了研究;②李政阳对宋徽宗崇道成因进行了新的考证;③王建生从宋金交互视域的角度探讨了徽宗之死;④张晨光对宋徽宗曹掾官改革进行了研究;⑤安国楼、张义祥对徽宗兴建龙德宫进行了探讨;⑥等等。这些成果对我们从不同角度深入了解真实的宋徽宗提供了诸多启示。

对宋代帝王进行综合研究的文章多有发表。贺圣迪先生的文章《北宋诸帝的重儒活动》⑦中论述了北宋诸帝在倚重儒学等方面的活动:北宋诸帝以儒学为治国平天下之道,颂扬孔子及历代大儒的德行事功,刊印并赐赠儒家经典,奖励并引导士人研读六经。这一切对于复兴儒学、促成理学形成,起过重大作用。王曾瑜先生在《宋帝御集和御笔述论》⑧中认为宋朝多数皇帝的文化水平确实高于历朝皇帝,其御笔数量十分可观,而宋朝君臣也有编纂本朝或前代皇帝御集的传统,但皇帝的御笔并不都是其亲笔所书,也有不少是他人代书之作。宋朝各代皇帝的御笔,多少反映了他们当权和施政的不同个性,在一定意义上也可说是宋朝历代政治的一面镜子。史泠歌、丁建军先生撰文《宋代皇帝对官员物质赏赐考论》⑨,他们认为对官员进行物质赏赐实质上是宋朝统治集团内部按照官僚等级进行的社会财富再分配,更多地体现了官员的尊卑等级,加重了宋朝的财政负担。丁建军先生在《宋朝皇帝诏求直言类型及原因探析》⑩中对诏求直言进行了探讨,认为诏求直言是中国帝制时代一种比较常见的政治现象,宋朝皇帝诏求直言尤其多,其大致可分为登基求言、灾异求言和危机求言三大类。其原因主要有树立皇帝开明纳谏的形象、受中国古代天谴论影响、利用诏求直言的机会攻击政敌。

---

① 丁建军、秦思源:《论宋徽宗东巡镇江的历史书写》,《河北大学学报》(哲学社会科学版)2021年第1期。

② 卢璐:《论宋代以〈易〉解〈老〉的诠释向度——以〈宋徽宗御解道德真经〉为例》,《周易研究》2017年第2期。

③ 李政阳:《宋徽宗崇道成因新考——以宋本〈度人经〉为中心》,《世界宗教研究》2018年第5期。

④ 王建生:《宋金交互视域中的徽宗之死》,《北京社会科学》2021年第1期。

⑤ 张晨光:《论宋徽宗曹掾官改革》,《文史》2020年第1辑。

⑥ 安国楼、张义祥:《宋徽宗与龙德宫》,《中国史研究》2020年第1期。

⑦ 贺圣迪:《北宋诸帝的重儒活动》,《上海大学学报》(社会科学版)1999年第2期。

⑧ 王曾瑜:《宋帝御集和御笔述论》,《兰州学刊》2015年第3期。

⑨ 史泠歌、丁建军:《宋代皇帝对官员物质赏赐考论》,《兰州学刊》2015年第2期。

⑩ 丁建军:《宋朝皇帝诏求直言类型及原因探析》,《兰州学刊》2017年第10期。

　　以上成果的研究角度不同,侧重点有所区别,但都可以作为我们研究北宋皇帝与教育关系的参考。诸多研究成果中还存在对北宋皇帝和教育关系研究的局限和不足,这为本书对此问题的研究留下了一定的空间。如宋初皇帝是如何为教育发展进行奠基的,北宋中后期的皇帝是如何推动学校教育发展的等,成为本书要探讨的重要内容。

# 第二章
# 北宋教育概况

## 第一节　北宋皇帝重视教育的社会背景及因素[①]

公元960年,赵匡胤建立了北宋政权,这是在五代长期分裂割据的状况下建立的封建统一政权。特殊的时代背景使得北宋政权在建立之初便采取了一系列恢复、发展国家政治、经济、军事、文化和教育等的政策。为了加强巩固新的中央集权,削弱节度使的权力,制其钱粮,收其精兵,北宋政府在中央设殿前司、侍卫亲军马军司、步军司分领全国禁军;又设枢密使"佐天子执兵政",这样使领兵权和调兵权分开,便于皇帝控制兵权;设枢密使和宰相分掌兵权、政权,号称"二府";设三司使,掌财权;设参知政事、枢密副使和三司副使,以制约各部门行政长官的权力;抬高御史台和谏院的地位,以监督、纠劾大臣,大大强化了皇帝的权威。[②]

北宋相对于周边的少数民族政权来说,在政治、经济、文化等方面有其优势,但军事力量相对薄弱,与周边游牧民族的战争使得军费开支极为庞大,消耗了大量的财力和物力,加之冗官冗政的弊端,北宋在历史上以"积弱积贫"著称。虽多次变法亦未能挽回局面,最终被金王朝所灭。

但北宋的手工业经济取得了突出的成就。采矿业有了较大的发展,河北、京东、河东等路矿产均已大量开采,河东及东京城乡的居民普遍使用石炭作为燃料。近年的考古挖掘中,发现河北邢台、安徽繁昌、福建同安等地都有宋代冶铁遗址。徐州的利国监、兖州的莱芜监,则是当时著名的冶铁基地,这说明宋代已经形成了相当规模的冶铁基地。《梦溪笔谈》中还描述了石油能源的应用前景,指出:"此物后必大行于世,自予始为之。盖石油至多,生于地中无穷,不若

---

[①] 本部分参考了乔卫平:《中国教育制度通史》第3卷,山东教育出版社,2000年,第2—4页。

[②]《宋史》卷一百六十二,第3807页。

松木有时而竭。"①虽然沈括没有想到石油资源也有枯竭之时,但在当时能看到这种新型燃料的预期价值已经相当可贵了。除了冶铁业,其他矿业诸如金、银、铜、锡等的冶炼技术均达到了相当高的水平。其他行业如纺织业、染色业、造纸业、制瓷业、制盐业等都达到了一定的规模和工艺水准,形成了门类较为齐全的手工业生产体系。

北宋的商业经济也获得了较大的发展。我们从《清明上河图》可以想象当时开封商业的繁荣:店铺林立,车水马龙,昼夜经营。宋代出现了多个人口在10万以上的商业城市,还出现了行业性的垄断组织——商行。商行的出现表明宋代的商业经济达到了较高的成熟程度。商业的发展促进了货币形态的演变与发展,北宋出现了世界上最早的纸币——交子,并形成了在一定范围内的货币兑换业务,与海外的商业往来也日益频繁。

宋代商业经济的繁荣促进了科学技术的进步,为宋代文化教育的发展奠定了物质和技术基础,并以此为依托,形成了中国封建社会少有的"文治"局面。宋代的指南针、印刷术和火药技术相对以前得到了根本的改造和广泛的应用。雕版印刷术在北宋中期以后的广泛应用,推进了宋代州县地方教育的普及和发展。指南针的广泛应用大大促进了海外贸易。火药的应用对于开山采矿业的发展具有举足轻重的作用。此外,宋代的天文、数学、医学、军事学、建筑学、农艺学等领域也取得了很大的成就,这些都为宋代文化和教育的发展提供了良好的条件。②

宋代的思想文化亦是异彩纷呈,以儒学为主杂糅了佛学和道学而形成了新儒学,出现了一批有影响的思想家,北宋时的代表人物有周敦颐、邵雍、程颢、程颐等。史学修撰也取得了巨大成就,司马光的《资治通鉴》,李昉等编撰的《太平御览》,王钦若、杨亿的《册府元龟》等,都是史学的重要成果。文学方面,王安石、欧阳修、曾巩、苏轼等的文章,苏轼、柳永、李清照等人的词,还有话本、小说、戏剧等,均为灿烂的文化遗产。绘画艺术在唐代的基础上也得到了发展,工艺美术上的雕塑、建筑装饰等也有了很高的成就。宋代书法艺术更是名家辈出,成就显著。③

---

① 沈括:《梦溪笔谈》卷二四,江苏古籍出版社,1999年,第2页。

② 乔卫平:《中国教育制度通史》第3卷,山东教育出版社,2000年,第3-4页。

③ 苗春德:《宋代教育》,河南大学出版社,1992年,第9-10页。

宋代稳定的社会环境，繁荣的社会经济，丰富多彩的思想文化，成就辉煌的科学技术，均是宋代教育赖以存在、发展的土壤。宋代较高的经济发展水平为教育发展提供了必要的物质基础和前提，而且为教育发展的方向、规模和内容提出了要求。唐末五代的战乱，使得学校衰废，教育不振，加之北方少数民族政权的不断骚扰，致使世风日下，道德滑坡。所以有宋一代重视教育成为必然之势。宋代重文轻武、文武分离的政策，又影响了宋代的科举制度、教育投入和教育规模等。宋代深厚的文化底蕴，在文化的传承与发展中成为宋代教育的基础。教育内容的丰富，教学形式的多姿多彩成为宋代教育的亮点。所以说，宋代的经济、政治、文化和科技等，对宋代教育制度和教育思想都产生了十分广泛而深刻的影响。

## 第二节　承上启下的北宋教育

在中国封建社会教育发展史上，宋代教育特殊而关键，担负着承上启下的重任。所谓"承上"，中国教育制度在唐代形成了基本的框架，到宋代得到了进一步的完善和发展。宋代教育在一定程度上是承继了唐代教育的遗产，并广泛总结了历朝文化教育之得失，经过融汇实践、变革与探讨，逐步定型。所谓"启下"，中国封建社会的教育体制在宋代基本成熟，之后元、明、清各朝代的教育制度均承袭了宋代教育体制，虽然有所变化和发展，但无结构性调整。可以说，宋代教育代表了中国封建社会中后期教育体制的基本模式。

### 一、北宋的教育政策①

唐末五代时期的分裂割据局面，使建立在此基础上的北宋王朝以加强中央集权为当务之急，为此，宋初统治者在政治、经济、军事等方面采取了多种措施以割前弊的同时，也对教育采取恢复和发展的措施。宋初采取的有关教育的政策，成为两宋教育发展的指导原则，成为有宋一代教育发展的基石和指针。

鉴于北宋立国的特殊背景，太祖于建国之初即吸取以往经验教训，确定了崇文抑武的国策。该国策成为宋代祖宗之法。宋初三代对此不断确认与强化，

---

　① 本部分参考了乔卫平：《中国教育制度通史》第3卷，山东教育出版社，2000年，第26—36页。

使其逐步成为两宋帝王共同遵循的基本国策。崇文抑武政策体现了两宋统治者的治国理念，太祖感慨"宰相须用读书人"，并强调"武人也要读书"。在这一思想背景下，首先是要削弱武将兵权，以加强中央集权和帝王的权威；其次是引领文化教育的导向。国家的发展不仅需要稳定的政治、军事环境，而且也需要文化教育的发展与强大。所以"崇文抑武"政策是国家发展的重要方针。同时宋初统治者不断扩大科举取士规模，鼓励世人读书仕进；振兴图书事业，充实教育发展的基础；积极赞助文教，公私各方面踊跃办学；尊师重教，礼遇文人，以此垂范世人，昭示文治盛典等。

自汉武帝接受董仲舒"罢黜百家，独尊儒术"建议以来，尊儒重教成为之后历朝历代的教育政策，维系社会安定的主导思想。宋初皇帝面临百废待兴的艰巨使命，治理乱世，更新体制，以重建封建纲常秩序，是当务之急，在尊儒重教的措施上多有创举，并为以后宋朝历代皇帝所遵守。

首先，重建孔庙，整饬封建纲常秩序。崇儒重教政策的实施首要的任务便是全面修复、重建各地被战乱毁坏的文宣王庙。唐末五代战乱的影响使得各地文庙处于荒废状态，由于常年无人打理，多处成为废墟。即使被历代尊奉为圣地的曲阜孔庙，也是"触目荒凉，荆榛勿剪；阶序有妨于函丈，屋壁不可以藏书"的状况。这种状况不能不引起宋初各帝的忧虑。他们心中非常明确，孔庙不修，儒学不振；儒学不振，纲常不继；纲常不继，治国大业不稳。基于这样的认识，于建国之初的建隆三年（962 年）太祖便诏修开封文庙祠宇，塑圣像，撰赞文，以扬儒学之风。王彦超为京兆府尹，非常重视地方教育的发展，以高度的热情和责任心主持修葺京兆府长安文庙，并以私银助学，扩建校舍，以《重修文宣王庙记》昭示天下。太宗即位，又着手曲阜孔庙的重建工作。对曲阜孔庙、开封孔庙和长安孔庙的修建有着特殊意义，是在全国范围内开展文庙修复工作的向导，是重塑儒家文化的示范。这无疑成为尊孔崇儒的风向标，对进一步推进文教政策的实施，对重树伦理纲常起到了奠基作用。宋初各朝教育政策的重点在于修复或重建各地孔庙，成就最大的当属真宗、仁宗两朝，期间修复了全国大部分文庙（也有一部分是新建）。可以说，北宋前期的孔庙修复工作，是北宋三次兴学的前期准备，是兴学的序幕和前奏。

其次，对孔子后裔进行封赐。一方面，皇帝诏令全国修复孔庙，另一方面，对孔子后裔进行封赐。并诏定相关礼仪制度，促使尊孔崇儒活动不断规范化，并定为国家重要典范。主要措施包括:皇帝追封孔子及其弟子爵号;加封孔子后裔爵号;赐给孔子后裔官职、田地、出身,并为其免税等。几代皇帝曾亲往曲阜孔庙祭拜圣人,并进一步整饬祭典仪式。

最后,逐步强化儒家经学教育。自唐以来,科举制一直坚持以诗赋取士为主,宋初沿袭唐制,亦重视诗赋取士,并发现以诗赋取士存在不少弊端,不利于人才的选拔。同时,经学被纳入科举范畴并日益受到重视,比重不断得到加大。太宗明确提出科举取士须通经义,并于端拱年间,诏令刊刻孔颖达《五经正义》,作为重要经书颁行天下。真宗重经学尤甚。称在东宫听讲《尚书》14遍[1],《论语》《孝经》各4遍[2]。真宗于咸平四年(1001年),"诏国子祭酒邢昺等校订周礼、仪礼、公羊、谷梁传正义"[3],加之《论语》《尔雅》《孝经》及孙奭的《孟子正义》,和唐朝孔颖达的《五经正义》,共为《十三经正义》,作为重要经典,成为官方法定经学教材。

在宋代科举考试中,进士科和专设的九经科最为重视经学人才的选拔,许多优秀学者通过九经科跻身仕途。在宋代科举设置的诸科中,除九经科外,其他绝大部分科目也为经学的专科,如五经、学究、三礼、三传等。经学考试的比重也不断加大,经过庆历、熙宁及崇宁的多次兴学,诗赋考试的内容几近废除,进士科也成了专门的经义考试。后来几朝虽然对诗赋考试内容有一定的恢复,但进士科仍然以经学和策论为主。在决定升官迁职、转换文资、荫补任子等一系列考试中,也都以经学为主要内容。

## 二、北宋的三次兴学运动[4]

宋代教育体制的形成与发展,基本集中在北宋时期。右文国策的大旗,直接指挥了教育政策的制定与三次兴学运动。第一次兴学运动发生在宋仁宗庆历四年(1044年),史称"庆历兴学"。庆历年间,逐步激化的阶级矛盾引起了统治阶级内部革新派进行改革,这就是范仲淹等推行的"庆历新政"。与之相配合,在教育上也掀起了兴学运动。主要内容有:第一,州县立学。规定路、州、府、军皆立学。第二,改进太学和国子学。太学和国子学的学生必须在校学习

---

① 范祖禹:《帝学》,远方出版社,1998年,第152页。
② 范祖禹:《帝学》,远方出版社,1998年,第150-151页。
③ 李焘:《续资治通鉴长编》卷四十九,中华书局,1995年,第1073页。
④ 本部分参考了毛礼锐、沈灌群:《中国教育通史》第三卷,山东教育出版社,1987年,第14-25页。

500天以上,方可参加科举考试。讲官博士由8人增至12人,进行分经讲授。以胡瑗苏湖教法为太学改革模式。第三,改革科举。规定科举考试先策,次论,次诗赋,罢贴经、墨义。尽管第一次兴学以失败告终,但它对于官学的普及具有重要意义,拉开了宋代教育改革的序幕,吹响了教育改革和发展的号角。

第二次兴学始于宋神宗熙宁四年(1071年),到神宗元丰元年(1078年)继续推行,史称"熙宁、元丰兴学"。此次兴学是在王安石两次为相期间,在推行变法过程中,王安石总结了前次兴学的经验教训,对教育采取了一系列改革措施。主要有:第一,改革科举制度。废除明经科,增加进士科。进士科考试取消诗赋、贴经和墨义,改为经义和策论。新立明法科,试以律令、刑统、大义、断案,合格即取。第二,整顿学校教育。首先,整顿州县地方学校,设置地方学官,充实师资,每所学校拨给10顷学田。其次,改革太学,创立"三舍法",即太学分外舍、内舍和上舍,学生按照程度分别进入三舍授业;调整太学直讲,委派拥护新法的人员担任主讲官。再次,创立和恢复专科学校,统一编写了教科书《三经新义》。第二次兴学措施较为全面、系统,持续时间也较长,使宋代官学为之一振,在我国古代教育史上占有一席之地,对元、明、清的教育有着不可磨灭的影响。

第三次兴学是宋徽宗崇宁元年(1102年)蔡京为相时发动的,史称"崇宁兴学"。主要内容有:第一,崇宁元年(1102年)八月,诏天下兴学贡士,推行三舍考选法。"县学生选考升诸州学,州学生每三年贡太学……考分三等,入上等补上舍,入中等补下等上舍,入下等补内舍,余居外舍。"①第二,崇宁二年(1103年),定诸州养士人数,以前一举参加考试人数之半或2/3为标准。第三,崇宁三年(1104年)于原太学之外,又添置书学、画学和算学,学生入学办法略如太学。第四,崇宁三年(1104年)九月,罢科举法,诏天下取士悉由学校升贡。崇宁以后,官学继续发展和扩充。

北宋时期的三次振兴官学运动,始终围绕着科举取士和学校育才的关系来进行。宋代的官学经历了"改革—失败—再改革—再失败—再改革"的过程,三次兴学意义重大,助推了宋代教育事业的发达与辉煌。经过多次努力,逐步形成了以中央太学、国子监为中心,诸多专科学校及地方学校配套的全国性官学体系,营造了全社会重视教育的氛围,在一定程度上摆脱了对科举制度的依赖。

---

① 《宋史》卷一百五十七,第3662页。

### 三、北宋兴起的书院

书院教育亦是宋代教育之亮点。宋代是中国书院教育形成和发展的奠基阶段。作为独立于官学体系之外的民间学术研究和文化传播的教育机构,它所倡导的不附利禄、明辨通达的学风,向当时的学术界、教育界吹入了一股清新的空气。书院不仅弥补了官学教育的不足,而且还促进了自由讲学和学术研究风气的形成。宋代书院教育在发展过程中积累的经验和确立的准则成为后代书院教育的范本。学人们研究宋代书院多从南宋书院入手,的确,南宋书院教育相对北宋自身体制更加完备,功能也更加全面,进入了成熟时期。但南宋的书院是在北宋书院基础上发展起来的。北宋初期,书院经历了一个繁荣兴旺时期,此后由于各种原因又逐渐衰落。曾一度出现了白鹿洞书院、岳麓书院、应天府书院、嵩阳书院等非常著名的书院,对宋代教育的发展产生了重要的影响。唐末五代官学衰落,学校不修,宋初虽然社会安定,但学校教育尚不发达,便为创建书院精舍这种教学形式提供了客观条件。如朱熹在《衡州石鼓书院记》中所分析:"余惟前代庠序之教不修,士病无所于学,往往择胜地而立精舍,以为群居讲习之所,而为政者或就而褒表之,若此山,若白鹿洞之类是也。"[①]

关于白鹿洞书院和应天府书院,《容斋随笔》有记载:"太平兴国五年,以江州白鹿洞主明起为褒信主簿。洞在庐山之阳,尝聚生徒数百人。李煜有国时,割善田数十顷,取其租廪给之;造太学之通经者,俾领洞事,日为诸生讲诵。于是起建议以其田入官,故爵命之。"真宗大中祥符二年(1009 年),"应天府民曹诚,即楚丘戚同文旧居造舍百五十间,聚书数千卷,博延生徒,讲习甚盛。府奏其事,诏赐额曰应天府书院,命奉礼郎戚舜宾主之;仍令本府幕职官提举,以诚为府助教。宋兴,天下州府有学自此始"。[②]史家给予如此高的评价,足见白鹿洞书院和应天府书院意义之重大,影响之深远。岳麓书院的情况大致如下:太祖开宝九年(976 年),"潭州守朱洞始创宇于岳麓山抱黄洞下,以待四方学者。作讲堂五间,斋序五十二间……咸平二年,潭守李允则益崇大其规模……中开讲堂,揭以书楼,塑先师十哲之像,画七十二贤……请下国子监赐诸经、释文、义疏、《史记》《玉篇》《唐韵》。从之。祥符五年,山长周式请于太守刘师道,广其

---

① 乔卫平:《中国教育制度通史》第 3 卷,山东教育出版社,2000 年,第 223 页。
② 洪迈:《容斋随笔》,吉林文史出版社,1994 年,第 381—382 页。

居……八年召见便殿,拜式为国子主簿……仍增给中秘书。于是书院之称闻天下"①。文献记述了岳麓书院在几任地方官支持下发展壮大的过程。

关于嵩阳书院和茅山书院,《文献通考》这样记载:"宋兴之初,天下四书院建置之始末如此。此外则又有西京嵩阳书院,赐额于至道二年。江宁府茅山书院,赐田于天圣二年。嵩阳、茅山后来无闻,独四大书院之名著。是时未有州县之学,先有乡党之学。盖州县之学,有司奉诏旨所建也,故或作或辍,不免具文。乡党之学,贤士大夫留意斯文者所建也;故前规后随,皆务兴起。后来所至,书院尤多。而其田土之赐,教养之规,往往过于州县学,盖皆欲仿四书院云。"②由此看来,北宋书院呈现不断发展之势,一度非常兴盛,国家亦曾赐田、赐书、赐额等以示支持。书院教育与官学教育相辅相成,成为宋代教育体系中重要的一支,客观上推动了宋代教育的发展。

---

① 陈谷嘉、邓洪波:《中国书院史资料》上,浙江教育出版社,1998年,第43-44页。
② 顾明远:《中国教育大系·历代教育制度考(一)》,湖北教育出版社,2015年,第904页。

# 第二部分

# 皇帝对经筵、太子及宗室教育的重视

# 第三章
# 北宋皇帝对经筵的重视

## 第一节　经筵及其在北宋的发展概述

所谓经筵,或称御前讲席,别称经幄、帝幕,是皇帝听讲读官讲解经史的场所,亦称为说书所、讲筵所、迩英阁、延义阁、资善堂等,总称经筵。经筵有广义和狭义之分,广义经筵泛指汉代以降,皇帝亲自参加的各种学术活动;狭义的经筵专指宋代经筵,因为至宋代,经筵开始制度化,即有了相对固定的时间、场所,并有专、兼职讲官向皇帝讲述经史知识。经筵作为皇帝接受教育的主要方式和途径,得到了北宋皇帝的高度重视。这与北宋成立背景紧密相关。唐末五代的战乱摧残了教育,影响了人们接受教育的范围与程度,导致人才匮乏,难以适应北宋建国之初国家对管理人才的迫切需求。作为国家的直接管理者——皇帝,宋太祖个人体味最深,在他执政时期,战争成为一统国家的主旋律,没有系统的时间去学习经史等方面的知识,即使学习也只能是抽较短的时间补习一下某章某节的部分内容,涉及的书籍也较少,只限于《周易》《尚书》等。如范祖禹在《帝学》中所讲:"太祖皇帝之时,天下未一,方务战胜而欲尽令武臣读书。夫武臣犹使之读书,而况于文臣其可以不学乎?"[1]太祖曾深切地感到"宰相须用读书人"。宰相如此,作为一国之主的天子如果没有文化,不懂历史,何以一统天下? 于是"崇文抑武"便成为基本国策被贯彻于有宋一代。

由此,经筵作为一种特殊的教育方式,得到宋代皇帝的格外重视,并不断发展直至制度化。太祖、太宗在国家一统的大业中认识到崇尚儒学的重要性,于是想尽办法接触大儒,抽时间补学、崇儒。太祖召宗正丞赵孚到其后殿讲读《周易》,并对赵孚的讲解非常满意。后又召处士王昭素到便殿讲《周易·乾卦》,太祖借此向王昭素了解民间之事,王昭素如实回答,太祖颇为满意。这种初步的

---

[1] 范祖禹:《帝学》,远方出版社,1998年,第134页。

召读活动可以视作经筵的萌芽,亦可以看出宋初统治者的长远见识,为其后世之治打下良好的学习之风。太宗在太平兴国八年(983年)统一各国后,以听政之暇,日问经史,求人以备顾问。宋太宗命翰林学士吕文仲于禁中备顾问,复妙选耆儒,设直庐于秘阁,侍读侍讲更日侍直。盖日讲始于此。真宗咸平二年(999年),以杨徽之、夏侯峤并为翰林侍读学士,邢昺为侍讲学士。仁宗时,讲筵尤重。置崇政殿说书,又置迩英、延义二阁。庆历二年(1042),召御史台中丞贾昌朝侍讲迩英阁。盖大臣他官得侍经筵始此。仁宗又命晏殊作《真宗讲席记》。自是二经筵进讲遂世代沿为故事。此其始末大略也。①由此,我们可以确定宋仁宗朝经筵开始制度化。经筵,其特殊性在于教育对象是帝王,对于皇帝经史素养和君德的培养、国策的制定、教育的发展、人才的选拔等均具有重要的意义和作用。程颐曾感慨经筵的重要性可与宰相相比:"臣以为,天下重任,唯宰相与经筵:天下治乱系宰相,君德成就责经筵。"②

## 第二节　北宋经筵制度的性质与意义

经筵,是一种特殊的教育活动或教育方式,到北宋时期不断得到各朝皇帝的重视并形成一种制度。

### 一、经筵是一种教育制度

经筵成为一种教育制度,具有教育制度的一般特征。北宋皇帝已经意识到教育的重要性,学校教育也在不断完善发展,他们也深深地感到自己作为一国之君,个人的文化修养直接决定治理国家的能力,影响治理效果,甚至影响到国之存亡,所以,北宋皇帝选择了通过经筵这种特殊的方式来提升自己的经史修养以提高治国能力。皇帝在相对固定的时间到经筵场所学习各种儒家经典及史籍,选定学问好的人做经筵官为皇帝进行讲解。经筵官一般有侍讲和侍读两类,他们各负其责,侍讲官负责讲解经文,侍读官负责进读史籍等。有的经筵官将经筵活动视同普通教育,讲究师道尊严,为保证教学效果,视皇帝为学生,要求很严格。孙奭则是这样的人。"帝每为御经筵,以象架庋书策外向,以使侍臣

---

① 夏之蓉:《半舫斋古文》卷四,文渊阁四库全书影印本,台湾商务印书馆,1986年,第33页。
② 程颢、程颐:《程书分类》上,上海辞书出版社,2006年,第778页。

讲读。天圣末,孙奭年高视昏,或阴晦,即为徙御坐于阁外。奭每讲论至前世乱君亡国,必反复规讽,帝意或不在书,奭则拱默以俟,帝为竦然改听。"①程颐也是以身作则,以师道自尊,"每进讲,色甚庄"②。经筵与其他教育活动所不同的是其教育对象的特殊性,并且在一定的时间内具备相对固定的专、兼职讲官、场所等。经筵制度别具特色,与其他教育形式有着诸多不同之处。

## 二、经筵是一种政治制度

经筵制度与谏官制度同是古代对君王言行进行调节与约束的一种重要机制。对于君王来说,自己虽是国家最高统治者、管理者,但其言行势必影响国家政策的制定与发展。在一定程度上,皇帝在接受教育的同时,经筵亦对其具有约束、调节的功能。知识改变观念,观念引导行为。明智的皇帝会以史为鉴,通过不断加强自身的学术修养以提高自身执政能力与道德素养。同时,经筵官在进讲经史的同时,往往结合社会实际,旁征博引,借此引喻君王,由此对皇帝的治国理念及个人言行起到一定的制约和引导作用。由于经筵官多而杂,其中多数为当朝官员,他们做经筵官是兼职,所以,经筵难免成为皇帝接受各种政见和信息的渠道,成为谈论、探讨国家执政方略的场所。为此,经筵官往往抓住讲经论道的时机向皇帝"推销"自己的政见,以图影响最高决策。

## 三、经筵是一种礼仪制度

鉴于经筵活动的特殊意义,自其产生之日起便受到帝王的重视,得到了发展并不断走向制度化。经筵活动的各个环节均涉及君臣、师生关系的礼仪,随着经筵制度的日益成熟,经筵活动中的君臣师生礼仪制度受到重视。经筵制度是中国古代礼仪制度中"嘉礼"的重要组成部分。广义的经筵亦包括相关的制度礼仪等范畴,诸如师生关系的处理、站讲坐讲之规。经筵礼仪制度的确立与执行既丰富了我国古代礼仪制度,又促进了经筵制度的进一步规范与完善,是教育进步的体现。

## 四、经筵制度是落实右文政策的重要渠道与方式

更为重要的一点,经筵制度是落实右文政策的重要渠道与方式。皇帝以身作则,所学内容基本为儒家传统经典,这是自汉代以降我国封建社会各朝国家

---

① 范祖禹:《帝学》,远方出版社,1998年,第177页。
②《宋史》卷四百二十七,第12719页。

最高意识形态的选择与呈现。加强道德修养是经筵的首要内容,致君尧舜是最终目的。宋代经筵亦然。元许约在《建言五事》的奏疏中曾明确指出:"夫经筵之设,将以讲明正学,培养君德。"①北宋初年的政治、社会环境促使宋朝统治者采取了"崇文抑武"的治国方针,并且该方针成为宋代"祖宗之法"得以传承与光大。这亦是经筵制度在北宋得以形成的深层原因。

## 第三节　北宋重要经筵官及其对皇帝的影响

经筵制度形成于北宋并得到了发展,而对经筵官的选任也非常重视。北宋时期共有经筵官一百余位,鉴于经筵官如此之多,无法一一涉及,这里仅选对北宋皇帝及经筵制度影响较大的五位经筵官进行探讨。

### 一、孙奭对真宗、仁宗皇帝的影响

孙奭"《九经》及第,为莒县主簿,上书愿试讲说,迁大理评事,为国子监直讲"②,在真宗朝"以为诸王府侍读"③。仁宗朝,"宰相请择名儒以经术侍讲读,乃召为翰林侍讲学士,知审官院,判国子监,修《真宗实录》"④。孙奭是一个博学大儒,"以经术进","常掇《五经》切于治道者,为《经典徽言》五十卷。又撰《崇祀录》《乐记图》《五经节解》《五服制度》。尝奉诏与邢昺、杜镐校定诸经正义,《庄子》《尔雅》释文,考正《尚书》《论语》《孝经》《尔雅》谬误及律音义"⑤。

孙奭为人耿直,不阿谀逢迎,并具有较强的责任心。"守道自处,即有所言,未尝阿附取悦。"⑥选孙奭为国子监直讲、诸王府侍读、翰林侍讲学士、判国子监等职,实为皇帝的明智之举。孙奭不仅对真宗的言行尤其是其治国意识与方略产生影响,而且对时为太子的仁宗和执政时的仁宗影响更大。

第一,孙奭刚正不阿的性格和强烈的责任感使其敢于力劈荆棘,冒着生命危险和皇帝及其众多追随者做斗争。在真宗朝,他敢于驳斥"天书"事件:"臣

---

① 苏天爵:《元文类》上册,商务印书馆,1936年,第194页。
② 《宋史》卷四百三十一,第12801页。
③ 《宋史》卷四百三十一,第12801页。
④ 《宋史》卷四百三十一,第12806页。
⑤ 《宋史》卷四百三十一,第12807页。
⑥ 《宋史》卷四百三十一,第12801页。

愚,所闻'天何言哉',岂有书也?"①尤其对于真宗"封泰山、祀汾阴"的荒谬之举,敢于直面谏疏,提出反对意见,上疏谏曰四不可的理由。对当时已经被"封泰山、祀汾阴"活动冲昏头脑的真宗及其属僚们来说,孙奭提出建议的行为无非是自寻死路。但根据史料我们推知,真宗皇帝本是个积极向上、主动好学的皇帝,冷静的时候他会扪心自问,或许"封泰山、祀汾阴"的举措是其急功近利的无奈之举,他比任何人都明白这种举动的真实意图、动因和实质。所以,面对孙奭的大胆谏言,真宗皇帝非常明白孙奭这样的大臣太少了,而且这样的人才正是教育下一代的必选之人,于是果断而明智地做出了正确的选择,任命孙奭为诸王府侍读。这种选择为仁宗皇帝接受良好的教育打下了坚实的基础。

第二,孙奭对仁宗良好的学习习惯及师道观念的养成起了积极的促进作用。孙奭是仁宗为太子和执政时的侍读官。仁宗登基时仅有11岁,这正是一个孩子的成长期,同时亦是其良好行为习惯养成的关键期。在这样一个年龄,贪玩好动是常有的表现,仁宗亦不例外。但对于一个君王来说,从小必须养成良好的行为习惯。孙奭看在眼里,急在心里。他毅然采取了直观引导的措施,"尝画《无逸图》上之,帝施于讲读阁"②《长编》中较为具体地记载了孙奭在仁宗不专心听讲时所采取的措施:"辛巳,始御崇政殿西阁,召翰林侍讲学士孙奭、龙图阁直学士兼侍讲冯元讲《论语》……王曾以上新即位,宜近师儒,故令奭等入侍。上在经筵,或左右瞻瞩,或足敲踏床,则奭拱立不讲,体貌必庄,上亦为竦然改听。"③孙奭以帝师身份首先自觉严格规范自己的行为,以高度的责任感担当起教育引导小皇帝的责任。这对小皇帝仁宗的成长起到了重要的影响,由此也奠定了孙奭在幼小皇帝心中的帝师形象。为其日后良好关系的形成亦起到了促进作用。于此,《孙奭传》中有所提及,"然帝与皇太后尤爱重之,每进见,未尝不加礼"④。

第三,孙奭尽心执教并赢得了皇帝的褒奖。在孙奭担任国子监直讲时,因其能结合实际给真宗皇帝讲解《尚书》,使真宗皇帝大受启发,被赐五品服(当时国子监直讲职位很低),并由此调任诸王府侍读。即"咨嗟久之。赐五品服。真

---

① 《宋史》卷四百三十一,第12802页。

② 《宋史》卷四百三十一,第12807页。

③ 李焘:《续资治通鉴长编》卷九十九,中华书局,1992年,第2303页。

④ 《宋史》卷四百三十一,第12807页。

宗以为诸王府侍读"①。虽然诸王府侍读官职不高,但却是一个能接近皇族的、令人羡慕的职位。对孙奭来讲,无论到哪里讲读,他都一样尽心尽职。也正是这种尽职行为使他受到了皇帝的器重,其官职一路上升,"判太常礼院、国子监、司农寺,累迁工部郎中,擢龙图阁待制"②。孙奭曾因年龄的原因三请致仕,亦说明皇帝对其不舍之心态及良好的师生关系。每次讲完都有较多赏赐,或赐帛锦,或赐飞白书法作品,或赐袭衣、金带,或赐诗等。"闰月戊辰,翰林侍读学士孙奭请老,命知兖州,曲宴太清楼送之。"③孙奭以太子少傅的名誉致仕,当其去世后,"罢朝一日,赠左仆射"④。

## 二、司马光对英宗、神宗和哲宗皇帝的影响

"司马光字君实,陕州夏县人也。……仁宗宝元初,中进士甲科。"⑤仁宗嘉祐七年(1062年),为起居舍人、知制诰兼侍讲、天章阁待制。英宗治平二年(1065年),为龙图阁直学士兼侍读。三年(1066年),修《资治通鉴》始。四年(1067年),为翰林学士,御史中丞。十月,皇上亲制《资治通鉴》序赐司马光,赐名《资治通鉴》。熙宁元年(1068年),与神宗皇帝讲富民之术。二年(1069年),神宗皇帝咨询宗室法变更一事,司马光认为不可着急。十一月,与吕惠卿等辩论新法。三年(1070年),为翰林学士兼侍讲学士、右谏议大夫、史馆修撰司、枢密副使。给王安石修书请罢条例司及常平使者。为端明殿学士兼翰林侍读学士、集贤殿修撰、知永兴军,又知许州。元丰七年(1084年),为端明殿学士兼翰林侍读学士、太中大夫、提举崇福宫司、资政殿学士,知陈州。元祐元年(1086年),论科举不可以王安石一家之说为标准。三月,推荐程颐为崇政殿说书。九月,司马光卒。留有文集80卷、《资治通鉴》294卷、《资治通鉴总目》30卷、《资治通鉴考异》30卷、《通历》80卷、《皇朝百官公卿表》6卷、《历年图》7卷、《稽古录》20卷、《书仪》8卷、《家范》4卷。⑥

第一,《资治通鉴》凝聚了司马光的价值观并对英宗、神宗等皇帝产生影响。司马光是北宋时期最具影响力的思想家、政治家之一。对于这样一位有分量的

---

①《宋史》卷四百三十一,第12801页。
②《宋史》卷四百三十一,第12801页。
③《宋史》卷九,第190页。
④《宋史》卷四百三十一,第12793页。
⑤《宋史》卷三百三十六,第10757页。
⑥ 李昌宪:《司马光评传》,南京大学出版社,1998年,第397页。

人物,北宋皇帝当然不会错过,既要让他在政治舞台上发挥作用,又要让他在教育舞台发光发热。司马光的政治思想、治国方略、经学思想及其研究成果必然会在他的舞台上展示出来。他侍从仁宗、英宗、神宗和哲宗四任皇帝。曾担任英宗、神宗、哲宗三朝的经筵官,由此我们推出他对三位皇帝的影响之深。从对《资治通鉴》的构想、设计,到着手编纂、鸿篇巨制的竣工,司马光倾注了一生的心血。浩瀚的史料对主要时间用于处理国家政事的皇帝来说,学习、了解起来是非常困难、力不从心的。司马光完全出于对皇帝学习历史的考虑,经过长时间的酝酿,且与英宗皇帝的想法不谋而合。所以,当在经筵上英宗把这个艰巨的任务交给司马光时,司马光将自己的想法与皇帝进行了交流。

　　三年四月辛丑,命龙图阁直学士兼侍讲司马光编集《历代君臣事迹》,于是光奏曰:"臣自少以来,略涉群史。窃见经传之体文字烦多,虽以衡门专学之士,往往读之不能周决,况于帝王,日有万几,必欲遍知前世得失,诚为未易。窃不自揆常,欲上自战国、下讫五代,正史之外,旁采它书,凡关国家之兴衰,系生民之休戚,善可为法,恶可为戒,王者所宜知者,略依《左氏春秋传》体,为编年一书,名曰'通志'。其余浮冗之文,悉删去不载。庶几听览不劳,而闻见甚博。私家区区,力不能办,徒有其志,久而无成。乡曾以战国时八卷上进,幸蒙赐览。今所奉诏旨,未审令臣续成此书、或别有编集?其续此书,欲乞亦以'通志'为名。其书上下贯穿千有余岁,因非愚臣所能独修。伏见韶州翁源县令刘恕、将作监主簿赵君锡,皆有史学,为众所推,欲望差此二人与臣同修,庶早成书。"诏从之,而令接所进书八卷编集,俟书成取旨赐名。[①]

　　《资治通鉴》相关的编纂程序,如选材、组稿、定稿、编纂等,任何一个环节均倾注了司马光的心血。《资治通鉴》凝聚了他的政治观、史学观、人才观、经学思想等意识形态。对英宗皇帝来说,对此巨著的重视程度不亚于司马光,其与之作序并赐名,亦倾注了满腔热血。其中所蕴含的各种理念和价值观会潜移默化地影响皇帝。司马光相对于改革派来说是传统保守派的代表,作为最具影响力的政治家,其思想影响之深势在必然。英宗皇帝由于身体的原因执政时间较

---

① 范祖禹:《帝学》,远方出版社,1998年,第294—295页。

短，司马光对其产生的深远的政治影响已无法考证。神宗是一个年轻有为、力争改革、锐意进取的皇帝，他敏锐的眼光已经看透时态之弊端，认为改革之必行。当然，神宗年轻时即受王安石思想影响之深对其立志改革意识的形成有着决定性的作用。但即使在神宗力排众议、锐意改革之时，也未将处于反变法派之首的司马光赶向政治边缘。鉴于司马光对编纂《资治通鉴》做出的巨大贡献以及他个人的政治见解、为世人所推崇的人品、博学等，神宗即位之初即任命司马光为翰林学士兼侍读学士。当司马光认为自己曾弹劾张方平，所以不应该被赋以这么高的职位时，神宗曾下手诏给司马光说明其真实意图：

> 上手诏光："得卿奏及谓因前日论方平不当，故有易命。此乃卿思之误，非朕本意也。朕以卿经术行义为世所推，今将开延英之席，比得卿朝夕讨论，敷陈治道，以箴遗阙，故命进读《资治通鉴》。此朕之意，皎然易见也。况命卿之旨在二十六日登对前，苟朕以言事罪卿，岂复迁卿美职必谅朕诚，更勿横虑，可即授告敕。吕公著所以封还者，盖不知此意耳。俟对日，朕亦当谕旨。"……甲寅，司马光初进《资治通鉴》，上亲制序面赐光，令候书成日写入。①

我们不难从这段解释中获得多种信息：神宗皇帝非常器重和尊重司马光，认为他是经筵官的不二人选，更希望通过经筵学习能够经常和他探讨治国大计。所以，当固执的司马光对自己的职位产生疑问而推辞时，神宗想方设法让他接受这一职位，不仅急以手诏进行解释和挽留，而且还派宦官追司马光到门外，硬是把委任状塞到司马光怀里，司马光才不得不接受。由此看出司马光在神宗心中的地位和分量。

第二，司马光对英宗皇帝的教育观念产生了影响。英宗重视对子女及其宗室的教育。曾下令增加宗室学官，并加置同知大宗正事官一员。嘉祐八年（1063年）四月，英宗即位。十月，辅佐大臣们奏请，要求像乾兴年间仁宗即位后做到的那样，每逢双日，召侍臣进宫讲学读书。英宗说："当俟祔庙毕，择日开经筵。"②十二月己巳日，英宗第一次在迩英阁召侍读、侍讲，讲读经史。"九月，诏以五日开迩英阁，至重阳节当罢。侍讲吕公著、司马光言：'陛下始初清明，定亲近

---

① 范祖禹：《帝学》，远方出版社，1998年，第301页。
② 范祖禹：《帝学》，远方出版社，1998年，第281页。

儒雅,讲求治术。愿不惜顷刻之间,日御经筵。'从之。"①依祖宗故事,经筵开设是有日期和时间限制的,即学期有始有终。但英宗初登宝基,亲近儒雅,讲求治术是非常重要而迫切的,据此,经筵成为一条重要的捷径,吕公著和司马光的建议即刻被英宗采纳,这无疑巩固了英宗的经筵观。对于初登皇位的年轻皇帝来说,能做到这点是难能可贵的,这也和帝师的引导有着必然的关系。

经筵学习的方法也很重要,直接影响到学习效果。为此,司马光亦给英宗皇帝以循循诱导。

> 帝御迩英阁,未尝发言,有所询问。二年十月,侍讲司马光上言:"臣闻《易》曰'君子学以聚之,问以辨之。'《论语》曰:'疑思问。'《中庸》曰:'有弗问,问之弗知,弗措也。有弗辨,辨之弗明,弗措也。'以此言之,学非问辨,无由发明。今陛下若皆默而识之,不加询访虽为臣等疏浅之幸,窃恐无以宣畅经旨,禅助圣性。望陛下自今讲筵,或有臣等讲解未尽之处,乞赐诘问。或虑一时记忆不能详备者,许令退归讨论,次日别具札子敷奏。庶几可以辅稽古之志,成日新之益。"帝嘉纳之。②

司马光已经认识到质疑在学习中的重要性,疑则思,思则问,问则辨,辨则果。在今天教育学的原理中,质疑亦是重要的学习方法与途径。司马光出于强烈的责任心,当他发现英宗"只听讲,从不提问"的学习状态时,意识到这会影响经筵的实效,于是出现了上面循循善诱的例子。英宗随即也认识到了自己的问题,便欣然受而改之。

第三,司马光作为保守派代表,利用经筵阐述其反变法思想以影响神宗皇帝。作为保守派,司马光极力反对神宗及王安石等人的变法。作为重要的经筵官,司马光自然会抓住经筵的大好时机向皇帝阐述自己的政治观。司马光结合所讲经史内容,适时地联系变法实际,引经据典地阐发自己的政治见解。

> 十一月庚辰,司马光讲《资治通鉴》《汉纪》,至"曹参代萧何为相国,一遵何故规"因言:"参以无事镇抚海内,得守成之道,故孝惠高后时,天下晏然,衣食滋

---

① 范祖禹:《帝学》,远方出版社,1998年,第287页。
② 范祖禹:《帝学》,远方出版社,1998年,第292—293页。

殖。"上曰:"使汉常守萧何之法,久而不变,可乎?"光曰:"何独汉也。夫道者,万世无弊。夏商周之子孙,苟能常守禹汤文武之法,虽至今存可也。武王克商,曰:'乃反商政'。政由旧,虽周亦用商政也。《书》曰:'无作聪明乱旧章。'然则祖宗旧法,何可变也?汉武帝用张汤之言,取高帝法纷更之,盗贼半天下。宣帝用高帝旧法,但择良二千石使治民,而天下大治。元帝初立,颇改宣帝之政,丞相衡上疏言:'臣窃恨国家释乐成之业,虚为此纷纷也。'陛下视宣帝、元帝之为政谁则为优?荀卿曰:'有治人,无治法。'故为治在得人,不在变法也。"上曰:"人与法亦相表里耳。"光曰:"苟得其人,则无患法之不善;不得其人,虽有善法失先后之施矣。故当急于求人而缓于立法也。"①

经筵成为经筵官展示他们的政治观和各种价值观的舞台有其必然性。同时,经筵也是持不同立场的政客们相互攻讦的场所。他们通过不同观点的辩论而战胜对方以达到影响皇帝决策的目的。最为典型的就是神宗执政期间变法派与保守派之间的争斗。变法派代表人物之一吕惠卿与司马光的一场激烈论战即是一例。二人在经筵中皆引史实证明自己的观点。吕惠卿讲"法不可不变"②,而司马光言"变之则乱"③。吕惠卿在神宗面前引经据典,大讲司马光所持观点的错误,并建议"召光诘问,使议论归一"④。神宗虽然迫切希望进行改革,但并没有感情用事,他也希望了解作为反对派代表且具极大政治影响力的司马光的看法,于是对此特设专题让二人各抒己见,进行辩论。司马光针对吕惠卿所言逐一进行了评论与批驳,二人针锋相对,均期望能影响皇帝的决策。

虽然司马光在这场争论中败下阵来,但以他为代表的保守派的思想是不容忽视的。在国库亏空的背景下,神宗皇帝执意变革是顺应时代发展的必然之举,改革为大势所趋,司马光等保守派是无法阻挡的。

第四,司马光以其政治和学术影响力促成"元祐更化",对哲宗产生影响。对于神宗的儿子——哲宗皇帝来说,司马光的影响不容小觑。童年的哲宗十分好学,安静端庄,平时很少玩耍。神宗曾带他出来与大臣们见面。由于神宗正

---

① 范祖禹:《帝学》,远方出版社,1998年,第312页。
② 范祖禹:《帝学》,远方出版社,1998年,第312页。
③ 范祖禹:《帝学》,远方出版社,1998年,第313页。
④ 范祖禹:《帝学》,远方出版社,1998年,第313页。

值年富力强之时,并未急于立储。但当他再次受到病痛的折磨时,即有了立储的愿望。他指示左右大臣们,让司马光、吕公著做太子的师傅。虽然当时并未明确哪位皇子做太子。如此看出司马光在神宗心中的地位是不可替代的。神宗去世,哲宗即位,高太后以太皇太后的身份临朝听政。高太后一向对新法变革不满,依旧器重保守派的老臣们,这自然首推司马光。司马光自从熙宁四年(1071年)辞去永兴军安抚使的职务,便开始了在洛阳十五年的修书生活。洛阳离汴京有一定的距离,司马光表面上不再批评新法,但在这里形成了一个以司马光为中心的小团体,主要是一群对变法持反对意见的有一定政治影响力的大臣。鉴于司马光的政治影响力,高太后自然重用司马光。于是在司马光建议下出现了"以母改子,废除新法"的"元祐更化"。为了从根本上废除新法,司马光向高太后荐举了大量人选,诸如刘挚、赵彦若、傅尧俞、范纯仁、范祖禹、唐淑问六人,认为他们的品行、学问可任谏官、御史台,或置皇帝左右充侍读、侍讲。

### 三、王安石对神宗皇帝的影响

王安石,字介甫,抚州临川人。"擢进士上第,签书淮南判官……再调知鄞县,起堤堰,决陂塘,为水陆之利……通判舒州。"[1]之后一度辞官不做。后在欧阳修的荐举下,"用为群牧判官,请知常州。移提点江东刑狱,入为度支判官"[2]。仁宗朝,安石曾上万言书,系统阐述了自己关于政治、经济、教育等方面的观点,但并未引起仁宗的重视。之后又对所授官职屡辞。直到神宗朝,经过韩绛、韩维兄弟及吕公著的极力推捧,神宗得以晓识王安石,并对其产生了极大的兴趣和好感,帝由是想见其人;甫(安石)即位,命知江宁府。数月,召为翰林学士兼侍讲。熙宁元年四月,始造朝。入对,帝问为治所先,对曰:"择术为先。"[3]王安石以通俗而深刻的道理向神宗极力推崇尧舜当为效法目标,神宗为安石的博学与胆识所折服,深受启发和鼓舞。"卿可谓责难于君,朕自视眇躬,恐无以副卿此意。可悉意辅朕,庶同济此道。"[4]安石在回答神宗的召对中提出了二人的共识:"变风俗,立法度,最方今之所急也。"[5]由此,逐步拉开了变法的序幕。二人的关

---

① 《宋史》卷三百二十七,第10541页。
② 《宋史》卷三百二十七,第10541页。
③ 《宋史》卷三百二十七,第10543页。
④ 《宋史》卷三百二十七,第10543页。
⑤ 《宋史》卷三百二十七,第10544页。

系日益密切,安石对神宗的影响日益加深。

作为中国古代史上一个具有划时代意义的政治家,王安石对历史的影响不是几句话能够评论的,这里姑且不谈。只从对他有着知遇之恩的神宗的角度切入探讨二人的关系。

首先,王安石与神宗皇帝有着亦师亦友的密切关系。神宗在潜邸时即经常听到老师韩维对王安石的极力称赞,动辄则曰:"此非维之说,维之友王安石之说也。"①王安石的《上仁宗皇帝书》,神宗也是最早的读者之一。在少年神宗的心中,王安石便是他的偶像,他甚至暗中已把王安石作为自己的老师。于是神宗在登基后不久便命安石为翰林学士兼侍讲,迫不及待地让安石为其师、辅其政。对于一个有着远大抱负的年轻皇帝来说,有这样一个偶像老师在身边辅佐自己是一件多么令人自信而快乐的事情。君臣二人初期的志向惊人的一致,也是历史上从未有过的。对于王安石的所有建议,神宗均是言听计从,经过致力改革,促成了颇有争议的熙宁新法。新法的颁行遇到了难以想象的阻力,以司马光等人为首的传统派持强烈的反对意见,甚至深处内宫的太后都认为"安石乱天下",使得改革举步维艰。王安石利用一切机会,采取多种措施,在神宗皇帝的大力支持下,使新法得以实施。经筵便是一个宣传变法的重要阵地,为了使新法得以顺利推行,王安石在经筵上不断向神宗阐述变法的重要性和可行性,不断鼓舞神宗的斗志。神宗皇帝也在经筵上和自己的老师兼辅佐大臣不断交流探讨变法及学术事宜,即"有欲与卿从容论议者"②。由此可推测,神宗与安石对变法的交流更多的时候是在经筵之后,群臣散去,二人可享受那种相互理解和相互感知的默契。当然神宗也希望以古喻今,给变法找到理论支撑。

神宗对王安石的器重以及君臣二人亦师亦友的关系曾引起许多人的妒忌,也给变法派吃了一剂定心丸。曾公亮曾感慨地说:"上与安石如一人,此乃天也。"③可见二人的亲密程度。在经筵中,王安石相对于其他经筵官也有一定的优待,比如神宗允许他坐着讲,当安石发现经筵内容安排有问题时,可以建议神宗更改讲读内容,即改变教学计划。

① 《宋史》卷三百二十七,第 10543 页。

② 《宋史》卷三百二十七,第 10543 页。

③ 彭百川:《太平治迹统类》第 10 册,江苏广陵古籍刻印社,1981 年。

王安石兼侍讲,请复乾兴以前故事,使预听者立,亦坐之日少而立侍之日多。于是,公著等遂同建明。已而,众议不同,上以问曾公亮,公亮但称:"臣侍仁宗书筵亦立。"后安石因讲赐留,上面谕曰:"卿当讲日可坐。"安石不敢坐,遂已。十月壬寅,诏讲筵权罢讲《礼记》,自今讲《尚书》。先是,王安石次未当讲,上命安石讲,至曾参《易箦》,安石曰:"圣人以义制礼,其详至于床第之间;君子以仁行礼,其勤见于将死之际。"上称善。未及,安石言:"《礼记》所载多驳杂,乞今讲《尚书》。"故有是旨。①

安石任相八年,时间不算短,但他对神宗产生影响的时间绝对不止八年。如果没有王安石就没有熙宁新法,即使在王安石罢相之后,神宗独自挑起了改革的大梁,王安石的影响仍处处可在。虽然后来君臣在政治上不再合作,但神宗始终未忘安石的"师傅之恩",对他仍有极高的评价,不允许别人在道德、学问、人品等方面对安石进行攻击。

其次,王安石通过推荐经筵官影响神宗皇帝,为变法助力。

作为变法派的旗手,必须有一支吹号角的队伍。王安石利用一切机会宣传变法思想以扫除障碍。经筵是一个重要阵地,这里不仅有对变法起决定性作用的帝王,还有群臣亦在讲席听讲。既要用变法思想、新学派经学思想等影响大家的意识形态,又要批驳反对派的攻击,同时,还能关注着皇帝对变法的态度与观念。如果说北宋前期经筵官偏重德行,多由学术名家担任,到神宗朝则偏重政见,改为提拔拥护新法者做经筵官。此间,新学派、改革派的重要代表基本都曾担任过经筵官。除了王安石,其他人员诸如王雱、吕惠卿、曾布、李定、陆佃、蔡卞等在王安石的推荐或连带关系下担任了专职经筵官。熙宁三年(1070年),著作佐郎、编修中书条例曾布为太子中允、崇政殿说书。王安石以之代吕惠卿入侍经筵。同年,王安石常欲置其党一二人于经筵,防察奏对者,以曾布代吕惠卿入侍经筵。五年(1072年),太子中允、集贤校理吕惠卿为天章阁侍讲、同修起居注、管勾国子监。这些人对在经筵中宣传变法思想起到了重要作用,如吕惠卿讲《尚书·咸有一德》,着重讲"先王之法不可不变",借讲经反驳司马光经筵读《资治通鉴》所得出的"变之则乱"的守旧理论,显示出当时经筵已经成为重要的

---

① 范祖禹:《帝学》,远方出版社,1998年,第306页。

引经议政的场所。

王安石子王雱,才华横溢,颇有政治抱负,支持父亲变法。安石意欲提拔,荐在经筵。

雱气豪,睥睨一世,不能作小官。作策三十余篇,极论天下事,又作《老子训传》及《佛书义解》,亦数万言。时安石执政,所用多少年,雱亦欲预选,乃与父谋曰:"执政子虽不可预事,而经筵可处。"安石欲上知而自用,乃以雱所作策及注《道德经》镂板鬻于市,遂传达于上。邓绾、曾布又力荐之,召见,除太子中允、崇政殿说书。神宗数留与语,受诏撰《诗》、《书义》,擢天章阁待制兼侍讲。①

对于王安石来说,经筵是推动变法改革的强大阵地,经筵官是推进改革的号手。所以,经筵官的选任原则不再仅仅是治经术有方的名儒,还必须是支持变法者。即使是自己的学生、亲戚,甚至自己的儿子,只要符合政见和经术这两个条件,只要有利于在经筵中影响皇帝的决策,只要有利于变法,均可作为入侍经筵的人选。

## 四、程颐对哲宗皇帝的影响及对经筵制度化的贡献

程颐,字正叔。"颐于书无所不读,其学本于诚,以《大学》《语》《孟》《中庸》为标指,而达于六经。"②"治平、元丰间,大臣屡荐,皆不起。"③哲宗初,司马光、吕公著称其"真儒者之高蹈,圣世之逸民"④。哲宗"诏以为西京国子监教授,力辞"⑤。元祐元年(1086年)三月,在司马光推荐下,程颐以布衣身份入侍经筵,"擢崇政殿说书"⑥,元祐二年(1087年)八月,程颐罢经筵。在尚未受命时便上了《论经筵第三札子》。任职时间虽然不长,只有一年零五个月,却是第一个系统阐述经筵理论的人。程颐曾明言:"天下重任,唯宰相与经筵:天下治乱系宰相,君德成就责经筵。"⑦而程颐关于经筵讲读的理论与实践,对日后经筵的发展起着决定性

①《宋史》卷三百二十七,第10551页。
②《宋史》卷四百二十七,第12720页。
③《宋史》卷四百二十七,第12719页。
④《宋史》卷四百二十七,第12719页。
⑤《宋史》卷四百二十七,第12719页。
⑥《宋史》卷四百二十七,第12719页。
⑦程颢、程颐:《程书分类》上册,上海辞书出版社,2006年,第778页。

的影响,成为后世经筵讲读遵循的模式。他第一次在经筵中传播理学思想,虽未占据重要地位,但为理学思想在南宋经筵中主导地位的确立奠定了基础。他在任职期间恪尽职守,将全部身心投入到引导哲宗皇帝致君尧舜之中。

第一,责经筵以辅养圣德。程颐认为辅养圣德的先决条件是选择名儒任职经筵官,"愿选名儒入侍劝讲,讲罢留之分直,以备访问,或有小失,随事献规,岁月积久,必能养成圣德"①。普通人家教育孩子还要"延名德之士,使与之处,以薰陶成性"②,何况帝王之学,必按辅养之道行事。为此,程颐以身作则,以师道自尊,"每进讲,色甚庄"③,用他自己的话说,即"供职以来,夙夜毕精竭虑,惟欲主上德如尧、舜,异日天下享尧、舜之治,庙社固无穷之基,乃臣之心也。臣本山林野人,禀性朴直,言辞鄙拙,则有之矣;至于爱君之心,事君之礼,告君之道,敢有不尽?上赖圣明,可以昭鉴"④。对于"儒者得以道学辅人主,盖非常之遇"⑤的神圣事业,程颐将全部身心投入其中。他特别注重周礼古训。即使皇帝的日常小节,他也观察仔细,管理严格,一切以洛学理念规范、评判少年皇帝的言行。"闻帝在宫中盥而避蚁,问:'有是乎?'曰:'然,诚恐伤之尔。'颐曰:'推此心以及四海,帝王之要道也。'"⑥

对于少年皇帝的成长,程颐认为,圣德的养成一定要依照严格的辅养之道而行事,这种辅养之道应在皇帝生活、工作的方方面面中体现。"是古人之意,人主跬步不可离正人也。盖所以涵养气质,熏陶德性,故能习与智长,化与心成。"⑦环境熏陶如此重要,那么对皇帝生活、学习的环境更要重视。他在给太皇太后的上疏中建言:"臣欲乞择臣僚家子弟,十岁以上、十二以下,端谨颖悟者三人侍上左右。上所读之书,亦使读之,辨色则入,昏而罢归。常令二人入侍,一人更休。每人择有年宫人,内臣二人,随逐看承,不得暂离。常情语笑,亦勿禁止,唯须言语必正,举动必庄。仍使日至资善堂,呈所习业。讲官常加教劝,使

---

① 《宋史》卷四百二十七,第12719页。

② 《宋史》卷四百二十七,第12719页。

③ 《宋史》卷四百二十七,第12719页。

④ 曾枣庄、刘琳:《全宋文》第40册,巴蜀书社,1994年,第614页。

⑤ 程颢、程颐:《二程文集》二,商务印书馆,第71页。

⑥ 《宋史》卷四百二十七,第12719页。

⑦ 任继愈:《中华传世文选·宋文鉴》上册,吉林人民出版社,1998年,第554页。

之严惮。年才十三,便令罢去。岁月之间,自觉其益。"①用教育学理论来解释,这是一种集体教学组织形式,是小班教学。现代教育学原理认为,在群体中学习能够使学生获得归属感,在竞争和比较中培养自信心,从而获得成就感;在受到同伴积极影响的同时约束自己的不良行为;同龄群体的氛围使成员得以愉悦身心,避免独处的厌烦心理。程颐长期从事教学,门生较多,他有着丰富的教育教学经验,这种经验对于自称"孤家寡人的"的皇帝来说是适合的,而且更为重要。程颐还要求"皇帝左右扶侍、祇应、宫人内臣,并选年四十五以上,厚重小心之人,服用器玩,皆须质朴,一应华巧奢丽之物,不得至于上前。要在侈靡之物,不接于目,浅俗之言,不入于耳"。②如果帝王"所见必正事,所闻必正言,左右前后皆正人"③,"大率一日之中,亲贤士大夫之时多,亲寺人宫女之时少,则自然气质变化,德器成就"④。这无疑对少年时期的哲宗皇帝人生观的形成起到了潜移默化的影响。哲宗面对这样执着而严厉的老师往往有畏惧心理,从心理上可能处以敬而远之的状态。虽然程颐过于迂腐与自负,使得太皇太后和哲宗皇帝渐生厌感,一年零五个月的经筵生活也不算太长,但谁能说他对处于身心成长期的少年皇帝不会产生重要影响呢? 皇帝道德观、价值观等意识形态的形成,或许正是程颐的这种严厉态度、道德灌输、以身作则起到了很好的奠基作用。依现代教育心理学原理,人的发展必然受到环境的影响,青春期正是人生观形成的关键期,接受他人、环境和教育的影响是其年龄阶段的主要特征,也是人身心发展的规律。

第二,使经筵理论系统化,促进了经筵制度的不断完善。北宋经筵制度虽然在真宗、仁宗时期基本制度化,但关于经筵的理论还没有人系统阐述过。程颐以程氏理学为依据,较为全面系统地阐释了经筵理论。他上疏的《论经筵第三札子》及上太皇太后的三封文书基本涵盖了他的经筵思想。主要包括经筵目的、方法、经筵环境、时间安排、假期安排、讲读地点、讲读方式等。他指出了帝王辅养之道在于涵养熏陶,要为帝王营造良好的学习环境,尤其是对于年纪尚幼的皇帝。"古人生子,能食能言而教之大学之法,以豫为先。人之幼也,知思未

---

① 程颢、程颐:《程书分类》下册,上海辞书出版社,2006年,第782页。
② 程颢、程颐:《二程文集》二,商务印书馆,第68页。
③ 程颢、程颐:《二程文集》二,商务印书馆,第67页。
④ 程颢、程颐:《二程文集》二,商务印书馆,第67页。

有所主,便当以格言至论日陈于前。虽未晓知,且当薰袄,使盈耳充腹,久自安习,若固有之,虽以他言惑之,不能入也。若为之不豫,及乎稍长,私意偏好生于内,众言辩口铄于外,欲其纯完,不可得也。"①当时的经筵状况,在程颐看来,是无法收到涵养熏陶之效果的。他批评当时的状况说:"臣供职以来,六侍经筵,但见诸臣拱手默坐,当讲者,立案傍解释数行而退。如此虽弥年积岁,所益几何,与周公辅养成王之道,殊不同矣"②,由此他建言"讲读既罢,常留二人直日,夜则一人值宿,以备访问"③。对于既定经筵学期制度,程颐认为讲读时间安排太短暂,假期太长。北宋经筵一般分两个学期:春讲和秋讲。春讲大致从二月中旬至端午节;秋讲一般在八月中旬至冬至。恰好元祐元年(1086年)天热得早,刚四月底就传诏休讲。至此程颐只参加过六次经筵,才主讲过两次,于是他在《上太皇太后札子》中对经筵罢讲时间过长提出异议:"伏自四月末间,以暑热罢讲,比至中秋,盖踰三月。古人欲旦夕承弼出入起居,至今三月,不一见儒臣,何其与古人之意异也?"④同时他建议移清凉处讲读。"迩英殿迫狭,讲读官、内臣近三十人在其中,四月间尚未甚热,而讲官已流汗,况主上气体嫩弱,岂得为便。春夏之际,人气蒸薄,深可虑也。祖宗之时,偶然在此,执为典故,殊无义理。欲乞今后只于延和殿讲读,后楹垂帘,帘前置御座。"⑤

对于成长中的少年皇帝的培养,程颐认为,作为其监护人和事实上的执政者,太皇太后有着不可推卸的责任,所以,程颐欲太皇太后同听讲说,以便在第一时间了解皇帝的学习状况,以尽长辈辅养人主之责,同时还能借经筵之际了解政务、处理政事。"臣前上言乞于延和殿讲读,太皇太后每遇政事稀简、圣体康和时,至帘下观讲官进说,不惟省察主上进业,于陛下圣聪,未必无补;兼讲官辅导之间,事意不少,有当奏稟,便得上闻。臣今思之,太皇太后双日垂帘听政,只日若更亲临讲读,亦恐劳烦圣躬。欲乞只就垂帘日听政罢,圣体不倦时,召当日讲官至帘前,问当主上进业次第,讲说所至,如何开益。使天下知陛下于辅养人主之道,用意如此。"⑥

① 程颢、程颐:《程书分类》下册,上海辞书出版社,2006年,第781页。

② 程颢、程颐:《二程文集》二,商务印书馆,第72页。

③ 程颢、程颐:《二程文集》二,商务印书馆,第67页。

④ 杨仲良:《皇宋通鉴长编纪事本末》,黑龙江人民出版社,2006年,第1585页。

⑤ 任继愈:《中华传世文选·宋文鉴》上册,吉林人民出版社,第555页。

⑥ 曾枣庄、刘琳:《全宋文》第30册,上海辞书出版社,安徽教育出版社,2006年,第235页。

程颐非常重视师道的维护。他认为，无论是普通人，还是帝王，尊师重道是必需的。他面对少年皇帝，以"师臣"自处，严格奉行师道尊严，从不唯唯诺诺，与文彦博对皇帝毕恭毕敬的态度截然不同。当面对他人的质问"君之倨，视潞公如何"时，他回答："潞公三朝大臣，事幼主，不得不恭。吾以布衣为上师傅，其敢不自重？吾与潞公所以不同也。"[1]不仅"每进讲，色甚庄"，对于小皇帝的日常行为的指导亦是严肃有加。尤其是对于帝师坐讲站讲，他在《论经筵第三札子》中谈了自己的观点与建议。"臣窃闻经筵臣僚侍者皆坐，而讲者独立，于礼为悖。欲乞今后，特令坐讲，不惟义理为顺，所以养主上尊儒重道之心。"[2]在此札子的贴黄中写道："窃闻讲官在御案傍，以手指书，所以不坐，别欲令一人指书，讲官稍远御案坐讲。意朝廷循沿旧体，只以经筵为一美事。臣以为天下重任，惟宰相与经筵。天下治乱系宰相，君德成就责经筵。"[3]这里程颐说的"礼"即师道。鉴于经筵的对象是帝王，关于坐讲站讲反映了对经筵官政治地位界定的问题，围绕"经筵官是不是皇帝的老师"这个论题争论不休。虽然程颐的建议遭到一些人的反对，没能被皇帝采纳，但一定引起了皇帝及其他人的深入思考与关注，使其成为新的学术论题，引发人们在研究如何辅养圣德的同时思考圣德是什么。

第三，使经筵制度在一定程度上成为谏官制度，制约了皇帝的专权和主观臆断的思想与行为。此之根源在于程颐对经筵的高度评价："天下重任，惟宰相与经筵。天下治乱系宰相，君德成就责经筵。"此观点成为洛学关于经筵的重要思想，由此也影响了整个程朱理学。程颐将理学思想灌输经筵始终，虽然没能得到普遍认可，但毕竟开了理学之先河，为南宋理学在经筵中主导地位的确立奠定了基础。南宋经筵官彭龟年曾说过：君德不修虽治难保，要知经筵之重尤在宰相之先。明朝的贺钦也认为："圣学之成与不成，君道之尽与不尽，天下之治与不治，一系于经筵讲官者如此。"[4]程颐入侍经筵后，在高度评价经筵重要意义的同时，对提升经筵官的政治地位起到了极大的促进作用。受北宋经筵制度的影响，元代知经筵事夔夔曾言："天下事在宰相当言，宰相不得言则台谏言之，

① 程颢、程颐：《四库家藏·二程语录集》，山东画报出版社，2004年，第318页。

② 程颢、程颐：《二程集》上册，中华书局，1981年，第539页。

③ 杨仲良：《皇宋通鉴长编纪事本末》，黑龙江人民出版社，2006年，第1585页。

④ 贺钦：《医闾先生集》，辽宁人民出版社，2011年，第127页。

台谏不敢言则经筵言之。备位经筵,得言人所不敢言于天子之前,志愿足矣。"①
如此看来,程颐的经筵理论有其合理性,不可阻挡地影响了一代又一代人的经
筵思想。试想,有如此严谨的老师侍讲身旁,哪个皇帝能不小心翼翼地约束自
己的言行呢? 经筵最初的职能是讲经读史,在其不断发展和完善的过程中必然
会多功能化。经筵官多为有威望和影响力的大臣兼职,这势必使得政治和学术
难以分割清楚。经筵的重要目的之一便是以古讽今,对皇帝治国大计提供借鉴
和启发。这必然会在一定程度上制约皇帝的言行。因而,经筵官也在一定程度
上起到了谏官的作用。

### 五、范祖禹及对哲宗皇帝的影响

范祖禹,字淳甫,嘉祐八年(1063 年)为进士甲科,"从司马光编修《资治通
鉴》"②。"哲宗立,擢右正言。吕公著执政,祖禹以婿嫌辞,改祠部员外郎,又辞。
除著作佐郎、修《神宗实录》检讨,迁著作郎兼侍讲。"范祖禹著有《唐鉴》十二卷,
《帝学》八卷,《仁皇政典》六卷。他对经筵尽职尽责,对幼小的哲宗谆谆教诲,关
怀备至。

第一,强调营造良好的环境以引导少年哲宗健康成长。

范祖禹非常关注少年哲宗的生活、生长环境和生活习惯,认为这些对哲宗
的发展起着重要的作用,对于作为帝王的哲宗来说,其成长过程中所受的教育
足以影响整个国家,所以,担任帝师之重要角色,关注并建议为小皇帝营造一个
良好的成长环境是其责任所在,而且这也是非常必要和迫切的。"(元祐元年)丁
未,范祖禹乞于迩英阁复张挂仁宗时王洙、蔡襄所书《无逸》《孝经图》,从之。"③
元祐五年(1090 年),范祖禹言:"太祖时,以聂崇义所撰《三礼图》画于国子监讲
堂。伏见太常博士陈祥道专于礼乐,所进《礼书》一百五十卷,比之聂崇义图尤
为精密,乞送学士院及两制或经筵看详如何施行,请付太常寺与聂崇义图参
用。"④同年,范祖禹于迩英札子言:"庆历元年,出御制《观文鉴古图记》以示辅
臣;皇祐元年,召近臣、三馆、台谏及宗室观《三朝训鉴图》。仁宗皇帝讲学之外,
为图鉴古,不忘箴儆;又图写三朝事迹,欲子孙知祖宗之功烈。愿陛下以永日观

① 宋濂:《元史》卷一四三,中华书局,1976 年,第 3414-3415 页。
② 《宋史》卷三百三十七,第 10794 页。
③ 毕沅:《续资治通鉴》1,岳麓书社,1992 年,第 1092 页。
④ 李似珍:《中国学术思想编年·宋元卷》,陕西师范大学出版社,2005 年,第 189 页。

书之暇,间览此图,亦好学不倦之一端也。"①这种教育方法可以起到一定的作用,经常提示着小皇帝要约束自己的不良言行和节制欲望。

哲宗是否能够有良好的环境,其监护人高太后起着关键的作用。所以范祖禹多次上疏高太后,阐明此意。范祖禹曾上疏太皇太后曰:"祥禫将终,即吉方始,服御器用,内外一新,奢俭之端,皆由此始。又况皇帝富于春秋,圣性未定,睹俭则俭,睹奢则奢,所以辅养,不可不慎。陛下若崇俭朴,以辅圣德,使目不视靡曼之色,耳不听淫哇之音,非礼不言,非礼不动,则学问日益,圣德日隆,此宗社无疆之福也。臣闻奉宸库已取珠子六十斤,户部已用金至三千六百两,不为不多矣。恐增加无已,滋长侈心,故愿预为之防,止于未然。"②范祖禹身为帝师,对哲宗皇帝用心之良苦,可见一斑。生活起居、日常习惯、使用物品等各个方面都要简朴,养成良好的生活、学习习惯。对于皇帝身边的侍奉人员可能产生的影响都进行了深入剖析,同时更没有忘记督促小皇帝"向儒术,亲学问",如此才能"睿质日长""圣德日隆"。

第二,勤于督学,重帝师之选,以促圣德之养成。

范祖禹对于尚处于贪玩年龄的小皇帝的学习促之紧,束之严。时时晓之以理,动之以情,可谓循循善诱,苦口婆心,从正反两个方面让其认识到皇帝的读书学习对于治理一个国家的重要性、紧迫性。哲宗元祐三年(1088年),范祖禹言:

陛下今日学与不学,系天下他日之治乱,臣不敢不尽言之。陛下如好学,则天下之君子欣慕,愿立于朝,以直道事陛下,辅助德业,而致太平矣。陛下如不好学,则天下之小人皆动其心,欲立于朝,以邪谄事陛下,窃取富贵,而专权利矣。君子专于为义,小人专于为利。君子之得位,欲行其所学也;小人之得位,将济其所欲也;用君子则治,用小人则乱。君子与小人皆在陛下心之所召也。凡人之进学,莫不在于年少之时,陛下数年之后,虽欲勤于学问,恐不得如今日之专也。臣窃为陛下惜此日月,愿以学为急,则天下幸甚。③

《论语》记圣人言行之要,修身治国之道,不无在焉。《尚书》言帝王政事,人

① 毕沅:《续资治通鉴》2,岳麓书社,1992年,第14页。
② 朱熹:《朱子全书》第12册,上海古籍出版社,安徽教育出版社,2002年,第804-805页。
③ 朱熹:《朱子全书》第12册,上海古籍出版社,安徽教育出版社,2002年,第806页。

君之轨范也。《论语》虽已讲毕,望陛下更加详熟,《尚书》未讲者,愿陛下先熟其文,臣等以次讲之,则陛下圣意,先已有得矣。①

其中着重强调了年少之时学习的重要性与关键处。作为帝王,学与不学已经不是他个人的事情,而是关乎黎民百姓、关乎天下的大事。致君尧舜、养成圣德是作为君王的必然追求和人生轨迹。学做圣人即学修身治国之道,其必由学。同时,范祖禹还引导小皇帝掌握好的学习方法,即预读法。预读所学经史知识益处多多,通过预读,在老师讲解时,"圣意先已得矣"。预读,不仅能使知识在大脑中留下印象,引起兴趣,调动学习的主动性,更重要的是让学习者能发现问题,结合现实进行思考。当心中"意已得",又有了疑问,再听老师讲解,就会留下深刻印象,不仅使问题迎刃而解,而且还能更加有针对性、实效性。元祐五年(1090年),范祖禹编撰《帝学》八卷作为皇帝学习的教科书,在进呈给哲宗时,又是一番循循诱导,从古至今,所有贤明君主学习之故事尽览圣前。

范祖禹为小皇帝讲史注重选择当朝历史作为范例。鉴于大家对王安石变法诸多非议,他常以仁宗朝为例进行引导。在范祖禹看来,仁宗对于哲宗是学习的典范,而且仁宗朝距之不远,可借鉴性较强。他将仁宗政绩整理为317件事,编录为《仁皇训典》六卷,呈送给哲宗学习。元祐七年(1092年),翰林侍读学士范祖禹言:

"臣愿陛下既受天福,又获民誉,益思戒慎,惟勤修德。修德之实,唯法祖宗。恭惟一祖五宗畏天爱民,后嗣子孙皆当取法。惟是仁宗在位最久,德泽深厚,结于天下,是以百姓思慕,终古不忘。陛下诚能上顺天意,下顺民心,专法仁宗,则垂拱无为,海内晏安,成康之隆不难致也。臣承乏史官,尝采集仁宗圣政,得数百事,欲乞撰录成书上进,少资睿览。监观成宪,皆举而行,以副群生之所愿,则天下幸甚!"②

对于皇帝老师的选择,范祖禹认为是非常重要而需慎重的事情。关于经筵官的选择和任命,范祖禹完全出于公心和责任,做出了多次努力,推荐了多名讲

① 杨仲良:《皇宋通鉴长编纪事本末》,黑龙江人民出版社,2006年,第1588页。
② 曾枣庄、刘琳:《全宋文》第98册,上第辞书出版社,安徽教育出版社,2006年,第171页。

读官。虽然由于当时多种复杂政治因素的影响而未能全部如愿,但范祖禹已经尽了最大努力。元祐三年(1088年),范祖禹上札子四道:其一曰:"经筵阙官,宜得老成之人。韩维风节素高,若召以经筵之职,物论必以为惬。"其二曰:"苏颂近乞致仕。颂博闻强识,详练典故,陛下左右,宜得殚见洽闻之士以备顾问。"其三曰:"苏轼文章,为时所宗,忠义许国,遇事敢言,岂可使之久去朝廷!"其四曰:"赵君锡孝行,书于《英宗实录》,辅导人君,宜莫如孝;给事中郑穆,馆阁耆儒,操守纯正;中书舍人郑雍,谨静端洁,言行不妄。此三人者,皆宜置左右,备讲读之职。"① 元祐六年(1091年)又推荐了程颐。我们不难看出,范祖禹推荐经筵官的标准是多方面的,如风节素高、博闻强识、忠义许国、孝行、操守纯正、言行不妄等。

第三,对"乳媪事件"的过多干涉影响了哲宗心态,为绍圣悲剧埋下了伏笔。

基本情况如下:

> (元祐四年)初,范祖禹闻禁中觅乳媪,以帝年十四,非近女色之时,上疏劝进德爱身,又乞太皇太后保护上躬,言甚切至。太皇太后谕曰:"乳媪之说,外间虚传也。"祖禹对曰:"外议虽虚,亦足为先事之戒。臣侍经筵左右,有闻于道路,实怀私忧,是以不敢避妄言之罪。凡事言于未然,则诚为过,及其已然,则又无所及。陛下宁受未然之言,勿使臣等有无及之悔。"②

一个十四岁(实为十三周岁)的少年皇帝,正值青春期,对异性好奇在所难免,是否真有近女色之事,已无从考证。作为帝师,范祖禹听在耳里,急在心里。他认为,过早接近女色会影响皇帝的健康成长,这直接关系到国家的命运。于是他上疏皇帝和太皇太后,引经据典,讲明利害关系,阐明深刻道理,让小皇帝明了事情的严重性,并引导其今后应致力的方向:

> 伏望陛下察臣之言,专精一意,强于学问,日新德业,无时逸豫。事亲则思孝,居处则思敬,动作则思礼,祭祀则思诚,服用则思俭,养民则思仁,使人则思恕,心则思道,视则思正,当食则思天下之饥,当衣则思天下之寒。陛下每思及

---

① 毕沅:《续资治通鉴》2,岳麓书社,2008年,第295页。
② 毕沅:《续资治通鉴》2,岳麓书社,2008年,第294页。

此,而强学不已,则将以道德为丽,以仁义为美,岂声色之可移哉? 惟陛下抑情制欲,以爱养圣体为先,则动植之类无不蒙福,生灵幸甚。①

　　范祖禹结合乳媪事件再三强调皇帝的年龄正值专心经史学习时期,而且一再强调皇帝学习是为国家而学。学问要结合生活和实践,不同的生活环节要体现。范祖禹对乳媪事件闻在耳,急在心。一方面对小皇帝循循善诱,另一方面,上疏小皇帝的监护人太皇太后,以章献明肃太后如何保护年幼的仁宗为例,一再强调保护幼小哲宗身体的重要性。

　　范祖禹抓住乳媪事件,反复"教诲"哲宗,这对哲宗皇帝影响很深。对于正处于青春叛逆期的小皇帝,这种事情遭遇大臣如此的关注无疑是一件很丢面子的事情。或许在哲宗看来,皇帝接近女色是极为平常的事情,根本不值得大惊小怪,也或许这根本就是宫人的猜测。对于范祖禹三番五次、长篇大论的喋喋"说教",小皇帝难免产生反感和逆反心理,这恰似为他火热的青春泼了一盆冷水。更为严重的是,范祖禹抓住此事不放,几次给太皇太后上疏,让太皇太后感到非常尴尬和难堪。范祖禹将她跟章献明肃太后比较,让她觉得很没面子,为了维护小皇帝的面子,表面上她虽然不承认,声称是为神宗留下的小公主找乳母,但私下里非常气恼,对宫女严刑拷问,弄得众多宫女苦不堪言。这给哲宗留下了不可磨灭的阴影,哲宗对范祖禹的不满情绪也带到了绍圣年间。哲宗对元祐党人"以母改子"的愤怒发泄未尽,对元祐年间诸大臣目中只有高太后而不见皇帝的情形,哲宗心中的怨气积压太久。所以绍圣年间责降元祐党人的根源实出于此。在章惇的怂恿下,范祖禹再次被责降,从永州到贺州,从贺州到宾州,从宾州到化州,到化州不久即卒于化州。

　　第四,范祖禹的《帝学》对完善经筵内容做出了贡献,并提升了帝王学习的积极性。

　　元祐五年(1090年)八月,给事中兼侍讲范祖禹上帝学8篇。《帝学》是元祐初年,范祖禹在经筵任哲宗侍讲时编撰进呈的一部供皇帝及其子孙学习使用的教科书。书中辑录了从上古到宋神宗历代贤明君主学习的故事,分条叙述,且每每在条目后插有他自己的评论。所辑事迹,从上古到汉唐分2卷,自宋太祖

---

① 曾枣庄、刘琳:《全宋文》第98册,上海辞书出版社,安徽教育出版社,2006年,第101-102页。

到神宗诸帝为6卷。书中所选故事皆为以古喻今的典范事例,从中能获得很多启发,对于哲宗经史知识的学习以及对国家的治理均有借鉴意义。范祖禹对《帝学》编纂用力之大、用心之苦,只有他自己最清楚,他很希望《帝学》能够得到皇帝的重视,能够在经筵和皇帝日常的学习活动中切实发挥作用。所以他非常郑重地将其进呈给皇帝。

为了能够引起皇帝的关注与重视,他着实费了一番心思,通过《帝学》来传递以下思想:"圣人之德,莫大于学"[1];"学者,圣之先务也"[2]。同时,让哲宗反思,"创业之主,守文之君,有如祖宗之皆好学者乎?"[3]"祖宗百三十余年全盛之天下,可不务学以守之乎?"[4]他自己对《帝学》精髓进行了概括:"今臣所录八篇,上起伏羲,下讫神宗,伏望陛下宪道于三皇稽德于五帝轨仪于三代,法象于祖宗,集群圣之所行,体乾健之不息,则四海格于泰和,万年其有永观矣。"[5]

这不失为《帝学》之序。其中用了较长篇幅再一次重申了学的重要性。梳理古今,择优选例,谆谆嘱托,殷殷期望。阐明要达"圣学之效""四海泰和""万年永观",其必"宪道于三皇稽德于五帝轨仪于三代,法象于祖宗,集群圣之所行,体乾健之不息。"《帝学》只有八卷,而且精选事例均为典范,所以学习起来应该是得心应手、高效快捷的。这不失为一部关于帝王学习的重要教科书,哲宗及其后世诸君亦视为重要参考。直到今天,我们仍然在学习、研究《帝学》,其中很多思想、理念及关于经筵的理论是一笔宝贵的财富,值得我们去深入挖掘。

《帝学》倾注了范祖禹的一腔热血。从《帝学》的编纂来看,其目的即引导皇帝爱学、会学、学会。爱学是调动学习主动意识的原动力,对能否实施学习行为起着决定性的作用。范祖禹已经认识到这一点,所以,在梳理完每个帝王的经筵故事之后,基本都附上了他对当朝帝王学习的总结与评论。主题鲜明,目标明确,即不断调动(读此书的)皇帝的学习主动性,以养成其爱学习的良好行为习惯。在"宋太祖皇帝"内容之后,范祖禹总结了学习帝王之学是要学习先古圣君的治世之道,即尧舜的治世之道,并引导学生所用之学习方法不要限于分析章句,而是应掌握要领。"人君读书,学尧舜之道,务知其大指必可举而措之天下

---

① 范祖禹:《帝学》,远方出版社,1998年,第340页。
② 范祖禹:《帝学》,远方出版社,1998年,第341页。
③ 范祖禹:《帝学》,远方出版社,1998年,第341页。
④ 范祖禹:《帝学》,远方出版社,1998年,第341页。
⑤ 范祖禹:《帝学》,远方出版社,1998年,第342页。

之民,此之谓学也。非若人臣,析章句,考异同,专记诵,备对应而已。太祖皇帝读书能知其要如此。"①太宗、真宗对讲读自然也不会忽视,借鉴几位祖先帝王,鼓励皇帝要将学习当作一件必做的常事,日愈勤学,不能懈怠。范祖禹曰:"太宗始命吕文仲侍读,真宗置侍讲、侍读学士,仁宗开迩英、延义二阁,日以讲读为常。累圣相承,有加无损,有勤无怠,此所以遗子孙之法也。是以海内承平百三十年,自三代以来,盖未之有,由祖宗无不好学故也。"②

前面提及,对于宋仁宗,范祖禹给予高度评价,倡导哲宗要以仁宗为榜样,尤其是仁宗之于学习的态度,范祖禹更是作为榜样推出,告诉哲宗要致君尧舜,只须效法仁宗即可。仁宗何以具有如此之榜样的力量呢? 在范祖禹看来,仁宗皇帝终身学习的行为使其思想得以长期受历代圣贤君臣的优秀传统的熏陶,把皇帝的仁德播向了全国各地。范祖禹认为:"古之人君,好学者有之矣,未有终身好之而不厌者也。仁宗皇帝在位四十二年,以尧舜为师法,待儒臣以宾友,迩英讲学,游心圣道,终身未尝少倦。是以一言一行,仁及四海,如天运于上而万物各遂其生于下,其本由于学故也……臣愿陛下欲法尧舜惟法仁宗而已,法仁宗则可以至天德矣。"③英宗皇帝也不乏可学之处,范祖禹抓住英宗"不仅自己好学,而且特别重视对宗室成员的教育引导"的特点进行引导。他说:"英宗皇帝潜德藩邸,修身好学,故仁宗以知子之明付畀大业。及即位,首劝宗室以学,盖帝以身先之知学之益不学之损也。又谕辅臣,凡学之道,戒在中止。圣训岂不大哉!"④至于神宗,虽然是哲宗的父亲,但由于神宗去世时哲宗仅十岁,哲宗对自己的父亲不一定十分了解,认识也不一定深刻,这一点范祖禹也深为知晓。神宗皇帝不仅励精勤政,隔日必赴经筵,并常于讲筵中探讨治国大事。这是后世子孙应该效法的。对于神宗,范祖禹进行了如下评论:"神宗皇帝即位之初,多与讲读之臣论政事于迩英,君臣倾尽,无有所隐。而帝天资好学,自强不息,禁中观书,或至夜分,其励精勤政,前世帝王未有也,自熙宁至元丰之末,间日御经筵,风雨不易,盖一遵祖宗成宪,以为后世子孙法也。"⑤

---

① 范祖禹:《帝学》,远方出版社,1998年,第134页。

② 范祖禹:《帝学》,远方出版社,1998年,第150页。

③ 范祖禹:《帝学》,远方出版社,1998年,第277页。

④ 范祖禹:《帝学》,远方出版社,1998年,第295页。

⑤ 范祖禹:《帝学》,远方出版社,1998年,第339-340页。

## 第四节　北宋所设经筵官职种类

经筵官是为皇帝讲解经史的官员——翰林侍读学士、翰林侍讲学士、侍读、侍讲、崇政殿说书的总名。

### 一、翰林侍读学士

翰林侍读学士，经筵官名，帝师，讲解经文，并备皇帝咨询典故等。无官品，须视所带本官而定。但其班位甚高，仅次于翰林学士。按邹贺博士考证，翰林侍读学士为宋代首创。①咸平二年(999年)七月二十六日改翰林侍读为翰林侍读学士。(注：翰林侍读不是经筵官)元丰改制，去"翰林""学士"四字，复称"侍读"。元祐七年(1092年)，复翰林侍读学士之名。元符元年(1098年)，又复称"侍读"。按《宋史》记载：太宗初，以著作佐郎吕文仲为侍读。真宗咸平二年(999年)，以杨徽之、夏侯峤并为翰林侍读学士，始建学士之职。其后，冯元为翰林侍读，不带学士；又以高若讷为侍读，不加别名，但供职而已。天禧三年(1019年)，张知白为刑部侍郎，充翰林侍读学士，知天雄军府，侍读学士外使自知白始。元丰官制，废翰林侍读、侍讲学士不置，但以为兼官。然必侍从以上，乃得兼之，其秩卑资浅则为说书。岁春二月至端午日，秋八月至长至日，遇只日入侍迩英阁，轮官讲读。元祐七年(1092年)，复增学士之号，元符元年(1098年)省去。建炎元年(1127年)，诏可特差侍从官四员充讲读官，遇万机之暇，令三省取旨，就内殿讲读。由此，翰林侍读学士有时被简称为"侍读学士""侍读"甚或直呼"学士"。

### 二、翰林侍讲学士

翰林侍讲学士，经筵官名，与侍讲同。真宗为增崇侍读官，始增"学士"之号。咸平二年(999年)七月二十六日始置，职掌讲读经史，为皇帝上课。其官品视所带本官阶而定。元丰新制省去"翰林""学士"四字，只称"侍讲"。元祐七年(1092年)七月十二日，复称翰林侍讲学士。元符元年(1098年)二月十三日，复称"侍讲"。《宋史》记载：咸平二年(999年)，国子祭酒邢昺为侍讲学士。其后，又以马宗元为侍讲，不加别名，但供职而已。景德四年(1007年)，以翰林侍讲学士邢昺知曹州，侍讲学士外使自昺始。故事，自两省、台端以上兼侍讲，元祐中，司

---

　① 邹贺：《宋朝经筵制度研究》，陕西师范大学博士学位论文，2010年，第36页。

马康以著作佐郎兼侍讲,时朝议以文正公之贤,故特有是命。翰林侍讲学士有时被简称为"侍讲学士""侍讲"。

### 三、侍读

侍读,经筵官名。宋代始置于太平兴国八年(983年)。按照宋初官职,侍读为备皇帝顾问经史,侍读《文选》及词赋等。元丰新制后,改翰林侍读学士为侍读,给皇帝讲解经史,每年春、秋两次。春季自二月至五月端午节止。秋季自八月至冬至日止。逢单日轮流进读。宋初其官品依本官而定。元丰新制定为正七品。侍读位在侍讲之上。

### 四、侍讲

侍讲,经筵官名。北宋仁宗朝始置侍讲,与翰林侍讲学士并存,但不常置。元丰新制后,皇帝讲读官只称"侍讲",不带"翰林"与"学士"四字。其职掌为皇帝进读经史,职位与侍读同,只是地位比侍读稍低。元丰新制后其官品为正七品。

### 五、崇政殿说书

崇政殿说书,经筵官名。宋太祖开宝八年(975年)始以崇政殿讲书来任命官员。崇政殿说书始置于仁宗景祐元年(1034年)正月二十六日。职掌与侍读、侍讲相同,为进读书史,讲释经义,备皇帝顾问应对,但位秩较低,"其秩卑资浅则为说书"。《宋史》有载:仁宗景祐元年(1034年)正月,命贾昌朝、赵希言、王宗道、杨安国并为崇政殿说书,日轮二员祗候。初,侍讲学士孙奭年老乞外,因荐昌朝等。至是,特置此职以命之。庆历二年(1042年),以赵师民预讲官,复为崇政殿说书,不兼侍讲。元祐间,程颐以布衣为之。

### 六、设置时间较短的经筵官职

另外,对于北宋时期经筵官还有一些其他说法,但这些经筵官职设置时间较短,或者是一些别称,就不再单做介绍。这些经筵官职主要有:

翰林侍讲:亦是经筵官名。仁宗朝偶尔置之。《宋会要辑稿·职官》中有这样的记载:后冯元为翰林侍讲,不带学士。

天章阁侍读:崇政殿说书曾经在景祐四年(1037年)改称"天章阁侍读",到庆历二年(1042年)再改回原名。胡瑗、贾昌朝、林瑀、王洙担任过此职。

天章阁侍讲:范祖禹在《帝学》中说"(景祐)四年三月甲戌朔,以崇政殿说书尚书司封员外郎直集贤院贾昌朝、尚书礼部员外郎崇文院检讨王宗道、尚书屯田员外郎国子监直讲赵希言,并兼天章阁侍讲,预内殿起居。天章阁置侍讲自此始"①。但何时罢去此职,史无详文。叶梦得认为当任命以上三人之后就"亦未尝复除人"②,但据邹贺博士推测,按照翰林侍读学士、翰林侍讲学士的学士之号,在元丰中废、元祐中复、绍圣中再废的前例,是有可能的。③

迩英殿说书:杨时于宋徽宗宣和六年(1124年)授迩英殿说书。按照朱瑞熙先生的观点,"徽宗时,改崇政殿说书为迩英殿说书"。

### 七、北宋兼职经筵官的官职

在北宋,多数情况下经筵官不是专职而是兼职。什么官职才能兼职经筵官呢?主要有以下几种情况:

充宫观兼侍读:元丰八年(1085年)五月,资政殿大学士吕公著兼侍读,提举中太乙宫兼集禧观公事。七月,韩维兼侍读,提举中太乙宫。元祐元年(1086年),端明殿学士范镇致仕,提举中太乙宫兼集禧观公事,兼侍读,不赴。六年,冯京兼侍读,充太乙宫使。未几,乞致仕,不允,仍免经筵进读。

台谏兼侍读:自庆历以来,台丞多兼侍读,谏长未有兼者。

台谏兼侍讲:庆历二年(1042年),召御史中丞贾昌朝侍讲迩英阁。故事,台丞无在经筵者,仁宗以昌朝长于讲说,特召之。神宗用吕正献,亦止命时赴讲筵,去学士职。

宫观兼侍讲:国初自元丰以来,多以宫观兼侍讲。

封驳官兼侍讲:封驳官是在朝的专司封驳的门下省给事中和中书省中书舍人。哲宗元祐元年(1086年),孙觉由右谏议大夫除给事中,仍兼侍讲。给事中一般只能兼侍讲。范祖禹于元祐四年(1089年),由右谏议大夫除中书舍人兼侍讲。

封驳官兼侍读。绍圣四年(1097年),起居郎充崇政殿说书沈铢为中书舍人,兼侍读。

六部侍郎兼侍讲:六部侍郎一般只能兼侍讲,南宋时有兼侍读的情况。

---

① 范祖禹:《帝学》,远方出版社,1998年,第182页。
② 叶梦得:《石林燕语》卷八,中华书局,1984年,第121页。
③ 邹贺:《宋朝经筵制度研究》,陕西师范大学博士学位论文,2010年,第45页。

## 八、北宋所设经筵官职的特点

综上可见,北宋皇帝对经筵官的设置非常重视,对经筵官的选任也非常慎重,可以归纳如下特点:第一,北宋所设经筵官职种类多而灵活。既有常设经筵官职,亦有根据需要临时设置的经筵官职,还有一部分兼职经筵官。常设的经筵官即有五种之多,临时所设的也有四种。很多经筵官职因临时所需而设,一些官职应官制改革而更名。如崇政殿说书便多次更名。第二,经筵官的职位有别,职责较为分明。如侍读位在侍讲之上。即使职掌一样,但地位是不同的,如崇政殿说书的职掌与侍读、侍讲相同,但官位要低于二者。在讲筵内容的安排上,不同的经筵官所讲的内容也是有一定区别的,如翰林侍读学士倾向于讲授经文内容,而翰林侍讲学士则倾向于历史知识的讲解。第三,对经筵官的选任非常慎重,兼职官较多。这正是重视经筵的表现。经筵官的水平直接影响到经筵的质量,影响到皇帝个人的经史素养,所以皇帝必然重视对经筵官的选择。能够担任经筵官的多为有较大学术影响力的名儒大家,而这些人物多为朝廷重臣或已经担任了其他重要职务,但为了保证经筵的质量,他们兼任经筵官也是必然的。第四,很多经筵官职既是因需而设,更是因人而设。如任命贾昌朝、王宗道、赵希言三人并兼天章阁侍讲,之后再未设天章阁侍讲一职。孙奭因年老乞外,则推荐贾昌朝等人担任经筵官,于是特设崇政殿说书一职以命之。

## 第五节　北宋皇帝对师道的尊重与维护

### 一、拜谒先圣以显尊师崇儒

宋朝开国皇帝宋太祖在国家治理中深深地感悟到,没有知识是不行的,没有人才(读书人)是无法更好地治理一个国家的。于是出台了右文国策,其中凝结着太祖皇帝的价值观。在国家刚刚建立之际,在诸多事务缠身的时刻,在即位的当月,太祖竟抽出时间去国子监拜谒孔孟先圣,第二个月又去拜谒,如此之崇儒尊师,其心可见。他要在全国营造一种要读书必尊师的氛围,也为后世子孙享太平盛世打下基础。"建隆元年正月幸国子监,二月又幸,诏加饰词宇及塑绘先圣先贤先儒之像,帝亲制文宣王、兖公二赞。"①建隆三年(962年),国子监开学,太祖又赏赐给国子监美酒和果品。建隆四年(963年)四月,太祖又视察了国子监。崇儒尊师之风由此刮遍有宋一代,成为祖宗之法为后世所效法。

太宗朝科举迅速发展,这与太宗对教育和人才的重视密切相关。太宗的尊师行为也表现在其日常的教育和学习过程中。"端拱元年八月,幸国子监,谒文宣王毕,升辇将出西门,顾见讲坐左右言学官李觉方叙徒讲书,即召觉令对御讲说。觉曰:'陛下六飞在御,臣何敢辄升高坐?'帝为降辇,令有司张铁幕设别坐,诏觉讲《易》之泰卦,从臣皆列坐,觉因述天地感通,君臣相应之旨。"②对于大臣李觉来说,皇帝为九五之尊,自己必须遵守礼节。而在太宗看来,尊师亦是皇帝应遵循的礼节,他的降辇行为不是降低自己的身份,恰是对老师的理解和尊重。

真宗为了表示对圣人的敬重,竟自作主张行了跪拜礼,并欲加孔子帝号。"大中祥符元年十一月,幸曲阜,谒文宣王庙。有司定仪止肃揖,帝特拜。又幸孔林,以树木拥道,降舆乘马,诣坟拜奠。帝曰:'唐明皇褒先圣为主,朕欲追谥为帝,可乎?'当令有司检讨故事以闻。或言宣父周之陪臣,周止称王,不当加以帝号。遂止增美名。"③这足显真宗尊师崇儒之意,虽未能给孔子追谥帝号,但在其心目中,或许已将孔子以帝敬之。仁宗于六岁封为寿春郡王,即开始于资善堂接受系统的儒家教育,对于这个活到老学到老的皇帝来说,把幸国子监、拜谒孔子设为常课,尊师崇儒定为必然之举。"(庆历)五月壬申,幸国子监,谒至圣文宣王。有司言旧仪止肃揖,帝特再拜。"④秉承祖宗之法的北宋诸帝,将尊师重教作为一种治国理念支配着自己的意识和行为。

## 二、对经筵官的敬重与日常关照

北宋诸帝对帝师多表现为敬重,并给予种种关照。北宋之初,经筵虽未形成制度,但太祖亦选名士为自己讲经史。王昭素曾为太祖讲《周易·乾卦》,太祖非常满意。当王昭素以年衰为由申请回归乡里时,太祖为其封官为国子博士,并挽留他在宫中住了一个月才让他回乡。真宗曾选崔颐正为自己的老师,当崔颐正因年老体衰要求致仕时,真宗面对自己的老师,一是不舍,二是关心,尽量

---

① 范祖禹:《帝学》,远方出版社,1998年,第133页。
② 范祖禹:《帝学》,远方出版社,1998年,第142页。
③ 范祖禹:《帝学》,远方出版社,1998年,第151-152页。
④ 范祖禹:《帝学》,远方出版社,1998年,第193页。

做到让老师满意退休。"颐正讲《尚书》至十卷,年老步趋艰塞,表以致仕。帝命坐,向恤甚至,听以本官致仕,仍充直讲。"①由此可见真宗对老师体恤关切之深。时为太子的仁宗发现东宫一侍者名张迪,与太子宾客李迪同名,认为不妥便命之改名。参知政事李迪、枢密直学士王昕,兼太子宾客,真宗作《元良箴》以赐太子。有殿侍张迪者,给事左右,太子曰:"是可与宾客同名邪?"方览《尚书》至"协于克一",遂令更名"克一"。真宗知之甚悦,以语宰臣宾客。②虽然仁宗当时的做法是对服侍人员的不尊重,但鉴于当时的礼仪,仁宗首先考虑到了对自己宾客的尊重,这是难能可贵的,也反映出尊师之礼的重要。王洙讲《易经》卦辞时遇到与仁宗姓名读同一个音的,欲回避,仁宗鼓励讲读官不用回避:"圣人文字,不须回避,恐妨义理。"洙曰:"不敢。臣子于君父之名,临文暂觌,不无悚惧,须至回避。"帝曰:"但正言之。"③

赵师民担任经筵官十几年,受到仁宗的器重和礼遇。"常盛夏属疾家居,帝飞白书团扇为'和平'字以赐之。"④对于经筵官在讲读时的言辞,仁宗总是以宽容之心对待。以往一般只选讲正面的、能从中获得积极启示的事例,现在即使讲了反面例子仁宗也从不责怪,认为只要能从兴亡事件中获得借鉴,均可讲述。帝谓辅臣曰:"朕每令讲读官敷经义于前,未尝令有讳避。近讲《诗·国风》,多刺讥乱世之事,殊得以为监戒。"⑤有人议论起三公(太师、太傅、太保)和三少(少师、少傅、少保),说他们经常和太子一起活动,行为显得有些年轻化时,仁宗很善解人意地认为这是习惯成自然了,并借此发表感慨,称赞老师说:"朕昔在东宫,崔遵度、张士逊、冯元为师友,此三人者皆老成人。至于遵度,尤良师传也。"⑥仁宗每每面对自己过多的提问,担心老师会厌烦,经常关心他们的感受,顾虑他们是否过度劳累。作为帝王,这样关心自己的经筵官,是仁宗仁义的表现,他堪称帝王中的表率,不愧为范祖禹极力推崇的榜样。最具说服力的事例摘录如下,以求共识:

① 范祖禹:《帝学》,远方出版社,1998年,第149页。

② 范祖禹:《帝学》,远方出版社,1998年,第165页。

③ 范祖禹:《帝学》,远方出版社,1998年,第226页。

④ 范祖禹:《帝学》,远方出版社,1998年,第191页。

⑤ 范祖禹:《帝学》,远方出版社,1998年,第193页。

⑥ 范祖禹:《帝学》,远方出版社,1998年,第207页。

乙巳讲《归妹卦》，帝问杨安国阴阳爻位所处，安国具有对。帝顾谓安国等曰："朕长在深宫，《易》揭微奥。每须详问。卿等数数对时久，得无烦乎？"曾公亮对曰："安国以所学备承圣问，岂敢言烦？"安国进曰："臣寡学浅陋，无以上副圣问。"因降拜谢。帝曰："赖卿等宿儒博学，多所发明，朕甚悦之，虽盛署亦未尝倦，但恐卿等劳耳。"[①]

一般讲读完毕，考虑到讲读官长时间站讲必会劳累，仁宗均安排讲读官休息，并发布诏书使其成为永制。讲读退，传宣："卿等侍对，时久颇倦。可于迩英后亭少憩止。"讲读官参问圣躬毕，面诏当讲读臣僚立侍敷对，余皆赐坐侍于阁中。天圣以前，讲读官皆坐侍。自景祐以来，皆立侍。至是，帝屡面谕以经史义旨须详悉询说，卿等无乃烦倦否。安国等进曰"不敢"。至是有诏，遂为永制。[②] 皇祐三年（1051年）十月丁丑日，仁宗用飞白体写"笔法"二字为内容的书法作品若干轴，赐给讲读官每人一轴。此时赵师民已经请求致仕回青州，仁宗便派人送至他家中赏赐给他。皇祐以后，每年的重五节，仁宗均要赐给讲读官用飞白体书写的扇面。

当英宗被立为皇太子之后，他曾下诏让自己宫中的教授周孟阳做以文辞向他进言的官。每当周孟阳有所劝告，英宗"即谢孟阳而拜"。[③] 对讲读官，英宗也是关心备至。"治平元年四月甲申，御迩英阁。前此，帝谕内侍任守忠曰：'方日永讲读官久侍对，未食，必劳倦。自今视事毕，不俟进食，即御经筵。'故事，讲读毕拜而退，帝命毋拜，后遂以为常。"[④] 龙图阁直学士兼侍讲卢士宗认为自己在皇帝身边侍从已经有十五年了，于是请求外任，向皇帝辞行。英宗非常敬重这位德高望重的老师，对于他的请求给予了回绝："学士忠纯之操，朕固素知。岂当久处外邪？"且命再对。[⑤] 前文已经提及，神宗皇帝每当听讲读时，均要衣冠整齐，非常尊敬地拱手端坐。即使是炎热的大暑天，也不要侍从为之摇扇，以示对老师的尊敬。伴读王陶入宫侍奉神宗读书时，神宗曾带上自己的弟弟颢一起去拜见老师。

---

① 范祖禹：《帝学》，远方出版社，1998年，第234页。
② 范祖禹：《帝学》，远方出版社，1998年，第236页。
③ 范祖禹：《帝学》，远方出版社，1998年，第281页。
④ 范祖禹：《帝学》，远方出版社，1998年，第285页。
⑤ 范祖禹：《帝学》，远方出版社，1998年，第293页。

### 三、坐讲站讲之争中皇帝的立场

汉唐时期，经筵尚未制度化，至于站讲坐讲尚未纳入礼仪范畴。按照习惯，汉唐席地而坐，经史又书写于简牍之上，摆在很矮的案几上，所以师君相对，采取跪坐或坐讲的方式。这种坐讲持续到宋初。有载，太祖诏王昭素讲《易经》，即命他坐讲。"赐坐，令讲《易·乾卦》，召宰臣薛居正等观之……"①在太祖看来，老师坐讲于情于礼是应该的，并不存在于礼不尊的问题。太宗效法太祖之举，亦让讲读官坐讲。前文已涉，端拱元年（988年）八月，太宗视察国子监时遇到李觉，让其讲《易经》，命之坐讲。随从的官员们也都坐听。整个太宗朝暂未发现记载帝师站讲坐讲礼仪之争的文字，由此推测，太祖皇帝与太宗皇帝在这一点上有着共识，即坐讲。到真宗天禧年间（1017—1021年），经筵逐渐形成制度，即"凡侍臣讲读，皆赐坐。讲者设本于前，别坐而听"②。可以说在北宋早期三朝帝师坐讲成为一贯之制，亦是尊师之举。随着制度的完善、礼仪的丰富，帝师站讲坐讲已经成为经筵制度中重要的礼仪。作为皇帝，虽有自己的观点与意愿，但亦不能武断定夺，要经过大臣讨论、参考前人故事以及当下礼仪的需要等再做决策。

帝师坐讲的情况到仁宗朝有所改变。景祐年间（1034—1037年），仁宗即位之初，年龄尚小，在迩英阁听讲时须垫着凳子才能够着案几，鉴于这种情况，时任经筵官的孙奭向刘太后提出站讲之请。"仁宗尚幼，扳案以听之。奭因请立讲。"③前面提到，当小皇帝仁宗不能专心听讲时，孙奭则"拱立不讲"，这必然是站讲了。由此可见，孙奭成了站讲的"始作俑者"。仁宗非常体谅讲读官站讲和站听的辛劳，每次经筵讲读时有多位讲读官及大臣旁听。仁宗于景祐三年（1036年）下诏将经筵讲读形式确定为坐侍、立讲。"丁丑，诏迩英阁讲读官当讲读者，立侍敷对，余皆赐坐侍于阁中。天圣以前，讲读官皆坐侍，自景祐以来皆立侍，至是帝屡面谕以经史义旨须详悉询说，因有是诏，遂为制。"④

到神宗熙宁元年（1068年），就站讲坐讲问题朝廷上进行了一场辩论：

---

① 范祖禹：《帝学》，远方出版社，1998年，第134页。

② 朱瑞熙：《畏斋集》，华东师范大学出版社，2001年，第283页。

③ 杨仲良：《皇宋通鉴长编纪事本末》第2册，黑龙江人民出版社，2006年，第937页。

④ 程敏政：《宋纪》第2部，齐鲁书社，1996年，第155页。

熙宁元年四月庚申,翰林学士兼侍讲吕公著等言:"窃寻故事,侍讲者皆赐坐,自乾兴以后讲者始立,而侍者皆坐听。臣窃以谓,侍者可使立,而讲者当赐坐。乞付礼官考议。"诏太常礼院详定以闻。后判太常寺韩维、刁约,同知太常礼院胡宗愈言:"臣等窃谓,臣侍君侧,古今之常,或赐之坐,盖出优礼。祖宗以来,讲说之臣多赐坐者,以其敷畅经艺,所以明先王之道,道之所存,礼则加异。……臣等以为,宜如天禧旧制,以彰陛下稽古重道之意。"判太常寺龚鼎臣、苏颂、周孟阳,同知太常礼院王汾、刘攽、韩忠彦言:"臣等窃谓,侍从之官见于天子,若赐之坐,有所顾问,犹当避席立语。况执经人主之前,本欲便于指陈,则立讲为宜。若谓传道近于为师,则今侍讲,解说旧儒章句之学耳,非有为师之是。岂可专席安坐以自取重也?……王安石兼侍讲,请复乾兴以前故事,使预听者立,亦坐之日少而立侍之日多。于是,公著等遂同建明。已而,众议不同,上以问曾公亮,公亮但称:"臣侍仁宗书筵亦立。"后安石因讲赐留,上面谕曰:"卿当讲日可坐。"安石不敢坐,遂已。[①]

两派各抒己见。吕公著、王安石、韩维、刁约、胡宗愈等坚持坐讲,他们认为"以彰陛下稽古重道之意",应该效法先王;龚鼎臣、苏颂、周孟阳、王汾、刘攽、韩忠彦等坚持站讲,认为经筵官只是"解说旧儒章句之学耳,非有为师之是",他们并不把经筵官当作老师,认为经筵官并未尽师之责或不宜尽师之责,不是严格意义上的老师。面对各执一词的双方,皇上没了主意,于是想从老臣那里讨要答案,不要则已,这一要,要到了一个连神宗自己也没有料到的结果。既问之,则定之。根据神宗之后的表现,我们推测他是支持坐讲的观点的,因为他赋予自己最看重的辅佐大臣——王安石以特权:"当讲日可坐。"王安石本人虽然持"坐讲"之观,但迫于舆论压力,为了避免因此而可能出现的反变法派等人的政治攻击,也只能违其心求其稳,自己坚持"站讲"了。其实,对于王安石和很多经筵官来说,"站讲"还是"坐讲"不是问题,问题是由此而带来的对经筵礼仪的认知、皇帝在经筵中的地位和角色以及由此而可能引发的政见之争。

哲宗元祐元年(1086年),崇政殿说书程颐又对站讲方式提出了异议。他在《论经筵第三札子》中再次强调应该恢复经筵坐讲。他认为:"经筵臣僚,侍者皆

① 范祖禹:《帝学》,远方出版社,1998年,第305-306页。

坐,而讲者独立,于礼为悖。欲乞今后,特令坐讲。不惟义理为顺,所以养主上尊儒重道之心。"①之后,他又说:"窃闻讲官在御案傍,以手指书,所以不坐,别欲令一人指书,讲官稍远御案坐讲。"②程颐的建议遭到了给事中顾临的反驳,太皇太后以"皇帝幼冲,岂可先教改动前人制度"为由拒绝了程颐的建议。至此,经筵站讲基本成为制度延续下去。时年,程颐是以一介布衣、一代大儒的身份入侍经筵的,所以,在他心目中"养主上尊儒重道之心"才能"义理为顺",于礼不悖,令经筵官"坐讲"体现的是皇帝尊孔重儒之心、尊师重道之德,这才不违习经史之实。在程颐看来,先从形而上的角度解决皇帝的意识本体,培养皇帝治国理政的经史素养,再将其落实于国家治理中,发挥经史的借古鉴今的作用。礼仪之争相对于国家治理虽是小事,但在一定程度上或在一定角度反映了政治斗争的严峻性和残酷性,且不说程颐是以一介布衣甚或是名儒大儒的身份入侍经筵的,就是当朝具有重要政治影响力的重臣也很难以一己之力改变当时的规定,即使是皇帝本人也很难自作主张进行决策。另外,作为一种制度,经筵愈来愈完善和成熟,任何一个哪怕是非常细小的环节的变动都不是一个人能决定的。

## 第六节 从经筵官的待遇看皇帝对经筵的重视程度

经筵官是帝王的教官,鉴于其与皇帝接触之频繁、关系之密切,易于发挥其政治和学术影响力,职位升迁机会增多,所以经筵官被视为一种美好的官职,由此也提升了经筵官的政治和社会地位。

### 一、班秩与俸禄

经筵是在北宋时逐渐制度化的。北宋之初,经筵官职较少,且尚未制度化,即使任命了某种经筵官,尚具有随意性和不确定性。由于最初的经筵官多为兼职,其班秩和俸禄往往还无从谈及。太宗朝任命吕文仲为翰林侍读,但翰林侍读不是经筵官。③在真宗朝,首设翰林侍读学士一职。侍读一职始置于唐朝。

① 程颢、程颐:《二程集》上册,中华书局,1981年,第539页。
② 杨仲良:《皇宋通鉴长编纪事本末》,黑龙江人民出版社,2006年,第1585页。
③ 邹贺:《宋朝经筵制度研究》,陕西师范大学博士学位论文,2010年,第34-35页。

在真宗朝,侍读的班秩虽然比翰林学士低,但俸禄一致。如果按照建隆以后的合班制,翰林侍读、翰林侍读学士的班次应在翰林学士和资政殿学士之后,龙图阁学士和天章阁学士之前。①月俸为现钱,无须折支实物。②崇政殿说书始置于仁宗景祐元年(1034年),职掌与侍读、侍讲相同,但位秩较低,"其秩卑资浅则为说书"③。神宗朝元丰改制后,侍读和侍讲为正七品,崇政殿说书为从七品。其月俸、衣赐按各自的寄禄官领取,每月支取职钱十贯文,元丰八年(1085年)十二月特增侍讲、侍读官的职钱至三十贯。据《长编》载,哲宗元祐元年(1086年),户部言:"本所请给令,侍讲、侍读、说书职事钱十贯。近准朝旨,侍读、侍讲职事钱,特添作三十贯,即不碍诸般请给。按旧例,侍读、侍讲、说书请给不同。其说书程颐,未敢便依侍读、侍讲例支破。诏程颐职钱添作二十贯。"④经筵官一般在讲完一部书后,"皆迁一官"。

## 二、赏赐

宋代皇帝常常以赏赐的形式关心并奖励大臣,对经筵官亦不例外。在讲读官讲得精彩时,或者当经筵官讲完一部书,或者对入侍经筵多年的经筵官,皇帝多以赏赐钱物表示奖励。有的是按照规定给以赏赐,如春、冬两季各给侍郎兼侍读、侍讲绫七匹、绢二十匹。这既可以算作实物俸禄,也可看作物质奖励。有时皇帝赐给讲读官一笔铜钱以示奖励,如仁宗至和元年(1054年),赐给翰林侍读学士杨安国铜钱五百贯。太宗在视察国子监时对李觉讲的《泰卦》非常满意,认为卦辞中深奥的道理可以作为君王和臣子行为的鉴戒,高兴之余赏赐李觉锦帛百匹。真宗对冯元所讲《泰卦》也很满意,赏赐冯元一套紫色图案的官服。

仁宗皇帝擅长飞白体书法,经常将墨宝赏赐给讲读官。"自是,每召辅臣至经筵,多以御书赐之,或取经书要言书一二纸。"⑤前文已有提及,赵师民入侍经筵十几年,颇得仁宗器重,在他因病在家休养时,仁宗将用飞白体所写的有"和平"二字的团扇赏赐给他,以示慰问。皇祐三年(1051年)十月丁丑日,"帝飞白书'笔法'二字,赐讲读官各一轴。时赵师民谒告归青州,命就赐之。皇祐以后,

---

①《宋史》卷一百六十八,第3988页。

②《宋史》卷一百七十一,第4114页。

③《宋史》卷一百六十二,第3813页。

④ 姜锡东:《宋史研究论丛》第19辑,河北大学出版社,2016年,第105-106页。

⑤ 范祖禹:《帝学》,远方出版社,1998年,第166页。

每岁重五节,必赐飞白书扇。"①仁宗对讲得好的老师经常赏赐官服。天圣二年(1024年)六月己未日,赏赐给尚书工部郎中、直龙图阁马宗元三品朝服,以表彰他对《孝经》讲得透彻。八月乙卯,仁宗到国子监拜谒文宣王庙,命马龟符讲《论语》一篇,也赏给其一身三品朝服。庆历七年(1047年)三月丙申日,仁宗到迩英阁听讲《孝经》,当面赏赐给曾公亮一套三品朝服。他随即解释了与其他赏赐不同的原因:"此赐异于他臣僚。"又曰:"自古帝王皆有师。今赐师儒之臣,经筵之荣事也。"②

有时皇帝也赏赐经筵官御宴。真宗景德四年(1007年)曾在龙图阁宴待侍讲学士邢昺。仁宗嘉祐七年(1062年),以读《后汉书》终篇,赐讲读官宴于资善堂。真宗和仁宗时,多在崇政殿宴请讲读官。英宗时亦常置宴资善堂。

## 第七节　北宋皇帝的学习观

对于读书学习,北宋诸帝有着共同的诉求,在治理国家之外,渴求通过学习经史知识以提高自己的政治素养和治理能力,但有的是出于个人爱好,有的是从小受环境影响,有的是国家管理之重任所驱。从整体上看,有宋一代,在"崇文抑武"的国策下,文化底蕴深厚,学习氛围浓厚。这与北宋诸帝个人对学习的身体力行和倡导有一定关系。我们可以对各位皇帝的学习行为和学习理念进行梳理,从中发现其共同之处。

### 一、太祖的学习观

宋代是在战乱的基础上建立的,新朝建立,赵匡胤感慨颇多:国家的统一可以用武力,但国家的管理再靠武将已经是力不从心了。于是他深深地感悟:宰相须用读书人!其实他已经强烈地意识到,知识与文人在治理一个国家中至关重要。于是他一再强调武人也要读书。为了国家的安定与发展,制定了右文抑武的国策。其实太祖赵匡胤是个非常爱好读书的人,在统一国家的战乱中,他也不忘搜罗各地的书籍,珍藏起来,用以闲暇时间阅读。据史料记载:"太祖乾

---

① 范祖禹:《帝学》,远方出版社,1998年,第236页。
② 范祖禹:《帝学》,远方出版社,1998年,第207页。

德元年,平荆南。诏有司尽收高氏图籍以实三馆。"①乾德三年(965年)九月,太祖"命右拾遗孙逢吉往西川取伪蜀法物、图书、经籍、印篆赴阙"。②他在即位的当月即去国子监拜谒孔孟先圣,第二个月又去拜谒,如此尊师重道,是要在全国营造一种读书崇儒的氛围,为后世子孙打下太平之世的基础。"建隆元年正月幸国子监,二月又幸",他在一次视察国子监时曾对侍臣说:"今之武臣欲尽令读书,贵知为治之道。"③太祖在读书中更加感慨"知学之益""为君为相不可以不学也"④。作为开国皇帝,治理国家的经验不足,需要尽快适应环境,通过读书学习汲取前人的智慧营养以"知为治之道"成为必要的途径,这也成为太祖皇帝的学习观。

## 二、太宗的学习观

相对于太祖,太宗更加重视文化事业的发展,不仅大幅度增加科举取士名额,修建了图书库,还命人编纂《太平御览》《文苑英华》《太平广记》三大类书。他一再强调书的重要性:"夫教化之源,治乱之本。苟无书籍,何以取法?"⑤由此看来,太宗的学习观即为读视书籍为"教化之本,治乱之源",他认为读书学习之目的在于取国家治理之法。太宗在处理政务之余用很多时间来阅读。他每天都要读经书、史书,在个人阅读中常常会产生疑问,为了解决这些疑问,他便任命著作佐郎吕文仲做自己的侍读官以辅导自己。他给自己定下学习任务,每天要读《太平总类》3卷,虽然非常辛苦,但太宗认为开卷有益,并能从中获得国家管理上的借鉴。"天平兴国八年,以听政之余,日阅经史,求人以备顾问。始用著作佐郎吕文仲为侍读",对于日读3卷《太平总类》之辛苦,他感慨地说:"朕性喜读书,开卷有益,每见前代兴废,以为鉴戒,虽未能尽记,其未闻未见之事固多矣。此书千卷,朕欲一年读遍。因思好学之士,读万卷书亦不为难。大凡读书,须性所好,若其不好,读亦不入。昨日读书,从巳至申,有鹳飞止殿吻,至罢方去。"⑥看来,太宗对于读书亦是出于个人爱好,读书达到了忘我的程度,并传为佳话。太宗还能做到会读书、细读书,遇到有价值的史实必须要弄明白,以真正

①《宋会要辑稿·崇儒》四之一五,第2237页。
②《宋会要辑稿·崇儒》四之一五,第2237页。
③ 范祖禹:《帝学》,远方出版社,1998年,第133页。
④ 范祖禹:《帝学》,远方出版社,1998年,第134页。
⑤ 杨仲良:《皇宋通鉴长编纪事本末》第1册,黑龙江人民出版社,2006年,第180页。
⑥ 范祖禹:《帝学》,远方出版社,1998年,第141页。

做到学以致用，为今日之治提供借鉴，即"朕读书，必求微旨"。太宗不放过任何可以学习的机会，"端拱元年八月，幸国子监，谒文宣王毕，升辇将出西门，顾见讲坐左右言学官李觉方叙徒讲书，即召觉令对御讲说"。[①] 在太宗看来，不仅开卷有益，开讲亦有益。此处李觉讲了《周易》中的卦辞卦象，即天地间的感应会在君臣间有相应的体现等理论，太宗深感受益，以此作为君王和臣子行为的鉴戒，并与大臣们分享了自己的学习体验。太宗在每次的学习中都非常重视学有所得，并思考其现实意义，经常与近侍之臣讨论史书，并对史书的编撰提出自己的建议。

### 三、真宗的学习观

真宗时，社会较为安定，他就有了更多属于自己的时间用于读书学习。真宗亦酷爱学习，常以讲学经史、作诗填词为乐事。"自出阁后，专以讲学属词为乐，禁中游息之所，皆贮图籍，置笔砚。及即位，每召诸王府侍讲邢昺及国子监直讲孙奭等，更侍讲说，质问经义，久而方罢。"[②] 重视学习，自然就非常重视对老师的选任，针对自己在学习经书中遇到的困惑，真宗非常希望能找一位通晓经义的老师，于是时任参知政事的李至推荐了崔颐正，真宗命崔颐正每天到御书院以备答对自己的提问。崔颐正由于年老体衰请求致仕，于是他又物色并任命了兵部侍郎杨徽之、户部侍郎夏侯峤并为翰林侍读学士，任命国子祭酒邢昺为翰林侍讲学士，任命翰林侍读吕文仲为翰林侍读学士。翰林侍讲学士和翰林侍读学士均为真宗朝始置，可能是真宗吸取了太宗朝的经验，认识到设置经筵官的必要性和紧要性，于是挑选了德高望重的学者轮值经筵，并赋予他们与翰林学士同等俸禄和赏赐。真宗时，讲读官的人数也是北宋史无前例的，可见其对经筵之重视，由此亦为经筵制度化奠定了基础。

在讲读官邢昺看来，真宗酷爱学习的精神是非常少见的，他说一部《春秋》几乎没有人能从头到尾全部听完，只有真宗做到了。真宗则由此谈到了学习的重要性及自己做出的努力："勤学有益，最胜它事。且深资政理，无如经书。朕听政之余，惟文史是乐，讲论经义，以日系时，宁有倦邪！"在真宗看来，"勤学有益，最胜它事"，即使"深资政理"，亦"无如经书"。这可以说是真宗的学习观。帝曾召近臣观书龙图阁，帝曰："朕自幼至今读经典，其间有过数四。在东宫时，

---

① 范祖禹：《帝学》，远方出版社，1998年，第142页。
② 范祖禹：《帝学》，远方出版社，1998年，第149页。

惟以叙书为念,其间亡逸者,多方购求,颇有所得。"①太宗在位时,邢昺编撰过一部《礼选》进呈给太宗。真宗看到了这部书,感觉编写得非常好,便写了篇赞扬的书评,拿给大臣看时他表达了自己对学习的执着追求:"朕在东宫,昺为侍讲,尝遍讲九经书,亦有三五过或十余过者,唯《尚书》凡十四讲。盖先帝慈旨勉励,每旦听书,食讫习射,使与兄弟朝夕同处。所习者,文武二事尔。"②真宗不仅遍读儒家九经③之典,而且对《尚书》格外推崇,竟然学习了14遍。这说明真宗明白学习经典必须要用以指导现实的国家治理,达到学以致用的目的。因为《尚书》既是儒家核心经典,也是中国现存最早的史书,是记载中国上古历史文献和历史事迹的汇编,集中反映了商周尤其是西周时期的历史状况和国家治理的经验和智慧,被历代帝王高度重视并视作必读必学的"政治课本"。

真宗不仅自己好学,还常鼓励皇子、宗子及他人学习。他曾作著名的《劝学诗》④,如下:

富家不用买良田,书中自有千钟粟。

安居不用架高楼,书中自有黄金屋。

娶妻莫恨无良媒,书中自有颜如玉。

出门莫恨无随人,书中车马多如簇。

男儿欲遂平生志,六经勤向窗前读。

针对真宗的《劝学诗》,廖寅先生对其形成过程及作伪原因进行了考述,认为:署名宋真宗的《劝学诗》出自下层士人,体现了下层士人的理想,并非宋真宗的作品。《劝学诗》也不是由某一位作者一次完成,而是由很多士人长时期共同完成。因为宋真宗的独特身份和对于科举制度的独特贡献,这一由许多无名士人集体创作的作品,其作者"最佳人选"无疑是宋真宗⑤。无论《劝学诗》是不是真宗所作,但也恰恰是因为真宗对学习和教育的重视才得以名落其身。

---

① 范祖禹:《帝学》,远方出版社,1998年,第150-151页。
② 范祖禹:《帝学》,远方出版社,1998年,第152页。
③ 儒家经典五经发展到唐代是为九经,即《诗经》《尚书》《周礼》《仪礼》《礼记》《易经》《春秋左传》《春秋公羊传》《春秋穀梁传》,到南宋时加上《论语》《尔雅》《孝经》《孟子》为十三经。
④ 周德昌:《北宋教育论著选》,人民教育出版社,1998年,第47页。
⑤ 廖寅:《宋真宗〈劝学诗〉形成过程及作伪原因考述》,《中国高校社会科学》2018年第3期。

### 四、仁宗的学习观

仁宗乃真宗之子。真宗曾任命尚书、户部郎中、直昭文馆学士张士逊，户部员外郎、直史馆崔遵度两人，作时为郡王的仁宗的师友，并赋予殷切嘱托。还专门为郡王设置学堂，并定名为"资善堂"。乾兴元年（1022年），仁宗即位之初即下诏立志勤于政事和发奋学习。诏曰："朕仰承先训，肇缵庆基。思与忠贤，日勤听览，至于宵旰，非敢怠遑。虽每属于清闲，亦靡图于暇逸。当延侍从讲习艺文，勉徇嘉谋，用依来请。双日不视事，亦当宣召侍臣便殿，以阅书史，冀不废学也。"仁宗当时年龄虽小，但已经表现出了远大的志向，即通过读经史书籍，"仰承先训""思与忠贤"。这也是伴随仁宗一生勤学乐学的学习观。就小皇帝对政事和学习的热情和决心，必须及时鼓励与强化。于是，皇太后谕宰臣曰："皇帝听断之暇，宜召名儒讲习经书，以辅圣学。"[1]起初诏令说皇帝只是在双日到经筵去听讲，从这时起，即便是单日也要召侍臣来为他讲读。仁宗皇帝不仅在做郡王时有着名儒做师友，引导他学习与成长，在他即位临朝之后同样有诸多名师的引导，使他能在一个好的氛围中健康成长，成为一个热爱学习、勤于政事的好皇帝。仁宗朝始置崇政殿说书一职及迩英、延义二阁。前面已经提及，景祐元年（1034年）正月，命贾昌朝、赵希言、王宗道和杨安国四人为崇政殿说书，分两班轮流入崇政殿侍奉。"二年正月癸丑，置迩英、延义二阁，写《尚书·无逸》篇于屏。"[2]景祐四年（1037年）三月十五日，仁宗下令，让贾昌朝、王宗道、赵希言等人一同兼任天章阁侍读，并参与皇帝在内殿的起居活动。天章阁侍读官一职，即由此开始。

范祖禹对仁宗给予高度评价，曾建议哲宗"致君尧舜则须效法仁宗"。他对仁宗的学习经历和故事的编撰花费了很多的笔墨。《帝学》中就将关于仁宗的经筵内容分上、中、下篇分别呈现，并在经筵内容后面附上了对仁宗学习活动的评论。范祖禹曰："古人之君，好学者有之矣，未有终身好之而不厌者也。仁宗皇帝在位四十二年，以尧舜为师法，待儒臣以宾友，迩英讲学，游心圣道，终身未尝少倦。是以一言一动，仁及四海，如天运于上而万物各遂其生于下，其本由于学故也。"[3]

---

[1] 范祖禹：《帝学》，远方出版社，1998年，第166页。

[2] 范祖禹：《帝学》，远方出版社，1998年，第180页。

[3] 范祖禹：《帝学》，远方出版社，1998年，第277页。

## 五、英宗的学习观

好学成为北宋皇帝的传世之宝。英宗虽然不是仁宗的亲生儿子，但同样有着好学爱学的好习惯。他早在睦亲宅居住时即闭门不出，整日专心读书。"初在睦亲宅，闭门读书，终日未尝燕游慢戏，服御俭素如儒者。吴王宫教授吴充进《宗室六箴》，一曰视，二曰听，三曰好，四曰学，五曰进德，六曰崇俭。仁宗以付大宗正司，帝书之屏风，常视以自戒。"①当其搬入内宫时，行李很简单，完全像一个贫寒的读书人，所有的行李只是几橱书而已。英宗不仅自己爱好读书，而且非常重视子女和宗室成员的学习。治平元年（1064 年）六月己亥日，英宗下诏说："虽王子之亲，其必由学；惟圣人之道，故能立身。若昔大猷自家刑国。今一祖之后、诸宗之支，亦尝著令于前，命官以训……特诏近臣并荐能者，使成童而上讲诵经书，小学之居通达名数，朝夕劝善，日月计能，固当渐渍简编，敦修志业，与其趋异端而无守，岂若就有道而自修。"②英宗虽不是仁宗的亲儿子，但仍秉承仁宗倡导的《宗子六箴》。其中之一则强调为"学"之重要，之后强调宗子要通过学习"渐渍简编，敦修志业"，这无疑体现了英宗对于学习的价值观。鉴于宗族子弟日益增多的状况，英宗命令增加教授官，并督促宗室子弟要严谨多思，力戒半途而废。若不服从教学约束，让教授官、本家尊长开列名单，申报大宗正司，量其行为，给予惩戒处罚。如果教授官有不称职的，不能给学员以劝勉鼓励的，大宗正司应经过查访，告诉皇上。由于宗正司事务日益繁忙，便设置同知大宗正事官一员进行管理。

## 六、神宗的学习观

神宗皇帝是一个有着远大抱负的皇帝，他勤于政事，致力改革。同时，神宗从小亦酷爱读书、尊敬师长。"……嘉祐八年五月，始听讲读于东宫，天资好学寻绎，读问有至日昃。内侍言恐饥当食，上曰：'听读方乐，岂觉饥耶！'英宗以上读书太多，尝遣内侍止之，当讲读，正衣冠拱手，虽大暑未尝使人挥扇。待宫僚有礼，伴读王陶入侍，上率弟颙拜之。"③在经筵中，神宗以与经筵官一起研究讨论治国之道为乐，并从中受到诸多启发。神宗的好学以及良好的教育引导为他更

---

① 范祖禹：《帝学》，远方出版社，1998 年，第 281 页。

② 范祖禹：《帝学》，远方出版社，1998 年，第 286 页。

③ 范祖禹：《帝学》，远方出版社，1998 年，第 299 页。

好地了解历史尤其是本朝史打下了坚实的基础,促进其形成革新之思,确立变法之志。这或直接或间接地体现了神宗的学习价值观。为了更好地掌握经史知识、了解大家对变法的看法,神宗充分利用人才,开展经筵论坛。他选任当时具政治和学术影响力的司马光、王安石、吕惠卿等人做经筵官,在经筵上结合经史内容探讨治国之策。更重要的是通过变法派和反变法派在经筵上的激烈论辩,获得相关启示,以助决策。最为典型的事例即是前所提及的司马光和吕惠卿关于变法之辩。此不赘述。

### 七、哲宗的学习观

同样,哲宗皇帝从小也受到良好教育环境的影响,十分好学,幼年的哲宗已能背诵《论语》七卷,平时很少玩耍,经常练习书法。自从神宗生病以后,他就开始抄写佛经,祈祷父亲早日康复。到元丰八年(1085年)三月时,已抄出三卷佛经,书法极其工整。宣仁太后拿来给王珪等大臣观看,大臣们交口称赞。哲宗当时抄写佛经虽然是为了父亲的健康,但在抄写的过程中付出了艰辛,锻炼了毅力,同时也不失为一种学习过程。无论是对佛经的理解,还是对于书法的研习,都有不小的进步。元祐四年(1089年),范祖禹曾上疏哲宗,对其好学予以肯定和鼓励:"臣伏见陛下嗣位以来,端拱渊默,专意学问,臣侍经席,于今累年,陛下天纵生知,圣德纯茂,接对臣下,日日如一,未尝小有差失。此实上天眷祐皇家,保育生民,宗庙社稷无疆之福也。"①元祐七年(1092年)三月,时任侍读的王岩叟问哲宗:"陛下宫中何以消日?"上曰:"并无所好,惟是观书。"王岩叟进一步鼓励道:"大抵圣学,要在专勤,屏去他事,则可以谓之专。久而不倦,则可以谓之勤。如此,天下甚幸!"②然而,哲宗短暂的一生是在激烈的党争中度过的,因此难有建树。

### 八、徽宗的学习观

徽宗为哲宗的弟弟,同样受过良好的教育。徽宗在政治上是昏庸之君,了无建树,但在艺术上造诣颇深,堪称巨匠。诗词、书法、绘画,都不乏上乘之作。这必然与徽宗的博学好学紧密相关。徽宗朝,北宋官学教育发展达到了顶峰。受徽宗个人爱好影响,书学、画学等专科教育获得大力发展,并取得了较大成

---

① 曾枣庄、刘琳:《全宋文》第98册,上海辞书出版社,安徽教育出版社,2006年,第99页。
② 杨仲良:《皇宋通鉴长编纪事本末》卷93,黑龙江人民出版社,2006年,第1606页。

就,为此专科教育尤其是艺术教育的发展成为北宋晚期教育的特色。所以,无论是个人的艺术成就,国家官学的发展,还是艺术教育的特色等,均凝结和体现了徽宗个人的情感和学习价值观。游彪先生对宋徽宗的艺术造诣及其对教育的推动做出了较高的评价。他认为徽宗在位期间,普及教育,振兴礼乐,并通过自身的影响力推动书法、绘画、道教、医学等多个领域的发展,培养了不少人才,推动了教育的发展。[1]徽宗喜欢读书,也珍视藏书。当金人掳去他的财宝、妃嫔,他都未尝动色,"惟索三馆书画,上听之喟然"[2]。难能可贵的是,徽宗在被掳生涯中,衣食常无着落,但仍好学不倦,嗜书如命。

钦宗作为亡国之君,无论当时还是后世,对其关注点均放在了其亡国与流亡生涯的记录与研究上,鉴于史料阙如,对其学习经历暂不涉猎。

## 第八节　北宋皇帝重视"宝训"的编纂与学习

宝训,宋代修史特有术语,专指记载本朝前代君王嘉言善行的崭新史书体裁,主要用来供皇帝或储君经筵讲读之用。宋代诸帝皆重视修史,史书相对于唐五代更加完善,既有记载皇帝言行的《起居注》,也有记录宰臣议论国是的《时政记》,并依此为基础,修成《日历》《实录》《国史》,还有记录典章的《会要》等。此外还有专门记录帝王"善政善教"的"宝训",供皇帝或储君在经筵学习。仁宗天圣五年(1027年),监修国史王曾建议仿唐吴兢于《实录》《正史》外作《贞观政要》,修本朝此类相关史书。天圣十年(1032年),书成,敕令此书名为《三朝宝训》。"宝训"之名由此为后世诸朝延用。自仁宗朝修成《三朝宝训》之后,历朝均效仿修撰前朝"宝训",并制度化。北宋诸朝所修"宝训"有《三朝宝训》《两朝宝训》《神宗宝训》《哲宗宝训》。《徽宗宝训》和《钦宗宝训》为南宋时编修。[3]

### 一、《三朝宝训》

三朝,指太祖、太宗、真宗三朝。仁宗天圣五年(1027年),监修国史王曾言:"唐史官吴兢于《实录》、正史外,录太宗与群臣对问之语为《贞观政要》。今欲采

---

① 游彪:《宋徽宗与成就斐然的宋代文化》,《人民论坛》2017年5月(上),第252页。

② 蔡向东:《宋徽宗赵佶》,远方出版社,2010年,第292页。

③ 本部分参考了孔学:《〈宋代宝训〉纂修考》,《史学史研究》1994年第3期。

太祖、太宗、真宗《实录》、日历、时政记、起居注其间史迹不入正史者别为一书，与正史并行。"从之。①天圣十年（1032年），敕令此书名为《三朝宝训》。"前圣典谟，布在方册，后代纂之，宝为大训"②，大概由此取名。皇帝重视《三朝宝训》的编纂和对人员的选择，参与编纂的人员多为当时具有影响力并认真负责之人，由监修国史王曾奏请获准后，委派李淑编纂，任命宋授、冯元看详。天圣九年（1031年），李淑又奏请朝廷许直集贤院王举正同修《三朝宝训》，十年（1032年），敕名《三朝宝训》，书成。由于参编人员较多，对编者的史料记载多有差异。因书成后由吕夷简进呈朝廷，所以《宋史·艺文志》卷二〇三载："吕夷简《三朝宝训》三十卷。"由于编纂人实为李淑等人，《文献通考·经籍考》则记载为"李淑等撰"。此书曾长期作为经筵的重要教材，今已散佚。

## 二、《两朝宝训》

神宗元丰五年（1082年）六月戊午，宰臣王珪言："天圣中，修《真宗正史》成，别录《三朝宝训》，以备省览。今当修仁宗、英宗《两朝宝训》。"诏秘书省，著作局依例修进。差林希、曾巩。③其具体编纂情况为："迨神宗皇帝践阼之十五年，诏儒臣林希采《实录》、《日历》、《时政记》、《起居注》诸书，自乾兴尽治平，法天圣故事，裒粹事迹，以类撰次，越明年四月，书成来上，凡七十有六门，成二十卷，名之曰《两朝宝训》。所载岩廊之上，切摩治道，商榷坟索之精语，则谨威福之善制，畏天事神之道，勤政爱民之方，恭俭仁孝之德，规摹制度之略，辨察正邪，笃叙姻族，与夫劝农兴财，治兵御戎之术，炳若日星。"④"至六年四月十九日，书成，凡二十卷，希上之。"⑤《宋史·艺文志》载，林希《两朝宝训》二十一卷。《文献通考》和《直斋书录解题》均记载《两朝宝训》为二十卷。此书今已不存。需要说明的一点，《宋史·艺文志》中还载有《三朝天平宝训》一书，此书应为《祖宗故事》，为《中兴馆阁书目》误载。《祖宗故事》和《两朝宝训》所载内容有所区别：前者主要汇集祖宗之法及诸司条例，读者主要是两府大臣；后者是搜录未入正史的先祖帝王的"善政善教"之内容，与正史并与经筵进读。

---

① 杨仲良：《皇宋通鉴长编纪事本末》第1册，黑龙江人民出版社，2006年，第540页。

② 周麟之：《海陵集》卷三《论乞修神宗以后宝训》，影印文渊阁四库全书，第1142册，第18页。

③ 李焘：《续资治通鉴长编》卷三百二十七，中华书局，1979年，第7874页。

④ 曾枣庄、刘琳：《全宋文》第213册，上海辞书出版社，安徽教育出版社，2006年，第301页。

⑤ 王应麟：《玉海》第3函24册，卷四十九，文物出版社，1987年。

### 三、《神宗宝训》

哲宗元祐六年（1091年）八月，提举修实录宰臣吕大防言：乞令国史院官修进先朝宝训，以备迩英阁进读。从之。命范祖禹担任编修。对版本和编撰者的记载，《宋史·艺文志》中亦有两种说法，一是沈该进呈的百卷本《神宗宝训》，一是不知编者的五十卷本《神宗宝训》。《玉海》载《神宗宝训》五十卷，不知集者，载"圣政"凡七十三门。那么沈该进呈的百卷《神宗宝训》应是南宋绍兴年间所重修。由于政治的需要以及宋室南迁资料丢失等原因，很多《实录》《国史》等要重修，《神宗实录》即修五次。《神宗宝训》的重修也就不足为奇了。如果按照吕大防奏请修宝训时即开工修订的话，那么《神宗宝训》内容可能与前朝所修宝训不同，即不是完全取材于正史之外，而是包含部分正史内容。因为据记载，《神宗正史》于元祐七年（1092年）才开始修撰，依前朝故事，宝训修撰要在正史之后进行。

### 四、《哲宗宝训》

据《宋史》载，《哲宗宝训》为南宋洪迈编撰，全书六十卷。其实《哲宗宝训》在北宋时即已动笔，《玉海》中曾记载，宣和中曾修《哲宗宝训》，并载：宣和七年六月十四日《七朝宝训》书成。这无疑包含哲宗朝宝训，由此推测北宋时已经修成《哲宗宝训》。至于南宋修订，可能是因为《哲宗宝训》和《七朝宝训》毁于战乱。南宋时重修《哲宗宝训》是在重修《神宗宝训》后完成的。编纂人员为中书舍人王刚中兼史馆修撰，掌修哲宗、徽宗宝训，秘书少监沈介兼编修官。

# 第四章
# 北宋皇帝对太子教育的重视

## 第一节　北宋皇帝重视皇太子的教育

　　皇太子,即皇储,是日后担当治国大任之人,是法定的皇位继承人。历代在位之君都非常重视对其进行严格的教育培养。宋朝建国之初,吏部尚书张昭即上疏请求加强东宫教育:

　　古者人君即位之后,立嫡以为储闱,列土而封子弟,既尊之以名品,复教之以训词,则骄奢淫逸不萌于心,仁知贤明以习其性。良缘择正人以为师傅,闻善事益其聪明。假使中材,亦成良器。……窃以元良宗子,邦国本根,或陛下未欲封崇,先宜教导。所贵识古今之成败,知稼穑之艰难,使骄纵不期于心,正道尝闻于耳。[①]

　　作为未来的治国君主,太子(皇储)的人文修养水平、是否"识古今之成败,知稼穑之艰难"是非常重要的,这会直接或间接地影响到未来国家治理的成效甚至决定国家的存亡。北宋诸位君王认识到其中的利害所在,所以在制定"崇文抑武"的"祖宗之法"的大背景下,重视对储君的培养,这成为北宋帝王的共识。太祖在立国之初就重视皇子读书学习,曾说:"帝王之子,当务读经书,知治乱之大体。"[②]太宗即位后学习经史知识如饥似渴,通过科举选拔大量人才,其对教育的热切关注与重视,不仅促进了宋初科举制度的发展,而且为学校教育的发展奠定了基础。真宗皇帝在其为藩王时,即每日一心一意学习经史、撰文记事、作诗填词,由此看出真宗从小即受到了良好的教育,这与太宗的重视是分不

---

① 曾枣庄、刘琳:《全宋文》第1册,巴蜀书社,1988年,第190页。
② 杨渭生:《两宋文化史研究》,杭州大学出版社,1998年,第14页。

开的。太宗常常鼓励真宗好好读书,努力学习,对真宗好学的表现经常予以表扬,并认真为其选择东宫属官。当赵恒被立为太子时,太宗为其选择尚书左丞李至、礼部侍郎李沆同兼太子宾客,一再嘱托他们要严格教育引导:"朕以太子仁孝贤明,尤所钟爱。今立为储贰,以固国本,当赖正人辅之以道。卿等可尽心调护,若动皆由礼,则宜赞成;事或未当,必须力言,勿因循而顺从之。"①太宗还强调了太子学习的内容:"至于礼乐诗书之道,可以裨益太子者,皆卿等素习,不假朕多训尔。"②作为宋代第一个立储的皇帝,太宗对皇储教育培养的重视为后世子孙树立了榜样。真宗曾回忆说:"朕在东宫,晟为侍讲,尝遍讲九经书,亦有三五过或十余过者,唯《尚书》凡十四讲。盖先帝慈旨勉励,每旦听书,食讫习射,使与兄弟朝夕同处。所习者,文武二事尔。"③由此可看出,真宗在东宫为皇储时就遍览儒家经典,让帝师邢昺讲读多遍,尤其是对史书《尚书》的学习倾注了很多的心血,以从中"识古今之成败""知治乱之大体"。除了文史知识的学习,还坚持每"食讫习射","与兄弟朝夕同处",和皇兄皇弟一起习文练武。所习内容,"文武二事"。用真宗的话说,之所以能这样勤奋苦读,是因为"先帝慈旨勉励"。父亲太宗的重视与鼓励成为真宗日后好学的动力之一,并为他打下了良好的学习基础。

到真宗时期,教育有所发展,经筵趋于制度化,对皇子的教育更为关注,开始思考、指导、督促皇子教育内容的编撰与整理。天禧三年(1019年)九月,"召宰臣、枢密、两制及东宫僚属,于清景殿观书。以《青宫要纪》事有未备,因博采群书,广为《承华要略》十卷,每卷著赞,以赐皇太子。至是书成,故召近臣观焉"。④真宗亲自为赵祯填写歌词七轴,以示警示和教育,期望儿子从中受益,并作《勉学吟》以示鼓励。天禧五年(1021年),真宗诏令皇太子读《春秋》,并亲自拜托辅臣辅导。大中祥符九年(1016年)八月,"真宗赐王歌凡七轴,曰劝学,曰修身,曰怀俭约,曰慎所好,曰恤黎民,曰勿矜伐,曰守文"⑤。当赵祯被册立为太子后,真宗又亲自撰文《元良箴》赐给他,以示督促。真宗在读书时非常用心地摘录了能给子孙立榜样的故事,编辑成册,让皇子们去读。"帝读经史,摭其可以

---

① 杨仲良:《皇宋通鉴长编纪事本末》第1册,黑龙江人民出版社,2006年,第102-103页。

② 杨仲良:《皇宋通鉴长编纪事本末》第1册,黑龙江人民出版社,2006年,第103页。

③ 范祖禹:《帝学》,远方出版社,1998年,第152页。

④ 范祖禹:《帝学》,远方出版社,1998年,第152页。

⑤ 范祖禹:《帝学》,远方出版社,1998年,第165页。

为后世法者,著《正说》五十篇。其后仁宗御经筵,命侍臣日读一篇。"①除此之外,真宗还赐给仁宗《授时要略》《国史》《两朝实录》《太宗文集》《御集》《御览》等。仁宗在资善堂还系统学习了《诗》《书》《礼》《乐》《孝经》《论语》等。从中可以看出,真宗希望太子既能全面掌握儒家经典,了解前代政事,又能从中锻炼和培养执政能力。

真宗为了能够使时为寿春郡王的仁宗受到良好的教育,非常认真地为他选择了当时最有威望的先生做其王友,即像朋友一样的老师,负责知识和道德等全面的教育。真宗对他们谆谆嘱托,对他们赋予殷切的期望。大中祥符九年(1016年)正月,"命尚书户部郎中直昭文馆张士逊,户部员外郎直史馆崔遵度,并为王友。真宗宣谕曰:'儿子才七岁,朕每自教之。卿等可尽乃心。'退见郡王于内东门南阁。真宗遣使谓士逊等曰:'儿子年小,毋得列拜。'士逊等各拜。"②真宗将儿子的学堂命名为资善堂,并设置了翊善、赞读、直讲等讲读官。真宗只要路过资善堂必进去了解皇子们的学习情况,以示督促和鼓励。天禧二年(1018年)正月元旦,"真宗幸元符观,遂幸资善堂。徐王、彭王、郡王,及南宫北宅宗室以下,并列侍"。当郡王被立为皇太子后,真宗命"参知政事李迪、枢密直学士王昕,并兼太子宾客"③,以期给予更好的指导。对于太子的表现,真宗也经常关注并给以指导,对好的予以表扬。上文提到,仁宗为太子时,发现东宫中有个侍从的名字和自己老师的名字一样,认为不妥,当即给这个侍从又起了别的名字,真宗听说后觉得皇子很知礼仪,非常高兴,便给予表扬认可,并将此事告诉了宰相和宾客。仁宗为太子时,大部分时间是在资善堂读书学习的,为自己的帝王生涯打下了坚实的基础。他对此处怀有深厚的感情,亲政多年后,有一次回宫路过资善堂,感慨万千,随即作诗一首,表达了自己的感恩和怀念之情:"先皇教善敞东闱,菲德承宗赖庆晖,为感储筵惊岁月,因瞻台像驻骖骓。楹书乍启钦遗泽,庭树重攀记旧图。畴日学文亲政地,仰怀慈训倍依依。"④

仁宗即位时年龄尚小,由皇太后垂帘。对于小皇帝的成长,太后自知责任重大,对其培养也付出了心血。"皇太后命择前代文字可以资孝养、补政治者,以

---

① 范祖禹:《帝学》,远方出版社,1998年,第153页。

② 范祖禹:《帝学》,远方出版社,1998年,第165页。

③ 范祖禹:《帝学》,远方出版社,1998年,第165页。

④ 范祖禹:《帝学》,远方出版社,1998年,第214页。

备帝览。遂录进唐谢偃《惟皇诫德赋》;又录《孝经》《论语》要言及唐太宗所撰《帝范》二卷,明皇朝臣僚所献《圣典》三卷,《君臣政理论治》卷之上。"①所选内容基本为讲孝悌和涵养品德,以及对国家政治有所补益的篇章。对老师的选择,太后很是重视,强调召有名望的学者来讲习经书,以作为平时学习的补充。仁宗平时也经常强调学习《孝经》的重要性,无形中表达了他对孝悌品德培养的重视。对于皇族内部来说,强调孝,有利于培养皇子或幼小皇帝的感恩和孝悌之情,有利于促使皇室成员和睦相处,有利于维护统治秩序。

英宗对皇子和宗室教育极其关注并进行了制度化的改革。治平元年(1064年)六月己亥,诏曰:"虽王子之亲,其必由学;惟圣人之道,故能立身。"②英宗认识到,作为帝王必能立身,"能立身"者,"惟圣人之道",欲习圣人之道,"其必由学"。英宗关于宗室教育的改革举措留待后文再续。

元丰末,神宗身体不豫,并感觉康复无望时,急于给太子找好老师进行辅导,独曰:"将以司马光、吕公著为师傅。"③《宋史·吕公著传》也载:"将立太子,帝谓辅臣,当以吕公著、司马光为师傅。"④神宗朝东宫教育有一大变化是让年幼的皇帝到资善堂读书,将经筵教育和东宫教育结合起来。《宋史·职官志二》有载:"元丰八年,哲宗初开讲筵,诏讲读官日赴资善堂,以双日讲读。"⑤

徽宗宣和七年(1125年)十二月,"庚申,诏内禅,皇太子即皇帝位"⑥,并嘱托,平时侍帝、后用膳及问安,谨身就师傅勉学。另,北宋中后期,允许皇太子之外的皇子到资善堂读书,政和元年(1111年),"定王、嘉王出就资善堂听读"⑦。这样既可以共享优质资源,统一管理,又可以发挥同龄伙伴之间的相互影响作用,以防太子对学习产生厌烦心理,从而更好地调动学习的积极性。哲宗即位时年纪尚小,由宣仁皇太后垂帘。对于幼小皇帝的成长,无论是太后、皇帝的老师还是大臣,均给予格外的关注和督促。前面提到范祖禹作为帝师,对小皇帝的引导可谓殚精竭虑,梁涛在哲宗十五岁时上奏议《上宣仁皇后论皇帝进学之

① 范祖禹:《帝学》,远方出版社,1998年,第173页。
② 范祖禹:《帝学》,远方出版社,1998年,第286页。
③ 邵伯温:《邵氏闻见录》,三秦出版社,2004年,第37页。
④《宋史》卷三百三十六,第10775页。
⑤《宋史》卷一百六十二,第3825页。
⑥《宋史》卷二百十二,第4187页。
⑦《宋史》卷一百六十二,第3825页。

时》，强调对皇帝之爱应表现在"成其圣德尔。成圣德者，其必由学也"，并认为十五岁"在庶人则为童子，在天子则为成人"，"谓王教之本，不可以童子之道理焉，故必责善而进之以成人"，建议"陛下当天眷布德之元，王正授政之始，面勉皇帝，早开经筵，召见儒臣，谈经读史，从容赐对，熟复古今"①。彭汝砺面对小皇帝亦"上哲宗论人主尽道在修身，修身在正学"。在太皇太后、诸多大臣、经筵官等的不断督促引导下，年轻的哲宗受到了良好的教育。哲宗本是北宋较有作为的皇帝，但是哲宗朝的党争不断激化，成了北宋灭亡的隐患。

## 第二节　北宋东宫学官种类及人选

皇子一旦立为太子，其地位则高于诸皇子。为确保皇太子顺利继承皇位，不仅建宫室，设东宫官属，而且有一套专门的礼仪制度。宋朝于太宗至道元年（995年）立寿王元侃为皇太子时，始立建储制度。东宫官属多达70多个。②至于能给太子进行功课讲读和辅导的东宫官，主要有如下所列。鉴于其中有些官职不常设，任过此职的人员较少，这里就不再考证其人选。

### 一、有辅导之职的学官

太子少师：东宫官名。宋初，太子少师无职事，为散阶，用于执政官致仕所带官衔，或文臣迁转官阶。至真宗朝天禧四年（1020年），皇太子一同听政，以宰相兼太子少师，为东宫官，有辅导太子之职。以后不常设，及南宋宁宗朝复有宰相兼天子少师的设置。其官阶为从二品。做过太子少师或以太子少师致仕的有欧阳修、张方平、郑绅、赵概、李肃、杜衍、冯京、苏颂等。

太子少傅：东宫官名。宋不常设，也无专职。北宋前期为散阶，用于执政官致仕所带官衔，或用作文臣迁转官阶。从二品。真宗天禧四年（1020年），皇太子听政，以枢密使兼太子少傅，为有职事东宫官，有辅导太子之职。后多不设。做过太子少傅或以太子少傅致仕的有李迪、柴守礼、孙咏、冯拯、孙傅、石中立、李至、王举正、任中师、赵稹、李若谷、盛度、孙抃、田况、晁迥、韩亿、韩维、孙奭、晁补之等。

① 赵汝愚：《宋朝诸臣奏议》上册，上海古籍出版社，1999年，第48页。
② 龚延明：《宋代官职辞典》，中华书局，1997年，第26—33页。

太子少保:东宫官名。宋初为散阶,用于执政官致仕所带官衔,或用作文臣迁转官阶。从二品。真宗天禧四年(1020年),皇太子同听政,以执政官兼太子少保,为有职事东宫官,有辅导太子之职。做过太子少保或以太子少保致仕的有赵普、辛仲甫、文彦博、向宗回、李端愿、任布、马亮、赵抃、王拱辰、元绛、田敏、李端懿等。

太子宾客:东宫官名。宋太宗至道元年(995年)八月,始置太子宾客,他官兼。太子宾客有训导调护太子的职能,多以执政官兼充。从三品。任职太子宾客的有李琼、李至、李沆、王曙、李迪、林特、任中正、钱惟演、王曾、掌禹锡、张士逊等。

太子詹事:东宫官名。北宋立太子时或设太子詹事,多以他官兼充,标榜而已,实不掌东宫事。南宋乾道时曾设专职,但非常制。从三品。《宋史·职官志》载:"仁宗升储,置詹事二人。神宗、钦宗升储,并置二人,皆以他官兼,登位后省。乾道元年,庄文太子立,置詹事二人。逾月,诏太子詹事遇东宫讲读日,并往陪侍。①曾兼太子詹事一职者有尹拙、杨昭俭、宋雄、慎从吉、林特、张士逊、蔡抗、王陶、蔡靖、陈邦光、方会、刘焕、李诗、耿南仲、王易简、晁说之、何昌言等。

太子左、右庶子:东宫官属名。立皇太子时设以备僚属,多为兼官,实无甚职事,或与左、右谕德轮流入皇太子宫值班。南宋时或代讲读官给太子讲经史。宋初为正四品上。元丰改制后为从五品。一般无定员,随需而设。

太子左、右谕德:东宫官属名。北宋不常设。立皇太子时设之,皇太子登位即罢。无甚职事,备僚属而已。多为兼官。或与太子左、右庶子轮流入宫值班以供故事,或代讲读官给太子讲经史。宋初为正四品下,元丰改制后为正六品。

## 二、讲读官

太子侍读:东宫官名。北宋治平三年(1066年)十二月,英宗立赵顼为皇太子,初置太子侍读。神宗升储,始置各一人。其职掌为太子讲解经史。在宋代东宫官中,唯讲读官有实职。其班秩为正七品。其俸禄为"太子侍读、侍讲。行,二十五贯;守,二十二贯;试,二十贯"。

太子侍讲:东宫官名。宋英宗治平三年(1066年)十二月始置太子侍讲。其职掌为太子讲解经史,与太子侍读同。正七品。

---

①《宋史》卷一百六十二,第3823页。

## 第三节 皇太子读书堂的设置及其管理

### 一、资善堂及其管理

真宗皇帝对皇子的教育极其重视，无论是学习内容的选定还是辅导老师的选任，均用心考虑并参与确定。对于学习场所，真宗也给予了极大的关注，大中祥符九年（1016年）二月，诏以郡王学堂为资善堂。当时仁宗为寿春郡王。自此资善堂作为皇宫内皇储、其他皇子们读书学习的学堂。对这种特殊的教育机构的管理，往往随着就读者身份的变化而变化：如果年幼的皇帝入读，则由讲筵所管勾并开设经筵；如果是太子，在未移居东宫之前，也在资善堂开讲席，其讲解与管理皆由东宫官属担任。如果是未出阁开府的皇子或选入宫中一起学习的年幼宗子，则于资善堂设置专门机构管理其讲读事物。仁宗诸子皆早夭，英宗诸子并未循故事，皆于东宫听读，故资善堂闲置多年。徽宗政和元年（1111年）始，诸子又陆续于资善堂就读。

皇子和皇储学习的学堂——资善堂，承担着培养后代君王的重任，无论是学官的设置、选任，还是对学堂的管理都不容忽视。同时也设置了对资善堂进行管理的官员，即资善堂督监和勾当资善堂。主要学官如下：

资善堂翊善：学官名。为未出阁的皇太子或皇子讲学、传授书法等，属初级训导。北宋宣和元年（1119年）四月始置。资善堂自仁宗为皇子时为肄业之所，每皇子出就外傅，选官兼领。元丰八年（1085年），哲宗初开讲筵，诏讲读官日赴资善堂，以双日讲读，仍轮一员宿直。又诏三省、枢密院、讲读、修注官赐宴于资善堂。政和元年（1111年），定王、嘉王出就资善堂听读，诏宰执就见。

资善堂赞读：学官名。北宋宣和元年（1119年）四月始置。其职责为对皇子进行训导，与翊善同。

资善堂直讲：学官名。北宋宣和元年（1119年）四月始置。绍兴五年（1135年）沿置。其职掌为对就学于资善堂的皇子或皇储进行训导。

资善堂督监：北宋真宗大中祥符九年（1016年）二月二十八日始置。其职掌为管理资善堂事务，照护就学的皇子。由高级内侍（中贵人）兼充。《建资善堂诏》："命如京副使、入内押班周怀政为资善堂督监。"[1]

---

[1] 曾枣庄、刘琳：《全宋文》第11册，上海辞书出版社，安徽教育出版社，2006年，第348-349页。

勾当资善堂:真宗天禧年间始置。立昇王赵祯为皇太子,开资善堂,张官置吏。勾当资善堂由内侍兼充,属事务官。

## 二、皇太子宫学及其管理

皇太子宫学别称"宫筵"。在北宋存在的时间有:天禧二年(1018年)至乾兴元年(1022年)、嘉祐八年(1063年)至治平四年(1067年)、政和五年(1115年)至靖康二年(1127年)。皇太子始立即建东宫官属,其中负责辅导、教育太子者较多,前文已经列出,如三少、太子宾客、太子詹事、侍读、侍讲等均可讲读。讲读场所一般依据太子年龄而定,如果太子尚幼仍居大内,则仍开资善堂,如天禧年间的太子赵祯;如果太子年长居东宫,则于东宫另开讲堂,即皇太子宫学,登基后即罢。真宗为太子置宾客而未开设讲堂,仅备顾问。天禧四年(1020年),王钦若以太子太保身份入侍宫筵。英宗即位之初未立皇储,其诸子均于东宫就学,置皇子位说书为讲读官,以内侍近臣为提举管勾官。治平三年(1066年),神宗立储,始置太子詹事、侍读、侍讲等。皇太子宫学讲读官多为兼任,没有特定的事物管勾官,一般由左右春坊司管勾。左右春坊司的职责是照顾太子起居、保育、护卫等,所以不是教育机构。宫筵有讲读官建制,有专门的讲读场所和讲读制度。

# 第五章
# 北宋皇帝对宗室教育的重视

　　宗室，与帝王有着浓厚的血缘和政治关系。和一般宗族不同，它是特殊的宗族——皇族。一般宗族可以跨越多个朝代发展下去，而宗室则只能在同一朝代而存在，且每个朝代只有一个，不仅是血缘的产物，更是政治的产物。北宋开国之初，只有三个皇族分支：太祖、太宗、秦王赵廷美。宋初宗室有着皇室特权，生活优渥，"除了对社会物质财富进行耗费之外，便是进行皇族自身的再生产"[①]。到治平年间，北宋宗室已达4000多人。从《宋会要辑稿》中得知："濮安懿王子二十七人，孙一百二十六人，曾孙五百五十三人。"[②]从中看出，四代人口竟翻了几番。宗室日益庞大，居住条件无法满足，各分支关系日益疏远。北宋后期，为了便于管理，朝廷对他们的住地重新进行了规划：太祖、太宗后裔居睦亲宅；秦王廷美后裔居广亲宅；英宗后裔居亲贤宅；神宗后裔居棣华宅；徽宗后裔居蕃衍宅。由于神宗时对疏属宗亲不再赐官，而是诏令他们通过科举入仕，同时鼓励他们到外地定居，于是自神宗起，不少宗室散居京师之外各地。徽宗朝迫于宗室过于庞大的压力，于崇宁元年（1102年）下令将袒免亲以下的两室宗室迁居于西京洛阳和南京睢阳，分置西、南二敦宗院。

　　无论是出于对血缘群体发展的责任，还是政治发展的需要，执政的皇帝一般会重视对宗室的管理与教育，有宋一代也是如此。本文对此做一探讨，重点放在北宋。

## 第一节　北宋皇帝重视宗室管理机构对宗室教育的保障

　　一般来讲，所谓宗室教育，是指对于皇太子之外所有的皇室宗亲子弟进行

---

① 王善军：《宋代宗族和宗族制度研究》，河北教育出版社，2000年，第214页。
②《宋会要辑稿·帝系》二之三四，第61页。

的教育活动。①在北宋,随着人口的不断繁衍,宗室成员日益增多。他们的生活、居住、消费、教育等问题不断凸显出来,于是成立专门机构对其进行管理显得非常必要。在不同背景下相应地成立了宗正寺、大宗正司、外宗正司等宗室管理机构,从组织上对宗室进行了较为严格的管理,保证了宋代宗室的有序生活。同时,作为宗室生活重要组成部分的教育,得到了北宋诸帝的格外重视,他们采取了多种措施,以保证宗室能够接受良好的系统教育。宗室管理机构的成立,为宗室教育正常有序地开展起到了很好的保障作用。何兆泉、晁根池等均对宋代宗室管理机构进行了研究,但其研究范畴主要限于宗室管理机构的一般职能,对其教育职能很少涉及,本文就此再做简述,在参考他们研究成果的基础上,挖掘了新的史料,在梳理其历史发展脉络的基础上,对其教育管理职能进行了补充。

## 一、宗正寺

宗正之名始于秦汉时期。宗正寺作为宗室管理机构始置于北齐。两宋沿置。其职掌宗室名籍,修纂牒、谱、图、籍,宗室赐名定名,奉宗庙、诸陵寝、园庙荐享等事;宋初,宗室尚少,百废待兴,沿袭唐制,以宗正寺为宗室管理机构。仁宗景祐三年(1036年)建大宗正司前,并管皇族事务。徽宗崇宁后提举诸王宫大小学。宁宗嘉定九年(1216年),以宗学归属宗正寺,所以宗正寺对宫学、宗学等宗室教育有一定的管理权限。宗正寺、太常寺于九寺中位次最高。宗正、太常卿皆正四品。太常、宗正少卿从五品。初,宗正寺卿、少卿须除国姓(赵)人,元丰六年后不专差。当时只令除国姓,但不限于皇族成员。元丰六年(1083年)后允许异姓担任宗正丞和宗正寺长贰。如北宋著名词人周邦彦在徽宗朝即担任过宗正少卿。至于管理人员名额,不同时期有一定的变化。北宋前期,置判宗正寺事二,若缺,则以知宗正丞事补;主簿以员。或置兼官。元丰新制后,宗正卿、少卿、丞、主簿各一人。

## 二、大宗正司

大宗正司是宗正寺外一个独立的机构。北宋仁宗景祐三年(1036年)七月十九日始置,是宋代最主要的宗室管理机构。自太祖至仁宗朝,宗室繁衍,达数千人,宗正寺难以进行统一管理,于是建大宗正司专门掌管皇族的教育、训谕、

---

　① 乔卫平:《中国教育制度通史》第3卷,山东教育出版社,2000年,第189页。

政令,纠察违纪行为,并裁定宗室中的纠纷。皇族成员,凡奏事,必经宗司而后闻,不得直接上殿。其职掌合教法与治法于一,使大宗正司成为统率皇族宗室的权威机构。其官额有知大宗正司、同知大宗正司事各一人(或置判大宗正司、同判大宗正司官),知大宗正丞事二人,讲书、教授十二人。记室参军一人(熙宁三年二月置丞后罢)。大宗正司设置以后,经过英宗、神宗两朝的不断调整,"废管勾睦亲、广亲宅并提举郡县主宅所,归大宗正司,从知宗正丞张稚圭请也"。[1]原来所属人员均附属于大宗正司。大宗正司初置,因宗室聚居睦亲宅中,于是在太祖、太宗世系下各选一人为知、同知宗正事。以太宗孙、濮王赵允让知大宗正事,太祖曾孙赵守节同知大宗正事。与宗正寺任用外官不同,大宗正司注重选用皇族内有威望、德才兼备者担任。仁宗至和二年(1055年),以赵允让判大宗正事,赵允弼同判大宗正事。嘉祐五年(1060年),任命赵从古权同大宗正事。英宗时因宗室成员数量剧增,事务繁杂,于是增置同知大宗正事一员,选赵允升之子宗惠领其职。为了加强对宗室的监督和管理,神宗熙宁三年(1070年)二月,王安石建议启用非皇族成员为大宗正丞。于是张稚圭知大宗正丞事、李德刍同知大宗正丞事。熙宁年间,宗室制度有了新的调整,袒免亲之外的宗室用外官(皇族之外的异性官员)进行管理,于京师之外居住的宗室简称外居宗室,仍由大宗正司管辖。由此看出,无论大宗正司设置初期对宗室成员的任用还是熙宁改革后启用异姓朝官进行管理,均体现了一个原则和目的,即重视并加强对宗室的管理。

## 三、外宗正司

北宋徽宗时,因宗室遍布京师,无以容纳,时有违纪,难以管理。因此又于南京(今河南商丘)、西京(今河南洛阳)分别置外宗正司,太祖系下宗室迁居南京,秦王廷美系下迁居西京。各选一位宗子为知宗,再于本州地方职官内选人兼充丞、簿,以协助知宗进行宗室管理,并规定"凡外住宗室,事不干州县者,外宗正司受理"[2]。是大宗正司的延伸机构。

两外宗正司:分别掌管南外敦宗院居住的袒免亲以下两世五官、孤遗宗子、宗女、宗妇等聚集、教导,纠察违失事。如遇大事,则须通过在京的大宗正司向

---

①《中华野史》编委:《中华野史》卷4,宋朝卷上,三秦出版社,2000年,第3344页。
②《宋会要辑稿·职官》二〇之三四,第2837页。

皇帝呈报予以处理。两外宗正司分别设知外宗正司事一人,外宗正丞(由所在州通判兼)一人,主簿(由所在州幕职官兼)一人,教授一人。另设书吏一、副书吏一,贴司一。又有财用司、外敦宗院、亲睦仓库等。

## 第二节 完善宫廷教育机构,推进宗室教育的发展

北宋宗室教育机构主要是宫学和宗学。宫学成立稍早,宗学较晚。宫学以面向近亲宗室为主,宗学以面向远亲宗室为主。由于宫学与宗学存在一个并存发展的时期,而且北宋晚期,宫学向宗学转化,生源已经不再严格区分。蔡京曾针对当时宗学的弊端提出扩大宫学,允许居外宗子回本宫入学,这实际上使宫学和宗学融为一体了。所以在很多时候两者互为通用,难以分得很清楚。无论当时的记录者还是今天的很多学者,对北宋宫学和宗学都分得不很清楚,有时将宫学做宗学讲,有时也将宗学做宫学讲。但无论怎样归类,均各据其理,其目的都是说明宋代宗室教育的状况,本书亦对此展开探讨,来进一步认识北宋皇帝是如何重视宗室教育的。

### 一、北宋宫学的发展

北宋早期,由于宗室人数较少,承担宗室教育的主要是宫学。随着宗室规模的不断扩大,宗室教育也在不断发展,逐步形成了一套从小学到大学的宫学体系,一般以诸王府为单位分设教授。宋代宫学发展大致可以分为三个阶段:宋初三朝是发端期,仁宗朝是发展期,英宗、神宗、哲宗、徽宗四朝是完善期。宋太宗为加强对宗子的教育,于太平兴国年间置皇子侍读、诸王府咨议、翊善、侍讲等学官,"于常参官中举年五十以上通经者备宫僚"[①],这是宫学的萌芽。至道元年(995年)太宗为皇孙皇侄置教授,这是宫学的发端。但当时教授仅一员,对皇子皇孙的教育显得力不从心。真宗很重视宗室的教育,非常关心宗室教育的实效,并经常亲临指导。"朕每戒宗室,令读书、作诗、习笔札、射艺,如闻颇能精熟,朕将临观焉。"[②]咸平元年(998年),"始令诸王府记室、翊善、侍读等官,分兼

---

① 杨仲良:《皇宋通鉴长编纪事本末》第1册,黑龙江人民出版社,2006年,第93页。
② 李焘:《续资治通鉴长编》卷七十八,中华书局,1980年,第1788页。

南北宅教授,时南北宅又有伴读,然无定员"。①大中祥符二年(1009年)二月,真宗诏令吏部选通经术者为南宫、北宅的学官,于是李颂、时大雍被选任。真宗朝并未设置专职的宫学教授,宗室教育也未制度化。

仁宗景祐二年(1035年),选置诸王宫教授。②又设兼职睦亲宅讲书。庆历四年(1044年),富弼针对宗室教育流于形式的现状上书皇帝,于是皇帝下诏:"大宗正帅宗子勉励学业,睦亲宅北宅诸院教授官常具听习经典,或文词书翰功课以闻。"③这对完善宫学制度起到了促进作用。皇祐五年(1053年),又诏宗正司推荐学业较好的宗子。英宗时亦采取诸多举措发展宗室教育。本书将此部分归入宗学部分讲述。北宋后期不设统一的宗学而扩大宫学,允许外居的宗子回宫内读书,使宫学和宗学界限不再分明。此期蔡京针对宗学的弊端于崇宁元年(1102年)十一月十二日上札子:"乞所在诸宫置学,添教授。逐宫各置大、小二学,宗子世袭二学颂,添置教授二员。量立考选法,月书季考,取其文艺可称、不戾规矩者注于籍。在外住而愿入宫学者,听依熙宁诏书、元符试法量试推恩。其学制从本司参定,愿入太学、集学者亦听。应宗子年十岁以上入小学,二十以上入大学,年不及而愿入者听从便。若无故应入学而不入,或应听读而不听读者,罚俸一月,再犯勒住朝参,三犯移自讼斋。即两人不入学,本宫本位尊长罚俸半月,三人以上并犯者,罚一月,十人以上罚两月,重者申宗正司奏取敕裁。"④可以说,这种规定成为一种宗室教育管理制度,内容详尽而具体:提出了置学要求;规定了教员数目;制定了考选法;对听课制度、年龄要求、惩罚制度等均做了规定。这个札子具有较强的针对性和指导性。各宫学效行太学三舍法实施教育活动。以上措施均适用于宫学和宗学。崇宁五年(1106年),宫学教授为宗子博士,共十三员。大观四年(1110年),"闰八月甲寅,工部尚书李图南上《宗子大小学敕令格式》二十二册。诏付礼部颁降"⑤。北宋灭亡,宫学废坏。南宋绍兴四年(1134年)复置。其教学内容与宗学基本一致(见后文)。

---

① 李焘:《续资治通鉴长编》卷四十三,中华书局,1980年,第907-908页。

② 李焘:《续资治通鉴长编》卷七十八,中华书局,1980年,第2746页。

③ 杨仲良:《皇宋通鉴长编纪事本末》第2册,黑龙江人民出版社,2006年,第606页。

④《宋会要辑稿·崇儒》一之一,第2163页。

⑤《宋会要辑稿·崇儒》一之三,第2164页。

## 二、不断发展完善的北宋宗学

### 1.宗学及其在北宋的发展

宗学,古代专为教授皇族子弟而设置的学校。在北宋,很多时候宫学与宗学并存,共同发展。宗学以招收远亲宗室子弟为主。宋代的宗学分为小学和大学。神宗元丰六年(1083年)始设宗室小学,招收八岁至十四岁宗室子弟入学。宗学在宋代发展经历了三个阶段。第一阶段为宗学创建形成期,大致从北宋初期到神宗熙宁十年(1077年),宗学教育体制渐露雏形。第二阶段为发展成熟期,从熙宁十年(1077年)到北宋末年。此期引入科举,允许宗室通过科举入仕。第三阶段为南宋守成期,南宋宗学很少创新,以守成为主。宋代最早对皇室宗亲子弟设官授课始于太宗太平兴国八年(983年),诸王及皇子府初置咨议、翊善、侍讲等官,并选五十岁以上通经者备为宫僚。宗学体制开始萌芽。真宗朝,宗学有了一定的发展,于咸平元年(998年)设立南北宅教授,咸平四年(1001年)设置南宫侍教。五年(1002年),又令南北宅将军而下,可各选纯儒,授以经义,庶其知三纲五常之道也。大中祥符三年(1010年)七月,真宗特地下诏:"南宫、北宅大将军已下各赴书院讲经史。诸子十岁以上并须入学,每日授经书,至午后乃罢;仍委侍教教授、伴读官诱劝,无令废惰。"①至此,宗学规章愈加细化,宗学制度向规范化迈进。

英宗对宗子教育极为关注与支持,使得宗学教育体制在英宗朝有了较大发展。据范祖禹《帝学》中载:

(治平元年)六月己亥,诏曰:"虽王子之亲,其必由学;惟圣人之道,故能立身。若昔大猷自家刑国。今一祖之后、诸宗之支,亦尝著令于前,命官以训,或兼职他邸,或备位终年,诱导之宜,灭裂无状。盖命不持固,事遂因循。特诏近臣并荐能者,使成童而上讲诵经书,小学之居通达名数,朝夕劝善,日月计善,固当渐渍简编,敦修志业,与其趋异端而无守,岂若就有道而自修。居常谨思,戒在中止,其子弟不率教约。俾教授官、本位尊长具名,申大宗正司量行戒责。教授官不职,不能勉励,大宗正司察访以闻。"初,帝以宗室自率府副率以上八百余人,其奉朝请者四百余人,而教学之官六员而已。因命增置,凡皇族年三十以上

---

　① 毕沅:《续资治通鉴》1,岳麓书社,2008年,第351页。

者,百十三人置讲书四员;年十五以上者,三百九人增置教授五员;年十四以下者,别置小学教授十二员,并旧六员为二十七员,以分教之。帝谓韩琦等曰:"凡事之行,患于渐久而怠废。况为学之道,尤戒中止。诸宗室之幼者,仍须本位尊长,常加率励,庶不懈惰。可召舍人谕此意,作诏戒勉之。"故有是诏。丙午,诏曰:"朕嗣守丕业,率循旧章。惟皇属之敦和,命宗臣而董正,累圣承继,百年盛隆,宗社庆灵,本支蕃衍。念其性本于仁厚,宜广学以勤修;顾其日益于众多,必增员而统理外,已诏于儒学,各选经师。内仍择于亲贤,共司属籍。庶乎协替其职,并修厥官。纠乃非违,以正为率,勉夫怠堕,惟善是从。"帝既命增置宗室学官,以谓宗室数倍于前,而宗正司事亦滋多,乃增置同知大宗正事一员,以宗惠为之,而降是诏。①

　　以上文字表达了三方面的意思。英宗首先指出了宗室教育的重要意义:"惟圣人之道,故能立身",即让宗子通过学习圣人之道形成良好的品行,增长治国才干。同时强调了学习与管理应遵循的原则,即要严谨多思、持之以恒,对不服从教学约束者要量其行为予以惩戒,对不尽职的教官也有惩罚措施。其次,针对宗室之众及宗室不同年龄的人数,增置教授官,设置小学教授,教官共达27人之多,并传谕强调宗室子弟的家长同时要负起对孩子教育引导的责任,要经常加以约束和鼓励,防止中途而废。再次,对宗室教育的管理和对讲官的选任很重要,这关系到宗室教育能否收到预期效果。对外选拔经师,对宗室内选择贤明者以共同掌管宗室名册和教育。增加同知大宗正事官一员,让宗惠担任。

　　由此我们不难推测,英宗对宗室教育的这一次调整中,为了确保宗室教育的质量,首先加强了教育管理,强化了大宗正司监管宗室教育的责任,对教师和学生同样进行监管,并具有处罚的权利,这样便加强了对宗室教育的管理。其次,为了确保不同年龄段宗子的学习实效,考虑不同年龄宗子的接受能力,按照宗学生年龄分成三级制,并以不同年龄宗室人数配备相应数量的教师。这个规定第一次将宗学分为大学、中学、小学三个阶段,有利于教学的针对性和循序渐进性,更好地因材施教以确保教育质量。这样促使宗学教育体制走向规范合理。

① 范祖禹:《帝学》,远方出版社,1998年,第286-287页。

熙宁十年(1077年),神宗朝颁布了《宗子试法》。这是宋朝有关宗室教育的第一个正式的法律文件。《宗子试法》规定,宗室子弟可以通过参加锁厅试和监试,以升职或入仕,并享有更高比例的解额。"凡祖宗袒免亲已受命者,附锁厅试;自袒免以外,得试于国子监。礼部别异其卷而校之,十取其五,举者虽多,解勿过五十人。"①此后于元丰二年(1079年)颁布了《宗室试经义论法》,确定了与科举制度相似的考试方法。从此,宗室教育纳入了礼部和国子监考试系列之中。

2.宗学的教学与考试制度

北宋宗学不断加强对教学的管理。北宋宗学创始之初,教学颇为认真,南宋任泉州通判的黄祖舜曾言:"臣窃见仁宗皇帝朝,以吴充为吴王宫教授,方正清谨,名重一时。尝于宗司辟除听事,施设讲习,教导有方。秩满作宗室六箴以献,当时命录赐南北宫,缙绅荣之。"②随着宗室的繁衍,宗室人数剧增,徽宗政和四年(1114年),宗室小学生达千人,分十斋讲授。加上大学生,共一千多人。教风日见松弛,宗学教授有的并不尽职,常有不到讲堂讲课的现象发生。徽宗重和元年(1118年)十一月九日,臣僚言:"诸宫学官承前弊,不暇升堂,则例皆传送口义,今诸斋抄录,以为文具而已。余事废弛,不言可知。欲乞严赐戒敕,诏令大宗正司检察措置。今看详宗子学官不升堂讲书,合从违令笞土科罪。今承朝旨称有废慢,重真以法,欲宗子学博士应讲书不集众升堂者,增从杖八十科罪。从之。"③即规定,对不授课的讲官给以"杖八十"的处罚。而对"应听读而不听读者,罚俸一月。再犯勒住朝参。三犯移自讼斋。即两人不入学,本宫本位尊长罚俸半月,三人以上并犯者,罚一月,十人以上者罚两月,重者申宗正司奏裁"④。可见北宋宗学教学管理之严密。很受启发的是"自讼斋"的创置,这是专门让违规的学生入斋自省的制度。自讼斋里放着诸多书籍,以便学生从中获得反思,并利用反思时间看书补课。其效果一定比罚俸要好,能给学生以思想上的反省,易于留下深刻印象,以引导之后的学习行为。

宗学教学内容的设置在不同时期有不同的侧重点。宋神宗之前,由于宗室

①《宋史》卷一百五十七,第3676页。

②《宋会要辑稿·崇儒》一之一〇,第2167页。

③《宋会要辑稿·崇儒》一之四,第2164页。

④《宋会要辑稿·崇儒》一之一,第2163页。

不涉庶务,教学的重点放在一般经义知识和文辞、书法、绘画等方面。如英宗治平元年(1064年)规定,"选儒学之官为教授,使以经义授宗子"①,并规定小学设《孝经》《论语》,中学设《左氏春秋》,但最多也不过是"日诵若干字,间则大集讲解所诵书,习为文词"②而已。神宗熙宁二年(1069年),规定允许宗室通过科举入仕,并将考试内容做了规定,由此宗室教学内容随科举内容而变化。熙宁四年(1071年)二月更定科举法,神宗接受了王安石的建议,罢诗、赋及明经诸科,专以经义、论、策试士。进一步规定"宗室非祖免亲应举者,试策三道,论一道,或大经义十道"③。考试内容的变化势必引起教学内容的变化,王安石的《三经新义》也成为学习和考试的内容和标准。熙宁十年(1077年)以后,颁布了若干宗学法令,宗学得到强有力的管理,教学水平大幅提升。宗学生不仅要学习《论语》《孟子》之大义,还要学习一部本经和策论。④

　　宗学在不断发展的过程中,对各个环节的考试日益重视。宗学成立初期,由于宗室人数较少,只要年龄条件具备即可入宗学学习。当宗室日益繁衍,人数不断增加,宗学容量有所限制,于是出现了补试环节,即申请入宗学学习者必须先通过入学考试。考试合格者方能入学。补试仿太学三舍法,通过补试的宗学生为外舍生,即宗学的正式学员。补试的过程也很严密,"除留正、录一员,在外主行规矩外,余官尽行入院考校"⑤,类似于太学补试。南宋宗学则无须补试。仿三舍法后,外舍生要升内舍生,内舍生要升上舍生,也须参加考试,称升试。平时对学习成绩的考评也很制度化,平时的考试分小考和大考又即每月一次的小考又称私试,每年一次的大考又称公试。每次月考后分出校定成绩等级,分优校和平校。如遇到学谕等缺职,即可选校定生充任。每年的公试也称升试,合格者,可升舍。无论是哪种考试,对其过程监控也很严密。私试要差遣宗子博士、宗谕充任考校官,宗正寺长贰充监试官。由宗正丞、簿充任弥封、誊录官。如遇"委有相妨"⑥的情况,则予以回避。每年的升试(公试)则由朝廷差遣专职命官担任主考官,宗正寺长贰携人吏入院升补,整个过程相对私试更加严密而

---

① 乔卫平:《中国教育制度通史》第3卷,山东教育出版社,2000年,第192页。

② 乔卫平:《中国教育制度通史》第3卷,山东教育出版社,2000年,第193页。

③ 张希清、毛佩琦、李世愉:《中国科举制度通史·宋代卷》,上海人民出版社,2017年,第566页。

④ 乔卫平:《中国教育制度通史》第3卷,山东教育出版社,2000年,第193页。

⑤《宋会要辑稿·崇儒》一之一八,第2171页。

⑥《宋会要辑稿·崇儒》一之一七,第2171页。

公正。除以上考试成绩外，宗子在升补时还要参考平时成绩，即平时有对其品行学业的记录，由斋长、谕负责，以季末作为升补参考。

## 第三节　北宋宗室应试与入仕①

北宋初期，宗室子弟多为近亲属，"诸王子授官，即为诸卫将军，余以父官及族属亲疏差等"②，如宣祖、太祖孙初荫授诸卫将军，玄孙授右班殿直，内父爵高则听从高荫。宗子均能授官，生活安逸，没有压力。到北宋中期，宗室陡增，无法人人授官，于是进行了宗室改革。神宗熙宁二年（1069年）规定，五服以外的疏属宗子不再赐官，可以通过科举入仕。虽然不再人人直接除官，但科举入仕的政策有着诸多优势。测试内容相对普通士子要简单，入仕比例较高，对屡试不中者还可以推恩授官。

除荫补外，北宋宗室子弟入仕的途径主要有以下几种：

### 一、进士科考试

进士科考试是科举最主要的形式。自神宗时起宗室子弟均可参加。熙宁十年（1077年），颁布了《宗子试法》，其中规定：

> 祖宗袒免亲已授官者，听锁应，及非袒免亲许应举。国子监及礼部别为一甲，试两场，五分为额，发解所取不得过五十人。殿侍与正奏名进士试策，别作一项考校。累举不中、年四十者，申中书奏裁，量材录用。③

由此可见，宗室科举分有官锁应和无官锁应两种。对于五服以内的近属，仍行赐名授官之制，但所授官秩较低，如欲升职，则须参加锁厅试，即有官锁应。对于五服以外的疏属宗亲，不再赐名授官，但可参加贡举，"得试于国子监"。哲宗元祐三年（1088年）曾下令废除宗子单独测试的办法，与普通士子同考，结果

---

① 本部分综合参考了葛庆华：《宋代宗室教育及应试问题散论》，《中州学刊》1999年第1期；何兆泉：《宋代宗室研究》，浙江大学博士学位论文，2004年。

② 《宋史》卷二百四十五，第8704页。

③ 张希清、毛佩琦、李世愉：《中国科举制度通史·宋代卷》，上海人民出版社，2017年，第566-567页。

这年录取进士正奏名共508人,其中只有2名宗室人员。元符元年(1098年),恢复非祖免亲应举推恩政策,宗子考试又恢复到单独进行。自此,宗室应举在解试、省试中均坚持"别试别取"规则。对于在京外差遣,不愿参加当地各路举办的锁应试的宗室人员,可以进京参加国子监考试。①

按照熙宁条例规定,宗子考校由"国子监及礼部别为一甲,试两场",熙宁四年(1071年),贡举新制出台,罢明经诸科,进士科罢诗赋、贴经、墨义,考经义与策论。熙宁五年(1072年)颁布《宗室非祖免亲应举法》,其中对考试内容、评判标准、录取人数等做了规定,并针对"累覆试不中"者做出了"量材录用"的决定。"宗室非祖免亲应举者,试策三道,论一道,或大经(义)十道。初试黜其不成文理者,余令覆试。所取以五分为限,人数虽多,不得过五十人。累经覆试不中、年长者,当量材录用。"②

元丰二年(1079年),朝廷推出《宗室试经义论法》,诏曰:"宗室大将军以下愿试者,本经及《论语》《孟子》大义共六道,论一首;大义以五通,论以辞理通为合格。"③而普通士子考试内容要多于宗子,而且分多次考校,程序复杂:"初大经,次兼经,大义凡十道,次论一首,次策三道,礼部试即增二道。"④大经指《易》《诗》《书》《周礼》《礼记》;兼经指《论语》《孟子》。但北宋期间,中举宗室人数较少,只有二十余人。崇宁元年(1102年),蔡京等指责"元祐纷更,废量试之法,改依进士科举之制,是以自熙宁至元符初,三十余年,中科举者才二十余人"⑤。关于宗室入选后可以升甲的情况,在神宗朝已有宗子入选"在末科则升甲"⑥的记载。元祐六年(1091年),哲宗曾降诏入选宗子"子漪自第四甲升第二甲,余递升一甲"⑦。至宣和六年(1124年)正式立制。但此制后亦久行。宗子入仕与普通士子不同,北宋一般授文职,南宋一般授武职。

## 二、量试

由于科举入选人数较少,难以满足众多宗室子弟入仕的要求,于是又出现

---

① 《宋会要辑稿·帝系》六之一八,第139页。

② 张希清、毛佩琦、李世愉:《中国科举制度通史·宋代卷》下册,上海人民出版社,2017年,第566页。

③ 毕沅:《续资治通鉴》2,岳麓书社,2008年,第176页。

④ 《宋史》卷一百五十五,第3618页。

⑤ 王云五:《万有文库第二集七百种·宋朝事实》中,商务印书馆,第128页。

⑥ 《宋史》卷一百五十七,第3678页。

⑦ 张希清、毛佩琦、李世愉:《中国科举制度通史·宋代卷》下册,上海人民出版社,2017年,第571页。

了量试,即礼部贡院专为无官宗室子弟举办入仕的考试。量试始于神宗熙宁年间,哲宗元祐年间废除,绍圣年间恢复。最具代表性的是徽宗朝量试。徽宗崇宁元年(1102年)十一月,在考察神宗朝推恩制度后,提举讲义司进奏《宗室量试法》。记载如下:

> 自熙宁降诏已来,宗室量试之法中废不讲,至绍圣间始复讲之,所以预试应格之人至少,亦未曾有以年长推恩者,宗室之无官者由此甚众。今若俟其累试不中,然后录用,缘未尝教养,一旦峻责其艺能,则推恩之文殆成虚设。况非袒免亲乃祖宗六世孙,恩泽所加,谓宜稍厚。乞将上件服属宗室年二十五已上者,今次许于礼部投状试经义或律义二道,以文理稍通者为合格,分为两等,候至来春附进士榜推恩,内文艺优长者临时取旨。其不能试或试不中者,并赴礼部书家状、读律,别作一项奏名。只作一时指挥,不为永法。①

次年又下诏:“宗室非袒免亲试中经、律义人,与三班奉职;书家状读律人,与三班借职;仍附特奏名进士放榜推恩。”②由此看出,量试要求很低,非常容易通过。因此多数宗室子弟通过量试得官,但所获官职较低。三班奉职、三班借职均为武职最末两级,政和二年(1112年)则分别做承节郎、承信郎。由于宗室量试优待较多,在量试中也出现了假冒宗室者和以人代考者,对此朝廷也制定了严密的审核规则。

### 三、三舍考选法

王安石在太学创立三舍法后,出现了“天下取士,悉由学校升贡”的状况。初入太学者为外舍生,之后通过考试逐级升补,公试中成绩为一、二等的外舍生可以升内舍,内舍生中成绩为优、平的学生可以升入上舍。上舍生中的优等者可直接授官,中等者可免礼部试,下等者可免解试。考试分数最高者为状元,其声望甚至超过科举状元。“(外舍生)季终考于学谕,次学录,次学正,次博士,然后考于长贰。岁终校定,具注于籍以俟覆试,视其校定之数,参验而序进之。凡私试,孟月经义,仲月论,季月策。公试,初场以经义,次场以论、策。”③此后,三

---

① 《宋会要辑稿·帝系》五之一五、一六,第119页。
② 《宋会要辑稿·帝系》五之一八,第120页。
③ 《宋史》卷一百六十五,第3910页。

舍法在全国各级学校中推行。其间废科举,直至宣和三年(1121年)始复科举,于是科举和三舍升贡并行取士。熙宁四年(1071年),三舍法开始在宗室教育中推广。徽宗时教育空前发展,宗学教育亦行太学三舍法。

大观三年(1109年),宗子释褐者12人。次年八月,徽宗下诏:"宗子升补上舍,系比旧日宗室应举之人(得)解,其赴贡士举试,系比省试。今不经殿试,便分三等命官,缘熙丰未有此法,可依贡士已降指挥,并留俟殿试。其上、中等人遇唱名取旨。"[1]即此时宗子经三舍法升补者,任命官职时还不能分等,要等殿试后通过唱名而授不同官职。根据殿试成绩的高低授予相应的官职,上等成绩授予上舍及第,中等成绩则赐出身。只要宗室舍选及第,普遍授官。较其他士子为优。

### 四、特设方式

除了以上三种应试途径外,还有两种特设的方式:无官取应和试换。无官取应是朝廷专门针对无官宗室群体开设的科举考试,与有官锁应和无官应举被宋人并称"宗子三科"。[2]"无官取应也分为解试、省试、殿试三级考校……逢进士科举之年举行……三级引试都单独安排,试程从简,取额从宽。取用之后另行唱名、授官。"[3]关于北宋时期的无官取应的相关资料,史有阙文,此不叙述。试换,即锁厅换试,是为武官迁转文职而设,宗室子弟可参加。熙宁九年(1076年),规定宗室可以试换。

## 第四节　北宋皇帝对好学宗子的奖励与宗室文化成就

有宋一代,好学之风,以史为最。这与帝王的好学与倡导紧密相关。各朝皇帝以身作则,督促并采取多种举措以促皇族良好学风的形成。宋代宗室从整体上看有着良好的学习氛围,出现了一批好学并学有专长的宗子,他们在文学、艺术、学术、科学等多个领域取得了骄人的成绩,南宋宗子相对于北宋宗子来说,取得的成就更大一些。但限于研究选题的需要,本书只对北宋宗子的学业

---

[1]《宋会要辑稿·崇儒》一之三,第2164页。

[2]《宋会要辑稿·帝系》六之一二,第136页。

[3] 何兆泉:《宋代宗室研究》,浙江大学博士学位论文,2004年,第86页。

状况及相关问题进行探讨。

## 一、北宋皇帝对好学宗子的奖励

北宋宗室好学成风,史上多有记载,如:赵宗隐好学不倦,其经籍常置于巾箱,以备随时阅览;赵仲洽家有藏书,手不释卷;赵令恳嗜书力学不倦,虽在职,未尝废书,历代史皆手抄;赵令懥好读书,祁寒盛署不少怠;赵令教酷爱读书,于诸子百家,无所不观,善属文,通五经,还洞晓音律……

北宋皇帝对学业优秀的宗子,往往给予各种奖励,诸如赐书、赐名、赐诗、赐书法作品、赐钱、升职等,有的同赐几种奖励。如赵允宁好学并酷爱书法,取得了较大的成就,得到了真宗的表扬:"允宁字德之,性至孝,因父感疾,恍惚失常。继而嗜学,尤喜读唐史,通知近朝典故,工虞世南楷法,真宗赐诗激赏之。"①德文本廷美第八子,因其兄三人早逝,排行第五。他从小好学,精通经史百家,亦善诗赋,非常喜欢结交名士以促学习,曾与杨亿交游并探讨学问。真宗以其刻励如诸生,尝因进见,戏呼之曰"五秀才",②仁宗尝称为"五相公",③以此传称其名。天圣年间,迁横海军节度观察留后,拜昭武军节度使,易感德、武胜二军,加同中书门下平章事。庆历四年(1044年),进封东平郡王,加兼侍中。④

"仁宗尝御延和殿试宗子书,以宗望为第一;又常献所为文,赐国子监书,及以涂金纹罗御书'好学乐善'四字赐之。即所居建御书阁,帝为题其榜。"⑤成绩第一的宗室宗望,仁宗会给予极大奖励,既有物质奖赏"赐国子监书",又赐"好学乐善"四字,这体现着无上荣光,既是对成绩的肯定和奖励,又含有榜样的作用,在宗室中树立了楷模形象。同时,为宗望的御书阁题榜,可为流传千古的荣耀。"宗立从张揆学《春秋》。大清楼侍宴,预坐悉赋裸玉诗,宗立诗先成,仁宗称善。屡赐飞白书,旌其文雅。"⑥仁宗的飞白体堪称一绝,又是皇帝御书,得之不易。仁宗爱才旌雅,宗立既善《春秋》经,又赋得一手好诗,自得仁宗爱惜有加。仲革醉心学术,"无声色之奉,喜畜图书,茸舍馆,一室翛然,左右经史,游息其

①《宋史》卷二百四十五,第8700页。
②《宋史》卷二百四十四,第8674页。
③《宋史》卷二百四十四,第8675页。
④《宋史》卷二百四十四,第8675页。
⑤《宋史》卷二百四十五,第8701页。
⑥《宋史》卷二百四十五,第8695页。

间"，仁宗为其勤学，特"真书其名以赐之"①。宗子叔韶因召试学士院成绩优等，赐进士及第。仁宗给以当面嘉奖并赐书："宗子好学者颇多，尔独以文章第进士，前此盖未有也。朕欲天下知属籍有贤者，宜勿忘所学""既退，又出九经赐之。"②按照当时规定，叔韶还没有资格获得皇帝赐书，破例被赐书恰恰证明了仁宗对他学业的充分肯定、欣赏和鼓励。对于艺术的热爱与追求，同样能够得到皇帝的赞誉，对于宗子克继的书法成就，仁宗给予了极高的评价："克继，善楷书，尤工篆隶，宗正荐之，仁宗亲临试，及令临蔡邕古文法写《论语》《诗》《书》；复诏与朝士分隶《石经》。帝曰：'李阳冰，唐室之秀。今克继，朕之阳冰也。'"③

神宗对好学的宗子克敦既"赐钱三十万"，又"赐克敦敕书奖谕"；对于克敦之父承幹，因其好学"以艺文儒学名于宗藩"，鉴于其已离世，于是追加官职。"克敦，嗜经术，以宗正荐，召试中选，赐钱三十万。元丰间，集父承幹遗文以进，神宗嘉之，诏：'承幹父子以艺文儒学名于宗藩，宜有褒劝。'于是追封承幹为东平王，而赐克敦敕书奖谕。以宣州观察使卒，赠开府仪同三司、和国公。"④熙宁八年（1075年），有一次大规模的赐书活动，即众多宗子如令扁、令戚、令志、令摄、仲玉、仲滂、仲当、仲遑等均以优异成绩召试学士院，神宗并赐《诗》《书》《周礼义》各一部。

北宋是崇尚读书的朝代。宗室好学者多存共同爱好：藏书。皇帝对爱好藏书的宗室好学者也往往赐以示奖励。太宗子元杰好藏书，酷爱读书，爱好广泛。"元杰颖悟好学，善属词，工草、隶、飞白，建楼贮书二万卷。"⑤英宗弟弟宗绰的藏书量堪称宋代宗室藏书之最，达七万卷。其藏书量之多与他和英宗的兄弟关系分不开，宗绰为英宗胞弟，从小一起读书，感情甚笃，英宗常赠宗绰宫中珍藏本。"始与英宗偕学于邸，（英宗）每得异书，必转以相付。宗绰家本有《岳阳记》者，皆所赐也。"⑥宗绰的弟弟宗晟藏书也达万卷之多，"宗晟好古学，藏书数万卷，仁宗嘉之，益以国子监书"⑦。颢，神宗弟弟，好学，多才艺，神宗亦常赐书

① 范祖禹：《范太史集》卷五二，文渊阁四库全书影印本，集部第1100册，第549页。

② 《宋史》卷二百四十四，第8672页。

③ 《宋史》卷二百四十四，第8671页。

④ 《宋史》卷二百四十四，第8674页。

⑤ 《宋史》卷二百四十五，第8701页。

⑥ 洪迈：《容斋随笔》，吉林文史出版社，1994年，第617页。

⑦ 《宋史》卷二百四十五，第8712页。

以嘉奖。"颢天姿颖异,尤嗜学,始就外傅,每一经终,即遗讲读官以器币服马。工飞白,善射,好图书,博求善本。神宗嘉其志尚,每得异书,亟驰使以示。"①哲宗曾幸颢、頵二位皇叔的府邸,各赐国子监书。

## 二、北宋宗室文化成就

在宋代,由上及下,倡导读书,敦励学风。人们研习内容以文学、艺术、学术、科学等为主。②在这些领域均取得了令人瞩目,甚至流传千古的成就。宗室中多有好学者,并受到良好的宗室教育,取得了令人注目的成就。

### 1.文学成就

宋代宗室在文学方面有深入研究、取得显著成就的不乏其人。清人厉鹗《宋诗纪事》中收录了78位宗室的诗篇;北京大学编纂的《全宋诗》收录了230余位宗室诗人的诗。在这些诗人中,虽然南宋诗人居多,但以赵令畤为代表的北宋诗人首开一代宗室诗风。赵令畤,字德麟,德昭玄孙。少时即好学,颖悟过人,多才艺。元祐年间与苏轼、黄庭坚、陈师道等交往频繁,开游学之风。其间唱和诗歌结集出版,即为《汝阴唱和集》。③苏轼非常赏识赵令畤的才华,称其"文采俊丽,志节端亮""笔力雅健,博贯子史",建议召致馆阁,"养其高才,而遂其远业,以风动宗室"④,虽未能如愿,却是开宗室新文风第一人。南宋陈宗礼曾这样评价赵令畤:"何代无文人?何代无佳公子?兼之为难……惟吾宋得令,生华屋而身寒士,心明气肃,文艺亦称,金枝玉叶中一人而已!"⑤著作除《汝阴唱和集》外,著有《安乐集》三十卷、《侯鲭录》八卷、《聊复集》一卷。现仅完整保存《侯鲭录》,此书载评了苏轼、黄庭坚、欧阳修、王安石、晏殊等北宋文人诗作。赵令畤的词也相当出色,被收录到唐圭璋先生编纂的《全宋词》中。北宋最早的鼓子词作品《商调·蝶恋花》即为赵令畤所作,在文学和戏曲史上具有很高的欣赏和研究价值。赵令教亦好学,为北宋著名宗室学者,善属文,通五经,晓音律,著有《诗书大义》及歌诗集各十卷。

---

① 毕沅:《续资治通鉴》2,岳麓书社,1992年,第60页。
② 本部分综合参考了都橛:《宋代宗室的文化成就及其影响》,《中国典籍与文化》2000年第2期;何兆泉:《宋代宗室研究》,浙江大学博士学位论文,2004年。
③ 《宋史》卷二百四十四,第8681页。
④ 邓立勋:《苏东坡全集》下册,黄山书社,1997年,第438页。
⑤ 吴熊和、喻朝刚等:《中华词学》第2辑,东南大学出版社,1995年,第121页。

2.艺术成就

北宋皇帝对艺术的执着与酷爱,无疑起到了导向的作用。仁宗皇帝的飞白体书法堪称一绝,徽宗赵佶的艺术成就堪称卓越。受流风影响,宗室子弟多活跃于艺术领域,广涉绘画、书法、音乐等各艺术门类,成就显著。

宋代为绘画艺术鼎盛时期,是文人画和画学南北宗形成的重要时期。用"嗜画之风盛于朝野"来形容一点都不过分。南宋邓椿编纂的《画继》收录了两宋画家219人。首卷为"圣艺"宋徽宗,次为王侯贵戚卷。其中北宋宗室有赵楷、赵令穰、赵令松、赵叔盎、赵宗汉、赵士雷等。其中以赵令穰为代表。赵令穰,字大年,太祖五世孙,北宋中期著名画家,与其弟令松为师法自然的名家。多与苏轼、米芾等交往,画风清丽,擅平远小幅,多取材两京郊景。传世作品有《湖庄清夏图》《春江烟雨图》《秋塘图》《杜甫诗意图》等。赵令穰、赵令松兄弟二人在当时很具影响力,黄庭坚称其笔法清丽,景色旷绝。董其昌盛赞其画"秀润天成,真士大夫画"[①]。我们从《墨庄漫录》之载可进一步认识赵令穰:

> 宗室令穰大年善丹青,清润有奇趣。少年读书,以唐王维、李思训、毕宏、韦偃,皆以画得名,乃刻意学之,下笔便有自得。一时贤士大夫喜与之游,皆求其笔,亦颇厌其诛求。慨然叹曰:"怀素有云:'无学书,终为人所使。'"欲绝笔不为,但名已著,终不得已。又善作小草书,小字如蝇蚊,笔道而法具,谛观之,目力茫然,皆合羲、献之体,是又所难也。米元章谓大年作画清丽,雪景类王维,汀渚水鸟有江湖意。[②]

北宋中期宗室画家宗汉、光俨的作品有雅逸之趣,米芾赞宗汉画很有诗意。赵士雷,太宗五世孙,在北宋末期其画驰名一时。他善画山水,清雅秀丽,代表作为《湘乡小景图》。

书法艺术在宋代也有了高度发展,北宋书法四大家苏、黄、米、蔡争奇斗艳,文人好书之风空前高涨。以仁宗、徽宗为代表,北宋皇帝书法艺术造诣颇深,在中国书法史上占有一席之地。宗室擅书者大有人在。明陶宗仪在《书史会要》中收记了17位北宋宗室书法家,清倪涛在《六艺之一录》中则收录了27位北宋

---

① 董其昌:《画禅室随笔》,见《文人画与南北宗论文汇编》,上海书画出版社,1989年。
② 曾枣庄、曾涛:《宋代艺话全编》第2册,巴蜀书社,2019年,第1206-1207页。

宗室的作品。北宋赵惟吉、赵克继等宗子书法造诣高深。赵惟吉(966—1010)，字国祥，德昭次子，是北宋前期著名书法家。少时好读书，善属文，尤其擅长书法，工草书、隶书、飞白体等，成就卓著。真宗非常欣赏，将其书法作品编纂成七卷，亲自为之作序，并藏之秘阁。其作品《真草千文》献于真宗，真宗大悦，下诏加以褒奖，交付史馆宝藏。赵克继，廷美曾孙，"善楷书，尤工篆隶，宗正荐之，仁宗亲临试，及令临蔡邕古文法写《论语》、《诗》、《书》；复诏与朝士分隶《石经》。帝曰：'李阳冰，唐室之秀。今克继，朕之阳冰也。'"①自此，赵克继撰写的《石经》为范本。其他宗子如赵允宁好学并酷爱书法，得到了真宗的表扬："允宁字德之，性至孝，因父感疾，恍惚失常。继而嗜学，尤喜读唐史，通知近期典故，工虞世南楷法，真宗赐诗激赏之。"②赵仲忽善草书，笔法圆润。赵宗望，翰墨精婉，仁宗朝影响较大。

宗室中也不乏书画鉴赏家、收藏家。宗室由于特殊的政治地位及文化背景，对书画的鉴赏和收藏也有着别于常人的优势。徽宗子郓王对书画收藏有着突出的成就："郓王，徽宗皇帝第二子也，禀资秀拔，为学精到。政和八年，射策于廷，名标第一，多士推服。性极嗜画，颇多储积，凡得珍图，即日上进。而御府所赐，亦为不少，复皆绝品。故王府画目，至数千计。"③赵令穰"喜藏晋宋以来法书名画，每一过目，辄得其妙"④，藏有《德隅斋画品》一书。此书为北宋李廌著，主要内容为李廌对赵令时所藏诸画的品评，可见令时所藏之丰。米芾在其《书史》中也曾记载了赵令穰收藏欧阳询三轴之事。赵明诚记载赵仲爰收藏的金石器物有《古钟铭》《敦铭》《宋君夫人鼎铭》等。米芾记载赵仲爰收藏的书画作品主要有《唐太宗步辇图》、巨然半幅横轴、《陶渊明归去来》、王羲之《桓公破羌帖》等。

赵仲忽收藏的书画作品有《笠泽垂钓图》《明皇幸蜀图》《梁武帝翻经象》等。他亦酷爱收藏金石器物，其收藏中最重要的是《文王尊彝铭》。

音乐、戏曲等在帝王、皇室生活中不可或缺，宗室成员多有着较高的音乐素养。在音乐戏曲研究方面，宗室也颇有成就。赵元偓"厚重寡言，晓音律"⑤；赵

---

①《宋史》卷二百四十四，第8671页。

②《宋史》卷二百四十五，第8700页。

③ 邓椿：《画继》，人民美术出版社，1964年，第7-8页。

④ 徐建融：《宋代名画藻鉴》，上海书店出版社，1999年，第176页。

⑤《宋史》卷二百四十五，第8703页。

克己自谱《雅乐图》乐曲进献；[1]赵世晢不仅长于飞白书法，而且擅弹琴，学于仁宗朝张君平，得其悉心指教，每每援弦赋诗。前文亦提及赵令畤作《商调·蝶恋花》鼓子词十二首，并加以管弦伴奏，这对研究宋代说唱艺术有着重要意义。其他北宋宗室以音律知名者还有赵宗述、宗回、宗颜等。

3.学术成就

宋代为我国传统文化发展的高峰期。宋代教育内容丰富，但归纳起来基本属于经学和史学，这是支撑宋代文化的两大支柱。儒学到北宋有了重大发展，出现了理学；在史学研究方面，北宋也出现了影响颇大的鸿篇巨著《资治通鉴》等。宋代皇族亦重视治史，不断编纂各朝"宝训"等，作为历代皇帝经筵和宗室教育的必修课程。宗室中不少成员在经史研究方面取得了突出成绩。前文提及的廷美之子赵德文善经史百家，曾被真宗称为"五秀才"，被仁宗称为"五相公"。被称为"八王"的赵元俨，既善为文，又善二王书法，堪称一代儒王。赵允宁不仅在书法上取得了卓越的成就，而且还嗜读唐史，悉知近期典故。赵令教善属文，通五经。宗立善《春秋》经，仁宗爱惜有加。仲革醉心学术，"无声色之奉"。赵宗颜，元佐孙，藏书万卷，精通易学。赵世昌，德昭曾孙，博通五经，尤擅《春秋》《周易》等经。赵世崇，字德卿，涉经史百家之学，通《左氏春秋》为最。因承干、克敦父子"以艺文儒学名于宗藩"，真宗"宜有褒劝"，既"赐钱三十万"，又"赐克敦敕书奖谕"，并对已去世的承干追加官职。北宋宗室虽广涉经史，但志于著述者不多，这与北宋经学发展背景有关，理学处于萌生与探索阶段，尚未在政治舞台唱主角，但北宋宗室对于经史的研习与娴熟，为后世宗子跻身儒林奠定了基础。

除以上三方面的成就之外，一些宗室成员在医学领域也取得了成绩。太宗皇帝由于自己身体的原因，平时爱关注并用心研究医术，喜欢收藏各种药方，为宗室对医术的研究开了先河。取得较大医学成就的还有赵宗辨、赵頵等。

陈寅恪曾指出："华夏民族之文化，历数千载之演进，造极于赵宋之世。"[2]我国封建文化在宋代发展到了顶峰，后世之元明清的文化基本在延行宋文化，很少创新。正因为宋代文化的繁荣，今日国内外众多学者频频追寻昔日的盛景，以了自己的宋代情结，以至于今日许多年轻人戏言穿越时空，回到宋代。宋文

①《宋史》卷二百四十四，第8672页。
② 陈寅恪：《金明馆丛稿二编》，上海古籍出版社，1980年，第245页。

化之魅力,上至皇亲国戚,下至布衣百姓,浸染之深,弥散之远,难以形容。很多人以读书为业,以读书为乐。学术和艺术成就在宋代可谓登峰造极。成就之取得和这种近乎狂热的读书热情和笃志励学的精神是分不开的。宋人重学崇文之策、浓郁的读书之风以及读书人的高雅境界集中体现在帝王及皇室宗子身上。皇族在文化传播上处在核心地位,是引领文化的风向标,在很多领域多有创新,无论诗风、词体、琴法,还是史学编纂体例、游学之风的开创等均引时尚之潮。宗室生活方式和文化观念必然引起百姓竟相仿之。在一定程度上,宗室文化代表着时代文化,宗室成就代表了宋代文化发展的高峰,并对元明清宗室文化的发展产生深远的影响。

第三部分　北宋皇帝对国家教育发展的推动

# 第六章
# 宋初皇帝创造条件，为北宋教育发展奠定了基础

## 第一节　唐、五代教育体制简要回顾

### 一、唐朝教育体制回顾[①]

隋唐以后，中国封建社会进入鼎盛时期，是中国教育史上辉煌的时代。国家管理不断制度化，教育体制也成为国家政治制度的重要组成部分。唐朝教育最大的成就即完善了政教合一的教育制度。第一，在教育内容上，整合了儒家文教政策，建立了唐代新儒学。以孔颖达注《五经正义》为标准，强调儒学为治国之本，强化礼制教育。以儒家思想为"道统"和思想权威。其文教政策和教育制度成为以后封建王朝效法的楷模。唐代教育事业因受到历代统治者的重视而兴旺发达，唐初即形成了比较完备的中央、地方两级教育管理体制。第二，唐代教育另一大特色是经学教育、实科教育和职业教育三大教育体系形成，成为唐代教育一道靓丽的风景，并进一步完善了政教合一的教育体制。经学教育以儒学为主要教学内容，并成为唐代官学的主体，在等级上划分为贵族教育和国子监教育两个系统。唐代的实科教育主要包括国子监的律学、书学、算学和太常寺的太医署。唐代职业教育主要是由司天台、太乐署、太仆署、太常礼院等部分组成。这些部门兼有管理、科研和教育多种职能，反映了政教合一的特点。第三，官学和私学教育是支撑唐代教育的两大支柱。二者相辅相成，协调一致。官学和私学文教政策具有统一性，即崇圣尊儒，官学从礼上体现这一精神，私学从学习内容和培养目标上得以反映；官学和私学在教育内容上具有统一性，即都必须按照《五经正义》的注疏来诠释儒家经典；官学和私学还具有教育目标的一致性，受教育者参加统一的科举考试，走上仕宦之路。第四，唐代基于隋代科

---

① 该部分参考了宋大川、王建军：《中国教育制度通史》第2卷，山东教育出版社，2000年，第249-390页。

举选仕制度有进一步的发展,不断对选举制度进行完善,健全了养士教育与取士方法。唐代的教育制度与科举制度的关系非常密切,成为一个整体,同以崇儒政策为指针,体现出教育与政治相结合的特点。

从学校教育方面看,唐代不仅在中央设立了国子监,统辖国子学、太学、四门学和其他专科学校,还在地方上设立了郡县学校。并且,地方学校的学生除参加科举考试外,还可以通过地方官的选拔而进入国子监中的四门学学习,使得地方学校不仅成为科举考试对象的重要来源,也成为与国子监教育相关联的一种教育。这种构建学校的方式,后来一直被沿用。宋代国子监辖下的四门学即沿袭这种方式。尽管如此,作为一个刚刚从严格的门阀等级制度中脱胎出来的王朝,唐朝的教育依旧保持了相当严重的等级性。这种等级性,在国子学、太学和四门学的招生对象上有着鲜明的表现。这种等级性的存在,无疑限制了更多的平民子弟接受更好教育的机会。而进入宋代以后,学校教育的等级性则明显削弱。平民子弟接受教育的机会增多,平民介入国家政治的机会增加了。

唐朝重视道德教育,道德教育成为唐朝教育的特色之一,并不断制度化和普及化。其基本教材《孝经》和《论语》,连同《老子》一并成为唐朝科举的必考内容。同时,唐代也是将私学教育纳入国家教育制度的第一个王朝。在近300年的历史长河中,随着唐代社会由盛到衰的变革,私学的地位和作用也经历了由弱而强的转变。唐前期官学教育发达,私学教育处于附从地位。武周时期政治的酷烈摧残了教育事业,频繁的封禅祭祀活动使得众多学生隐遁山林,为私学的发展提供了一定的条件。开元、天宝时社会变革的酝酿和安史之乱后中央集权制的削弱,使唐代官学举足不前,国子监鞠为茂草。越来越多的读书人隐读乡舍,栖学于山林,授业于私学。私学在一定程度上担负起了国家教育的重任。随着魏晋南北朝到隋唐的历史演进,教育制度也在发生着重大变化,随着佛教、玄学和道教进入教育领域,儒家独尊的局面被打破。唐朝统治者通过对儒学的改造、确立儒家思想为国家政治思想、实施崇圣尊儒的文教政策等,逐步建立起了以儒家思想为主导的教育体制和日益完善的教育制度,开创了中国教育史上的辉煌时代,为后世王朝教育制度的建立提供了范式和模板。

## 二、五代教育概况

五代的状况是唐代末期藩镇割据造成的结果。由于五代时期的各国统治者多为唐代文武官员,对唐的文教政策和教育制度熟谙在心,对教育的重视也是必然,所以大多能够重视并发展教育。后唐天成三年(928年),"国子祭酒崔协奏请:国子监每年只置监生二百员","又请颁下诸道州府各置州学";①后周世宗显德二年(955年),下诏在大梁(今开封)的天普利禅院的基础上修建国子监,用于发展高等教育,这里便成为宋代国子监的前身。"周显德二年(955年),别营国子监,置学舍"②;"南唐升元二年(938年)冬十月丙子,立太学,命删定礼乐"③;"南汉乾亨四年(920年)春三月,从兵部侍郎杨洞潜之请,始立学校。置选部贡举,放进士明经十余人,如唐故事"④。以上为五代学校教育基本概况。

五代科举并未因战乱而废弃,只是取士人数只为唐时一半,但在某些科目如三礼、三传、学究、明经诸科的取士人数上较唐有进一步的发展。五代丧乱,文献废坠,学子倾向于帖经墨义之末习,政府取士以此类居多。《文献通考》对此有着较为详细的记载:

> 五代五十二年,朝代更易、干戈攘抢之岁,贡举未尝废也。然每岁所取进士,其多者仅及唐盛时之半。土宇分割,人士流离,固无怪其然。但三礼、三传、学究、明经诸科,唐虽有之,然每科所取甚少。而五代自晋汉以来,明经诸科,中选者动以百人计。盖帖书墨义,承平之时,士鄙其学而不习,国家亦贱其科而不取;故惟以攻诗赋、中进士举者为贵。丧乱以来,文学废坠,为士者往往从事乎帖诵之末习,而举笔能文者固罕见之。国家亦姑以是为士子进取之途,故其所取,反数倍于盛唐之时也。五代之时,虽科举未尝废,而士厄于离乱之际,不得卒业;或有所长而不能以自见,老死闾阎,不为少矣。⑤

五代战乱造成官学衰败,很多人选择了私学馆进行学习。所以五代时期私学教育有了一定的发展。一些热衷教育的博学之士,开馆设学,传播知识,弘扬道义,为后世私学教育的发展奠定基础。罗绍威,魏州贵乡人。"工笔札,晓音律。性复精悍明敏,服膺儒术,明达吏理,好招延文士。聚书万卷,开学馆,置书

---

① 陶愚川:《中国教育史比较研究》(古代部分),山东教育出版社,1985年,第268页。

② 《宋史》卷一百五,第2547页。

③ 孟宪承、陈学恂等:《中国古代教育史资料》,人民教育出版社,1961年,第201页。

④ 孟宪承、陈学恂等:《中国古代教育史资料》,人民教育出版社,1961年,第201页。

⑤ 孟宪承、陈学恂等:《中国古代教育史资料》,人民教育出版社,1961年,第201页。

楼"[①];"石昂,青州临淄人也。家有书数千卷,喜延四方之士。士无远近,多就昂学问,食其门下者或累岁,昂未尝有怠色"[②];"窦禹钧,范阳人。(为左谏议大夫致仕)诸子进士登第,义风家法,为一时标表。于宅南购一书院,四十间,聚书数千卷。礼文行之儒,延置师席。凡四方孤寒之士无供需者,公咸为出之。无问识不识,有志于学,听其自至。故其子见闻益博"[③];"吴故国五世同居者七家,尤著者江州陈氏,乃唐元和中给事陈京之后。长幼七百口,上下雍睦。几巾栉桃架及男女授受、通问、婚葬,悉有规制。建家塾,聚书,延四方学者,伏腊皆资焉。江南名士,皆肄业于其家"[④]。由以上可见,私学教育对人才培养有着更加重要和特殊的意义。这里少了对功利的追逐,更多的是对个人素养的提升。后世闻名的白鹿洞书院始建于南唐。"南唐升元四年(940年),建学馆于白鹿洞。置田供给诸生。以李善道为洞主,掌其教,号曰庐山国学"[⑤]。

五代时期的统治者对教育虽然有所重视,但由于五代留存于历史的时间较短(907—960年),改朝换代如同走马灯,其政治制度与教育制度等多承袭隋唐。但五代时期战乱纷争,受其影响,经济受到重创,财力受到很大影响,所以一般统治者对发展教育有心无力,而政治环境又极不稳定,学生难以安心读书,于是,五代时期是中国古代教育发展的低谷。

## 第二节 宋初皇帝求"致治之具"促进了科举制及图书业的发展

### 一、宋初三朝科举的发展及其必然性

北宋历朝皇帝均有着较高的文化素养,重视知识,渴求人才,通晓教育之功效,但鉴于北宋是在唐末五代藩镇割据的状态下建立起来的,迫切需要大批能够治理国家的文治人才,即求"致治之具",而学校教育对人才的培养有着较长的周期性,宋初统治者不得不采取急功近利的方法挖掘人才,当时最为成熟而

---

① 薛居正:《旧五代史》卷一四,中华书局,1976年,第187页。
② 郑云龄选注,刘兴均校订:《五代史》,商务印书馆,2019年,第185页。
③ 范仲淹:《范文正公文集》卷三,商务印书馆《丛书集成》本,第21—22页。
④ 孟宪承、陈学恂等:《中国古代教育史资料》,人民教育出版社,1961年,第199页。
⑤ 孟宪承、陈学恂等:《中国古代教育史资料》,人民教育出版社,1961年,第199页。

有效的方法便是科举制了。科举制经过了唐朝的不断发展日臻成熟，成为最重要的人才选拔方式，宋初国家管理者自然会采取这种方式以在短期内能选拔出可用之才，补官吏之不足。宋代建国之初，建立强大而稳定的中央集权制王朝是当务之急，宋初统治者的精力主要用在了维护国家稳定之上，无暇顾及兴学之事，所以，除了国子监外并没有各级官办学校。但宋初各帝依旧重视文化教育，确定了崇文抑武的国策，采取了多种措施鼓励文化教育活动，重文轻武成为当时社会的普遍风尚。

科举制在宋初不断得到改善和调整，取士名额在不断增长。宋代科举之于唐代科举最大的不同在于其等级性的降低，宋初诸帝为了鼓励士人读书进取，采取措施抑制权贵子弟入仕，对寒俊之士广开入仕之门，并对科举取士的制度和形式进行了一系列的改革。建隆三年（962年），宋太祖下诏，进士及诸科及第举者不得称呼考官为恩门、师门，也不能自称门生；乾德元年（963年），"诏礼部贡举人，自今朝臣不得更发公荐，违者重置其罪"[1]；开宝六年（973年），实行殿试制度，并再次"申禁私荐属举人，募告者，其赏有差"[2]；开宝八年（975年），实行权同知贡举制度。 太宗雍熙二年（985年），实行别试制度，"始令试官亲戚别试者凡九十八人"[3]；同年三月，实行唱名及第制度；淳化三年（992年）正月，实行锁院制度。"始令糊名考校，第其优劣，以分等级"[4]，即同年还推行弥封糊名制度。此为宋初三朝对科举制度的创新之举，并成为宋代科举制度的基本程式。

宋初关于科举制度的调整有其特殊的意义。首先，加强了皇帝对科举取士的控制和国家权力的监控作用。其次，进一步促进了科举的公正公平，具有明显的平民化、庶民化倾向。真宗朝的历榜进士中，平民和庶族子弟比例较大；大中祥符八年（1015年），礼部放榜的合格进士中无以权贵显名者；仁宗朝13榜进士中有12榜进士第一名来自布衣之家。再次，科举取士人数的不断增多，扩大了科举的影响，刺激了教育的发展。

宋初不仅科举取士制度多有创新，而且宋初诸帝越来越认识到人才的重要，为此取士名额在不断攀升。建隆元年（960年），历次进士诸科及第（包括出

---

① 张希清、毛佩琦、李世愉：《中国科举制度通史·宋代卷》，上海人民出版社，2017年，第8页。

② 毕沅：《续资治通鉴》第1册，大众文艺出版社，1998年，第91页。

③ 毕沅：《续资治通鉴》第1册，大众文艺出版社，1998年，第165页。

④ 王炳照、徐勇：《中国科举制度研究》，河北人民出版社，2002年，第194页。

身者)共数十人;开宝六年(973年),包括复试后进士及诸科及第共36人。太宗执政后,宋初科举制最大的特点是大大增加了取士名额。太平兴国二年(977年),殿试一次则录取进士109名,录取诸科207名,其他包括特奏名进士、诸科出身等184名,共计500名之多。①王禹偁在至道三年(997年)给皇帝的奏文中曾提及:"先皇帝毓德王藩,睹其如此,临御之后,不求备以取人,舍短从长,拔十得五,在位将逾二纪,登第亦近万人,不无俊秀之才。"②由此可见,太宗朝20年间,进士、诸科登第者近万人之多。之后的真宗朝,科举取士名额更是有增无减。咸平三年(1000年)一次录取了进士及诸科人数达1800人之多。③由于取士人数激增,难免出现滥取之弊端,人才质量难以保证。但宋初统治者对此却不以为然,他们的取士目的很清楚,一是通过科举博求俊乂,致为文治:"朕欲博求俊乂于科场中,非敢望拔十得五,止得一二,亦可以为致治之具矣。"④二是通过扩大科举取士规模,兴文教,抑武事。太平兴国二年(977年),"薛居正等言取人太多,用人太骤。上欲兴文教,抑武事,弗听"⑤。

科举取士规模的扩大,虽难免遭遇滥取之弊端,但能调动广大士子读书的积极性,使更多的人投身于读书应试的行列,客观上促进了教育的普及和发展。太祖朝参加科举考试的只有约2000人;太平兴国二年(977年),则猛增至5300余人;雍熙四年(987年),"贡举人集阙下者殆逾万计,礼部考合格奏名尚不减千人";淳化三年(992年),诸道贡举人达17300人。今考宋代科举解额,大中祥符八年(1015年),一般州解额为1/10,开封府为3/10,全国各地平均解额当不超过2/10。由此可以推出,仅淳化二年(991年)参加各道发解试的人数就达10万人。⑥

## 二、图书事业的振兴为教育事业的发展创造了条件

宋代科技非常发达,四大发明中的三项(指南针、印刷术、火药)是在宋代得到根本性的改造和广泛应用的。其中,雕版印刷术在北宋的广泛应用,是促成宋代州县地方教育普及发展的直接动因之一。由于雕版印刷术的普及应用,图

① 乔卫平:《中国教育制度通史》第3卷,山东教育出版社,2000年,第21页。
② 乔卫平:《中国教育制度通史》第3卷,山东教育出版社,2000年,第21页。
③ 乔卫平:《中国教育制度通史》第3卷,山东教育出版社,2000年,第22页。
④ 乔卫平:《中国教育制度通史》第3卷,山东教育出版社,2000年,第22页。
⑤ 乔卫平:《中国教育制度通史》第3卷,山东教育出版社,2000年,第22页。
⑥ 乔卫平:《中国教育制度通史》第3卷,山东教育出版社,2000年,第22页。

书出版行业得到了振兴。宋初各帝在大力发展科举制的同时，十分重视图书事业。到北宋中期时，已经形成了以国子监为中心，遍布各地的全国性图书印制发行网。太祖皇帝酷爱图书，在战乱中也不忘搜罗各地图书，并将其视为珍宝。乾德三年（965年），太祖下诏求书，鼓励民间献书，并赋予献书人官职等奖励。"献书人送学士院，试周吏理，堪任职官者，具以名闻。"①在当时的社会背景下，降诏求民间献书也只能是迫不得已之举。为进一步发展科举和教育，太宗、真宗、仁宗各朝均曾下诏求书，鼓励民间献书。宋代学者王明清在《挥麈录》中对宋初诸帝求书有所记载："太宗向儒，下诏搜访民间，以开元四部为目，馆中所阙及三百以上卷者，予一子出身……真宗咸平三年，诏中外臣庶家，有搜得三馆所少书籍，每纳一卷给千钱，送判馆看详，委是所少书数及卷帙别无差误，方许收纳。其所进书及三百卷以上，量才是问，与出身。"②

　　宋初在广泛征集民间献书的同时，逐步建立了图书收藏、整理、校勘和研究的官方学术机构。太祖初年，沿袭唐制设昭文馆、史馆和集贤院三馆，负责对图书的整理和校勘。三馆所收藏图书约12000卷。宋灭后蜀之后得图书13000余卷，平定江南后得书2万余卷，为此太宗朝另建藏书阁——崇文院，此时藏书量达8万余卷。《长编》对宋初广集图书及兴建崇文院的情况予以记载："建隆初，三馆所藏书仅一万二千余卷。及平诸国，尽收其图籍，惟蜀、江南最多，凡得蜀书一万三千卷，江南书二万余卷。又下诏开献书之路，于是天下书复集三馆……二月丙辰朔，诏赐名之崇文院。西序启便门，以备临幸，尽迁旧馆之书以实之。院之东廊为昭文书，南廊为集贤书，西廊有四库，分经史子集四部，为史馆书。六库书籍正副本凡八万卷，策府之文焕然乎一变矣。"③

　　太宗朝是图书业大发展时期，淳化三年（992年），太宗下令修建秘阁，以收藏三馆藏书正本及古画墨迹。太宗亲自书写匾额，常巡幸视察秘阁，并借此引导武官感知儒风之盛，熏染人文素养。每年暑期借暴晒图籍之机，太宗均要带领御前侍者及馆阁诸公、大臣等张筵览观，图典之盛，史无前例。这样的做法可谓创新之举。可以想象三馆藏书晾晒是一种怎样的气势，营造的是一种怎样的氛围，将这种活动当作一种盛典让大家参与、饱览，对每个临场者心灵的震撼均

---

① 张其凡：《宋初政治探研》，暨南大学出版社，1995年，第115页。

② 乔卫平：《中国教育制度通史》第3卷，山东教育出版社，2000年，第23页。

③ 乔卫平：《中国教育制度通史》第3卷，山东教育出版社，2000年，第23页。

是不言而喻的,这或许比很多诏令更能对人们产生深刻影响。而且参与此项盛典的均是皇帝身边及对国家文化、教育有着发展权和管理权的重臣。这无疑对文化教育的发展起到了极大的促进作用。真宗朝的藏书业继续发展,真宗即位之初即建龙图阁,"以奉太宗御书、御制文集及典籍、图书、宝瑞之物,及宗正寺所进属籍、世谱"①。真宗晚年时又建天章阁,以收藏太祖、太宗御集,并为两宋历朝皇帝所沿袭。作为国家法定藏书之所的国子监,宋初所藏书板仅有4000块,真宗景德二年(1005年),所藏书板达10余万,45年翻了25倍。图书业的兴盛,为普及教育创造了条件。国子祭酒邢昺曾谈及当时的藏书:"国初不及四千,今十余万,经史正义皆具。臣少时业儒,观学徒能具经疏者百无一二,盖传写不给。今版本大备,士庶家皆有之,斯乃儒者逢时之幸也。"《长编》中也曾记载景德二年(1005年)时的藏书:"龙图阁在会庆殿之西偏,北连禁中。阁上藏太宗御书五千一百十五卷、轴,下设六阁:经典阁三千七百六十二卷,史传阁八百二十一卷,子画阁一万三百六十二卷,文集阁八千三十一卷,天文阁二千五百六十四卷,图画阁一千四百二十一轴、卷、册。"②

宋代印刷术的进步,不仅促成了官方的海量藏书,而且也使私家藏书颇为可观。在这种背景下,涌现出了大批私人藏书家。如真宗朝的钱惟演,家储典籍"侔于秘府",堪与秘阁藏书相媲美;赵安仁酷爱藏书,所得禄赐皆以购书,不仅藏量颇丰,而且多藏有三馆所阙版本;宋授、宋敏求父子两代藏书达3万卷。这些藏书家要么为校书家,要么为知名学者,他们大多热衷于教育和学术活动。由此看来,藏书业的发展与教育的关系日益紧密,为教育的进一步发展创造了重要条件,直接促进了教育的发展。

宋初统治者在广泛征集收藏图书的同时,也重视对各种文献的加工与整理。太平兴国二年(977年),太宗命李昉等人编纂《太平广记》。同时又命李昉、扈蒙等十几人修成《太平总类》1000卷,由太宗赐名《太平御览》。太平兴国七年(982年),太宗抽调李昉、杨徽之等共20余人,续修各家诗文总集,到雍熙三年(986年),修成《文苑英华》1000卷。太平兴国元年(976年),在广泛征集医书的基础上,于雍熙四年(987年)编成《神医普救方》1000卷。③真宗时亦命王钦若、

①《宋史》卷一百六十二,第3819页。
②乔卫平:《中国教育制度通史》第3卷,山东教育出版社,2000年,第24页。
③张其凡:《宋太宗》,吉林文史出版社,1997年,第106-110页。

杨亿等人从景德二年(1005年)到大中祥符六年(1013年)8年间编修了一部政事历史类书《历代君臣事迹》,1000卷,真宗赐名《册府元龟》,并亲自作序。该书字数超过了《太平御览》,以史为主,兼收经、子,具有较高的价值。[1]

为了支持和鼓励教育发展,宋初诸帝常常赐书给书院或官学。太平兴国二年(977年),下诏赐给白鹿洞书院《九经》;真宗咸平四年(1001年),下诏州县官学及聚徒讲诵之所,并赐《九经》;真宗大中祥符八年(1015年),"增赐中秘书"予岳麓书院;仁宗景祐元年(1034年),又赐永兴军府学由国子监刊印的《九经》。由于雕版印刷术的广泛应用,真宗朝的藏书已达"板本布满天下,中秘所藏,莫不家藏而人有"[2]的状况。皇帝的赐书活动,具有鼓励文教的象征意义,无疑在客观上推动了文化教育的发展。

## 第三节 重置儒学独尊地位及封建纲常秩序

自西汉武帝采纳董仲舒"罢黜百家,独尊儒术"的建议之后,儒家思想成为后世历代王朝的主导思想。但是这一思想在东汉末及魏晋南北朝时期却受到佛教、玄学、道教等多文化的冲击。唐朝时为重树儒学独尊的地位,曾采取了诸多措施,使之成为支配唐朝教育事业发展的思想支撑。但在唐末五代藩镇割据的时期,儒学独尊的地位再次受到严峻挑战。宋初统治者面对百废待兴的局面以及开创大业的艰巨使命,以冷静而睿智的眼光,确定了"以儒治国"的方略,把尊孔崇儒、重建封建伦理纲常作为当务之急。[3]

### 一、诏饬各地文宣王庙(孔庙)

经过五代战乱,多数的文庙受到创伤,有的甚至毁为废墟。宋初,为推行文治,将尊孔崇儒、整饬文庙作为恢复教育和维系社会稳定的当务之急,以示政策导向和示范作用。唐代为了重树孔子先圣的形象,曾在全国各地广泛修建文庙,这些文庙不仅成为祭孔活动的中心,更重要的是成为宣传伦理纲常和进行教育活动的重要场所。宋初统治者认识到儒学乃"人伦之大宗,而世教之总名

---

[1] 汪圣铎:《宋真宗》,吉林文史出版社,1996年,第245-248页。
[2] 乔卫平:《中国教育制度通史》第3卷.山东教育出版社,2000年,第25页。
[3] 以下部分观点参考了乔卫平:《中国教育制度通史》第3卷,山东教育出版社,2000年,第22-28页。

耳,六经为其书,五常为其行,唐虞之所以帝,夏商周之所以王"之理;认识到重修孔庙在尊孔崇儒和重塑纲常秩序中的特殊意义,认为孔庙不修则儒学不尊,儒学不尊则纲常不振,纲常不振则大宋基业不稳。正是在这种思想的支配下,太祖即位不久就下诏增葺开封文宣王庙,塑绘先圣、先贤、先儒之像,并亲为孔、颜撰赞文。《宣圣赞》:"王泽下衰,文武将坠,尼父挺生,河海标异。祖述尧舜,有德无位,哲人其萎,凤鸟不至。"赞颜子:"生值周衰,爵不及鲁,一箪藜藿,陋巷环堵,德冠四科,名垂千古。"面对年久失修、荒芜废弃的孔庙,宋初诸帝极为担忧。就连圣地曲阜孔庙,也是"触目荒凉,荆榛勿剪;阶序有妨于函丈,屋壁不可以藏书"的状况。太宗曾感慨于此:"朕嗣位以来,咸秩无文,遍修群祀,金田之列刹崇矣,神仙之灵宇修矣。惟鲁之夫子庙堂未加□茸,阙孰甚□。况像设卑而不度,堂庑陋而毁颓……既非大壮之规,但有岌然之势,倾圮浸久,民何所观?"所以太宗于太平兴国八年(983年)下诏对曲阜孔庙进行修复。时任宰执的吕蒙正亲撰碑铭:"夫子无位立教,化人以文行忠信,敦俗以冠婚丧祭,为民立防,与世垂范;用之则昌,不用则亡。"宋代大部分文庙的修缮工作是在真宗和仁宗朝完成的。文庙修复第一次以行政公文的形式下发是在真宗景德三年(1006年),时为朝廷重臣的王钦若在给皇帝的奏文中指出:"伏以化俗之方,儒术为本;训民之道,庠序居先。况杰出生人,垂范经籍;百王取法,历代攸宗。苟庙貌之不严,即典章而何贵?恭以睿明继统,礼乐方兴,咸秩无文,遍走群望。岂可泮宫遗烈、教父灵祠,颇缺修崇,久成□业?仍令讲诵之地,或为置对之司,混搢打于弦歌,乱桎梏于笾豆,素非尚德,有类戏儒。"王钦若的建议得到了真宗的批复,中书门下以移牒的形式转发全国各地,要求"诸路转运司遍指挥辖下州府军监依王钦若所奏施行"。以行政公文形式通过官僚行政系统转发奏文是宋代文教政策的重要转变。文庙修复与兴学政策相辅相成,既为庆历兴学提供了必要的物质基础,又有力地推进了州县官学体系的形成与发展。可以说,对孔庙的大规模修缮活动拉开了兴学活动的序幕。

## 二、尊孔祭孔活动不断规章化、制度化

宋初尊孔崇儒的另一个重要表现,是对孔子及其门生、后裔等进行封赐,并逐步摸索制定相应的礼仪,使尊孔祭孔活动不断规章化、制度化。首先,对孔子及其门生追封谥号。太祖、太宗皇帝虽然没有给孔子及其门生追封谥号,但多

次拜谒孔庙,并亲撰赞文。"太祖亲撰《先圣亚圣赞》,十哲以下命文臣分赞之。建隆中,凡三幸国子监,谒文宣王庙。太宗亦三谒庙。"真宗于大中祥符元年(1008年)封禅泰山后,返程途中专程前往曲阜孔庙进行祭奠,并行叩拜大礼,"以表严师崇儒之意",又到孔子墓再拜。并取《庄子》"恬澹玄圣,素王之道"语义,下诏封孔子为玄圣文宣王。次年,"追封孔子以下十哲为公,七十二弟子为侯,先儒为伯或赠官,亲制《玄圣文宣王赞》,命宰相等分撰颜子以下赞"。大中祥符五年(1012年),改孔子谥号为"至圣文宣王"。其次,厘定祭孔礼仪。这不仅是学校教育的重要内容和环节,更重要的是尊孔崇儒的国家大典。宋初皇帝在逐步探索中制定出相关礼仪。关于如何拜谒孔庙,史常不一。太祖、太宗拜谒孔庙并未载明拜谒常礼;真宗祭孔则行天子祭祀社稷的最高大礼,而没有行有司曾定的"肃揖之礼"。"初,有司定仪肃揖,帝特展拜,以表尊师崇儒之意,亲制赞,刻石庙中。复幸孔林,以树拥道,降舆乘马,至文宣王墓,设奠再拜。"太祖建隆三年(962年),诏用正一品礼从祀孔庙,立十六戟于文宣庙门,以示尊崇之意。真宗大中祥符二年(1009年)赐曲阜孔庙桓圭,从上公之制。北宋经过长期争论,最终确定了孔子的祭祀规格同于天子。再次,对孔子后裔多予以优礼厚遇。太宗皇帝为褒奖孔子后裔,一度打破科举常例,下诏赐给孔子后裔孔世基同本科出身。后又赐孔子后裔孔宜承袭文宣王公爵位,官拜右赞善大夫,免除孔宜家族租税。真宗即位当年(997年),便下诏授给孔子第45世孙孔延世袭爵文宣公,特授曲阜县令,并赐《九经》及太宗御书、祭器,诏本道转运使及本州长吏待以宾礼。大中祥符元年(1008年),真宗泰山封禅后至曲阜祭孔,又赐孔府家钱3000缗,帛300匹,赐孔子46代孙孔圣祐同学究出身,为奉礼郎,近属授官及赐出身者6人。真宗并制《元圣文宣王赞》,表达了崇儒遵道,志在易俗化民的意图,称孔子"立言不朽,垂教无疆,昭然令德,伟哉素王,人伦之美,帝道之纲"。不久又诏赐曲阜玄圣文宣庙《九经》《三史》,诏令兖州选儒者讲说,以重振孔庙庙学。

# 第七章
# 北宋皇帝大力发展学校教育
## ——从诏令和学官体系的角度分析

## 第一节　从相关诏令看北宋皇帝对学校教育的重视

　　北宋初期皇帝重视科举对人才的选拔,对科举的重视甚于对学校教育的重视。对学校教育的重视,并采取一定措施兴学的应该说始于真宗。之后的皇帝均重视学校教育对人才的培养,并进行了三次大的教育改革。其间出台了较多关于教育的诏令,如仁宗和徽宗时期,而更多的教育诏令则以手诏形式下发。诏令的内容涉及了教育的各个方面,如兴学建校、教官选拔与管理、州县官学中学生管理制度、人才的重用等。

　　兴建学校是发展教育的基础,为此北宋皇帝曾多次颁布诏书强调兴学建校。景德四年(1007年)二月乙亥,真宗下《西京建国子监武成王庙诏》:"化民成俗,素王祖述于六经,保大定功,尚父章明于七德。胶庠是奉,祠宇载严。四方之人,表则斯在。两京之地,制度宜均,定河南府营建国子监武成王庙。监成日,当议置官讲说及赐九经书。"①真宗强调了教育"化民成俗"的作用,并认识到京师对引导全国教育的重要意义。对全国最高学府兼教育管理机构的国子监的建设是首要的。从诏书中可管窥真宗对发展教育的迫切心情和坚定决心。仁宗朝是学校教育迅速发展的时期,庆历四年(1044年),仁宗任用范仲淹主持了"庆历新政",其中关于教育的改革掀起了北宋第一次兴学浪潮。虽然庆历兴学以失败告终,但有关教育的措施仍然发挥着重要影响,对教育的探讨成为定势,仁宗皇帝依然表现出对教育的关注和重视。庆历五年(1045年)《建学诏》如下:

　　①《宋大诏令集》卷第一百五十七,中华书局,1962年,第590页。

夫儒者通夫天地人之理，而兼明古今治乱之源，可谓博矣。然学者不得骋其说。有司务先声病章句以拘之，则吾豪隽奇伟之士，何以预焉！士有纯明朴茂之美，而无敩学养成之法。其饬身励节者，使与不肖之人杂而并进，则夫懿德敏行之人，何以见焉！此取士之甚弊，而学者自以为患。议者屡以为言，朕慎于改更。比令详酌，仍诏宰府，加之参定，以谓本学校以教之，然后可求其实。先策论则辨理者得尽其奥，简程式则闳博者可见其才。至于经术之家，稍增新制，兼行旧式，以勉中人。慎法细文罢去，明其赏罚，俾各观焉。如此，则待士之意周，取人之道广。夫遇人以薄者，不可责其厚。今朕建学兴善，以尊子大夫之行；而更制革弊，以尽学者之材。其于教育之方，勤亦至矣。有司其务严训导，精察举，以称朕意。学者其思进德修业，而无失其时。凡所科条，可为永式。①

不难看出，仁宗皇帝对学校培养人才的强调和重视，并对人才的培养提出了自己的建议和原则，其中折射出仁宗对人才需求的迫切之情：欲求人才，其必由学。仁宗朝经过庆历兴学，对人才的标准及学校教育作用的认识已有质的提升，对学校之于人才的培养付诸了一定的感情。这对北宋官学教育体制的完备与发展起到了极大的推动作用。

第二次兴学为熙宁兴学。在变法活动中，兴学是其中的重要范畴。据《长编》卷二二一记载，熙宁四年（1071年）三月庚寅，神宗降诏："诸路置学官，州给田十顷为学粮，元有学田不及者益之，多者听如故。仍置小学教授，凡在学有职事，以学粮优定请给。"②这是熙宁兴学的重要举措，体现了对地方官学发展的重视，即从整体上整顿地方学校教育：设置地方学官，以充实师资；每所学校赐学田10顷，给以经济上的大力支持。

北宋第三次兴学始于崇宁元年（1102年）。当年八月二十二日，徽宗颁发"兴学校诏"："学校崇则德义著，德义著则风俗醇，故教养人材为治世之急务。除京师置外学，待其岁考升之太学，已尝面谕外，余并依所陈。蔡京起请仍讲议司立法，颁付礼部施行。"③这一诏书为兴学运动的纲领性文件，任命时为宰相的蔡京全权负责兴学事宜，并以立法形式颁布实施，为此拉开了第三次兴学运动

---

① 《宋大诏令集》卷第一百五十七，中华书局，1962年，第590页。

② 中华文化通志编委会：《中华文化通志》，上海人民出版社，2010年，第166页。

③ 张希清、毛佩琦、李世愉：《中国科举制度通史·宋代卷》下册，上海人民出版社，2017年，第765页。

的序幕。崇宁兴学使北宋官学规模扩大,体制不断完备,罢科举,取士由学校升贡。徽宗虽好大喜功,但对发展教育确实倾注了很多心血,其个人情感因素在北宋官学的发展过程中起到了一定的助推作用。教育的发达程度表现在各地方教育的发展状况上,北宋中后期各地教育包括边远地区和少数民族地区的教育蓬勃开展,这与朝廷的要求与支持是分不开的。徽宗对地方教育的重视则为代表。《黔南兴学御笔》:黔南新造之邦,人始从化。虽未知学,然溯其鄙心,非学无以善之。委转运判官李仲将以渐兴学,举其孝弟忠和,使知劝向。①

对州县官学学员的管理在一定程度上反映了北宋官学体制的发展水平。仁宗时期,官学教育体系初步形成,但通过科举对人才进行选拔仍然是主要途径。当时,地域间教育资源配置存在较大差异,各地官学学生流动性较大,为官学发展和人才的选拔带来很多不利因素,为此,对官学学生来源的控制成为必然之举。

> 州县学许本土人听习,外游学人勒归本贯诏。庆历五年三月辛未:乃者尝诏方夏增建学官,冀育人材,渐登俊造。如闻近岁寝废成规。生徒希就业之风,轻去乡党;守宰挟好名之弊,多创堂庐。用崇儒之虚文,罕适时之明效。弗加厘整,将陷浮华。矧取士之方,察行为急。虽谨师承之习,要先土著之常。践履有严,淑愿方便。宜各还于所贯,用祗服于斯文。益勉进修,俾无流荡。其国子监行条约外,天下见有学官州县,宜令诸路转运司指挥今后并只许本土之人听习,若游学在外者,皆勒归本贯。其所在官吏,仍不得以州学公用为名,科率钱物,委转运司常行觉察。或有自来给系官田土并置到屋产,岁入多,后来生徒数少,即量留支给外,其余田产并令拘收入官。②

由诏书可看出,学校教育在发展过程中出现了各种各样的问题,比如州县官学的生源问题、资产管理问题等,仁宗朝针对这些细节提出了改进要求。对官学管理中细节的重视,说明教育进入迅速发展时期,由此推测,仁宗时期处于对官学教育发展模式的探索阶段。徽宗朝是北宋官学教育大发展时期,曾采取多种措施扩大学校的容量,取得了较好的成绩。但在发展中总会出现新问题,

---

① 顾明远:《中国教育大系 历史教育制度考》第1册,湖北教育出版社,2004年,第755页。
② 曾枣庄、刘琳:《全宋文》第23册,巴蜀书社,1992年,第113页。

比如仍然出现了有限的学校容量与不断扩大的求学需求之间的矛盾。热衷于发展学校教育的徽宗,当然没有漠视这种现象,而是采取了积极的措施进行改善。为此,他曾下诏书,制定扩容比例,以使更多的士"被养于学者"。"学校增员御笔:政和五年(1115年)八月十一日:学校以善养人,设师儒,建黉宇,备善羞,教天下士,十有三年,道日益明,士日益众,庶几于古。养士之额,尚循前数,有司拘以定额。士游学校外,不被教养于学者,尚多有之,则野有遗材矣。诸路学校额及百人以上者,三分增一分,百人以下增一分之半。即陕西、河北、河东、京东路学事数少者,仰提举学士司具可与不可增,及所增数闻奏。"①

兴办学校,发展教育,目的是培养和选拔有用之才。皇帝对人才的需求非常迫切,对于特殊的博学之才更是如饥似渴。为此曾多次下诏,对人才培养目标和教学内容进行调整,以培养更多博学之士。"听诸生兼五经御笔大观二年(1108年)二月一日:古之学者,三年通一经,计十五年则五经皆通。熙宁中进士以经术期之尚浅,故止专一经。今已三十余年,士益习矣。思得多闻博习之材,而虑专门之流弊,可自今学生愿兼他经者听之。兼经多者,计所多量立升进之法,使天下全才异能,得而进焉。"②可见徽宗已经认识到全才的重要性,建议学生们兼听他经,对兼经多者给以"升进"的奖励。徽宗曾针对博学之才特下手诏,对于博学之士,将"置之上等""不次而用之",以示破例提拔重用之心。

学校士能博通诗书礼乐置之上等御笔手诏政和六年(1116年)八月十六日:学校养士,以待士之自得于先王之学,非专于宾贡而已。士牵于宾贡,蔽于流俗故习,尚秦汉隋唐,而不见尧舜三代。比阅时文,观其志趣,率浅陋卑近,无足取者。先王之遗文具在,读其书,论其世,可考而知。士不务此,而趋走逐末,则朕稽参成周,建立法度,何赖焉?其令太学辟雍提举学士司,自今有能博通诗书礼乐,稽古明道,见天下之大全者,置之上等。其人材拔俗者,不待考选校定之数,具寔状以闻,朕将不次而用之。布告中外,咸使闻知。③

由诏书不难分析,当时人才比较匮乏,尤其是"能博通诗书礼乐"者,这也能

① 《中国皇帝全书》编委会:《中国皇帝全书》第5卷,大众文艺出版社,2010年,第2747页。
② 《中国皇帝全书》编委会:《中国皇帝全书》第5卷,大众文艺出版社,2010年,第2746页。
③ 《中国皇帝全书》编委会:《中国皇帝全书》第5卷,大众文艺出版社,2010年,第2747页。

从侧面反映出当时学校教育在培养内容和培养目标上发生了偏离,在这种背景下,对于徽宗来说,以手诏的形式下发诏书以招募博学之士实属急功近利的无奈之举。

提举学事司的设立为宋代教育的创举,其对全国地方官学教育的管理有着重要意义。提举学事官的管理能力、个人素养亦能产生重要影响。所以北宋皇帝非常重视对提举学事官的选拔、管理,并提出了具体要求,针对提举学事官的工作过失或所犯错误也是严惩不贷,诏书多以手诏的形式颁发。"罢提举河北东路学事叶常御笔手诏大观元年(1107年)五月□日:稽古验今,作人造士,比建庠序,亲制法令,有能中选,每岁释褐命官,不俟三年之淹,可谓不次之举。八行异能之士,不试而贡。由乡以升州,由州以升朝,非次拔用,可谓非常之举。常身为提举学事官,乃不知此。方进答子乞立杰然在人上之法,欲加升进。法既不能详考,其能举职以教多士乎? 可罢……"①河北路提举学事官叶常不能按规行事,甚或并不很通晓各项规定,这不仅是渎职,而且后果很严重,"法既不能详考,其能举职以教多士乎"? 于是徽宗毅然决定"可罢"。可见,徽宗朝对各级教育官员的管理有着铁腕的纪律约束。管理制度的严密成为教育体制不断成熟的标志,徽宗朝经过第三次兴学运动使全国官学教育体系更加完备,规模空前,这与其对教育的重视关系紧密。

提举学事官是提举学事司重要的管理官员,作为教育的直接主管,提举学事官所奏内容只要属实和有必要,均能得到皇帝的认可和支持。"京西南路提举路瑗奏乞学费所入所用载之图籍御笔大观二年(1108年)八月二十二日:礼部掌教养之事,学校之兴,内外协力,今已就绪。而养士之类,舍宇之数,费用之多寡,田业之顷亩,载之图籍,掌在有司。累年于兹,废阙不具,失职为甚。可依所奏,疾速施行。"②徽宗对提举学事官路瑗发现的资产和财务管理问题非常重视,并依路瑗所奏,"疾速施行"。某一路提举学事司管理中出现的具体细节问题都能引起皇帝的关注与重视,这恰恰说明了这种问题的严重性和普遍性。以御笔诏书的形式急速解决问题,这反映出徽宗皇帝对发展教育的积极态度,有着良好的教育观,同时又在一定程度上促进了教育管理制度的进一步完善。

对于学生和士在培养和选拔中出现的违纪和作弊现象,徽宗皇帝亦下手诏

①《中国皇帝全书》编委会:《中国皇帝全书》第5卷,大众文艺出版社,2010年,第2745页。
② 曾枣庄、刘琳:《金宋文》第164册,上海辞书出版社,安徽教育出版社,2006年,第164页。

阐明其整治措施。"学生怀挟代笔监司互察御笔手诏政和六年（1116年）十一月十五日：学校以善养天下，比来法行令具。士有所养，余二十万人。弦颂之声，无远弗届。方周千里之畿远矣，朕乐与天下士共之。而吏缘为奸，士失所守，至假名代笔，觊免户役。挟书就试，侥幸苟得。请托求嘱，观望权要。比命有司，重置以法。此岂朕所望于士者。夫法久则弊，人玩则弛。其令诸路监司重置以法。知而不举，皆与同罪。提举教授，仍加二等。尚书省检举学事司官，察其失职者罢之。"①此一诏书较为全面地反映了当时的学生为了达到各种目的，想方设法进行作弊，为免户役则假名代笔；为了获得好的考试成绩携带书籍进考场；为了获得功名请托权贵，观望权要。徽宗的分析一语中的，无论是学生还是管理者，"法久则弊，人玩则弛"，加强法治管理是必须的。如此看出徽宗"重置以法"的决心。尤其是对管理者知法犯法的状况给以严厉的处罚，"知而不举，皆与同罪。提举教授，仍加二等"，并加强了中央对提举学事官的督查作用，失职者则罢免。由此，徽宗加强教育管理的强硬手腕可见一斑。针对"八行预贡人与诸州贡士混试"现象中的"士失所守"现象，徽宗也显示出强硬态度，并以手诏下发。"臣僚上言八行预贡人与诸州贡士混试御笔手诏：政和六年（1116年）十二月十五日，顷岁亲御翰墨，著八行之法，以驭天下操履敦笃不求闻达之士。比年颇闻夤缘请托，观望权贵，渐以滥贡，吏不奉法。士失所守，冒妄侥幸。可依所奏，如尚敢循习弊幸，以违御笔论，不赦。"②实践证明，八行取士的体制是不成功的，其最大的败笔则是对人性弱点的忽视，容易出现请托权贵、士失所守的现象。出现这样的问题是必然的，虽然进一步加强了管理，但无法从根本上铲除这种取士体制的弊端。

教育质量如何，可从学生各方面的表现去衡量，学生的水平如何，与教官有着直接的关系，徽宗非常关心教育的实际效果，尤其是对国家最高学府国子监和太学的教育质量倍加关注，经常亲临观摩或检查学生的学业状况，并多次听取国子监的汇报。徽宗对学生所写程文的"词烦理寡，体格卑弱"等现象大为光火，将责任推及国子监和太学的考校程文官，下手诏对其失职予以惩治并以示警示。

①《中国皇帝全书》编委会：《中国皇帝全书》第5卷，大众文艺出版社，2010年，第2747页。
② 曾枣庄、刘琳：《全宋文》第165册，上海辞书出版社，安徽教育出版社，2006年，第198页。

考校程文官降官御笔手诏,政和三年(1113年)闰四月三日:……近览太学生私试程文,词烦理寡,体格卑弱,言虽多而意不逮。一幅几二百言,用心字凡二十有六,文之陋于此为甚。夫积于中既深,则发于言必厚。学无根本,词必浮靡。可令太学辟师儒校试考选,日后有犯,辟而黜之……①

又奉御笔。大司成学官各有考校。不当将上取旨。

国子监供到状,契勘今年三月分太学私试策校考上三名程文官职位姓名:下项大司成刘嗣明、司业林震、苏桓、国子正顾文、国子博士谢伋。闰四月四日奉圣旨,刘嗣明、林震、苏桓、谢伋可特降一官,顾文降一资。内顾文、谢伋仍放罢,郭从驳放。余依已得指挥。②

影响教育质量的因素很多,教官作为教育活动的直接实施者,对教育质量有着不可推卸的责任,教师尽职与否直接影响到学生的学习水平。徽宗面对太学生一塌糊涂的成绩,自然会归因于教师的失职。为此,对中央官学各级教官严加考校,对不合格者根据责任大小予以罢黜、降官、降资等处罚。做出这样的决定是徽宗的明智之举,这是对教师管理体制的不断完善,是提高教育质量的重要保障,在一定程度上促进了教育体制的不断完善和成熟。

综上,北宋皇帝对教育的重视表现在方方面面,关于兴学的诏令较多,体现了北宋诸帝对发展教育的决心,尤其是仁宗和徽宗朝较为突出,仁宗朝是北宋教育跨越式发展的第一个阶段,为教育的后续发展起到了铺垫作用,所以此期的重要任务则为立学兴校。至神宗朝,中央官学和地方官学体系均已建立起来,所以这个时期兴学改革的重点放在了配设学官和赐学田上。而徽宗时学校教育大力发展,朝廷将工作重点放在了解决日益增长的办学规模带来的种种问题上。随着教育的进一步发展,必然会出现各种各样的问题,所以,促使教育体制不断完善成为北宋中后期教育工作的任务,这些在诏令中均有体现,诸如教官的选拔与管理、地方官学中学生的管理、优秀人才的选用等。

①《宋大诏令集》卷第一百五十七,中华书局,1962年,第592页。
② 周洪宇:《中国教育活动通史》第四卷,山东教育出版社,2017年,第125页。

# 第二节 北宋创制出复杂而完备的学官体系

北宋皇帝对学校教育的各个方面都非常重视。随着教育的发展和规模的不断扩大,北宋政府采取多种措施以促进学校教育制度和管理体制的不断规范和完善。学官体系的建构则是一个重要领域。为此,北宋政府在不同的教育管理和教学实践层面设置多种官职,从上到下,从高等教育到小学教育,从中央官学到州县学校,从传统教育到专科教育等,在学校教育发展过程中,经过不断探索、改进,逐步创制出一种较为复杂而完备的学官体系。尤其在元丰改制中,学官体系改制有着充分的表现。

对北宋教育进行直接管理的学官体系主要分两大部分:一是掌国家高等教育的国子监门下的中央学官体系,一是掌各地州县官学教育的提举学事司门下学官体系。本部分首先从北宋国子监门入手,分别探索国子监、太学、武学、律学、四门学、医学等辖下学官职。因宗学学官前已提及,此不赘述。其次,对提举学事司门下学官设置状况进行梳理。

## 一、国子监门下学官体系

国子监,于后周显德二年(955年)始置学舍。北宋沿置。端拱二年(989年)二月,改国子监为国子学。淳化五年(994年)三月二十四复称国子监。[1]宋初,国子监和国子学两名通用,并掌刻印、出卖经书等公事。[2]仁宗庆历三年(1043年)、四年(1044年),大兴学校,四门学、武学、太学单独立学,州县亦办学,国子学已经不是唯一官学了,其地位日降,置于太学之内,开始向太学化演变。国子监的职能更多地体现在掌管教授经术、推荐诸生、刻印书籍等公事上。元丰新制后,国子监掌国子学、太学、律学、武学、算学五学之政令与训导之事,以及刻印书籍等。为了方便了解不同教育机构学官的设置情况,特将国子监作为其中国子监门下一员进行分述。另,鉴于北宋官职繁赘,在此只探讨重要的职事官名和学官名。差遣名、职事名、吏名等不予涉及。

1.国子监学官

(1)国子监祭酒,又名祭酒、大司成,为国子监长官,职掌诸学之政令及教法

---

① 朱瑞熙:《朱瑞熙文集》第3册,上海古籍出版社,2020年,第286页。

② 龚延明:《宋代官制辞典》,中华书局,1997年,第343页。

等事宜。编制1人。①国子监之名始于西晋咸宁四年（278年），国子监祭酒之官始于隋大业三年（607年）。北宋前期存其名而不常除人，元丰新制后始除人。宋初依唐制为从三品，元丰改制后为从四品。位在九卿之下，诸寺大监之上。

（2）国子监司业，又名国子司业、司业、少司成。为国子监副长官，佐祭酒总领诸学之政令与教法。②编制1人。始置于隋大业三年（607年），宋沿置。北宋元丰新制后为正六品，其班位在七寺少卿之下，诸寺监与都水使者之上。③

（3）国子监丞，又名国子丞、学省丞、胄丞。宋前期或用作文臣迁转官阶，或以国子监学官兼国子监丞，兼领钱谷出纳之事。④元丰正名后，参领国子监事。编制1人。宋初因唐制为从六品下，元丰新制后为正八品，其班位在七寺之下，诸监丞之上。

（4）国子监主簿，又名国子簿。掌国子监文书簿籍，勾考其出入有无稽违。⑤编制1人。国子监主簿始置于隋初，北宋仁宗景祐二年（1035年）三月十三日始以本监京朝官兼主簿。元丰元年（1078年）省罢，三年（1080年）二月九日复置。宋朝因唐制为从七品下，元丰改制后从八品。位在诸学博士之下，国子监正、太学正之上。⑥

（5）国子监博士：阶官名，学官名。又名国子博士、博士、国博等。宋初至元丰五年（1082年）改制前，无职守，为文臣迁转官阶，元丰寄禄格，易为承议郎。大观元年（1107年）三月置国子博士，专掌训导国子生、随行亲生员。编制5人或2人、1人不定。宋初因唐制为正五品上，《元祐官品令》正八品。⑦国子博士位在国子监丞、王宫大、小学教授之下，大理司直、评事之上。⑧

（6）国子监说书：学官名，国子监学官。又名说书、国学说书。一般以有文行、明经术、善讲说的人经试中后充。位次于国子监直讲。元丰新制后不置。

（7）国子监讲书：学官名。又称讲书。宋初，国子学置讲书，太宗淳化五年

①《宋会要辑稿·职官》二八之五，第2974页。

②《宋会要辑稿·职官》二八之五，第2974页。

③《宋史》卷一百六十八，第4015页。

④ 龚延明：《宋代官制辞典》，中华书局，1997年，第345页。

⑤ 林正秋：《南宋临安文化》，杭州出版社，2010年，第55页。

⑥《宋史》卷一百六十八，第3990页。

⑦《宋会要辑稿·职官》二八之一，第2972页。

⑧ 龚延明：《宋代官制辞典》，中华书局，1997年，第346页。

（994年）三月十六日改称国子监讲书。真宗大中祥符年间又置,位次于直讲。以通经术、能讲解的人选充。递迁直讲。

（8）国子监直讲:学官名。又称国子直讲、直讲、太学直讲、国学直讲等。掌教授诸经,每二人讲一经。临时或差充贡院试官。编制:至道二年（996年）置10人;熙宁四年（1071年）置10人;2人共讲一经;或置8人。[1]北宋淳化五年（994年）二月十六日,改国子学讲书为国子监直讲。元丰三年（1080年）正月十七日,改为太学博士。一般选用通经术、有德行之京官选充。皇祐四年（1052年）五月后并规定须年满四十岁以上有老成之器堪为监生表率人充,选入到监五年改京官。

（9）国子监正:学官名。又称国正、国子正。北宋大观元年（1107年）三月始置。掌执行学规,按五等罚处理违章国子学生。编制为2人或1人。

（10）国子监录:学官名。又称国录、国子录、国子学录、国子监录事等。职掌为辅佐国子监正纠察学生不守学规者。北宋称国子监录始于大观元年（1107年）三月二十四日。编制为2员或1员。

2. 太学学官

太学之名始于西汉,北宋太学于仁宗庆历四年（1044年）四月二十一日立于锡庆院。太学官属有太学博士（元丰三年时10人）,太学正、录（元丰新制时各3人）。又有非命官职事太学正、录,及学长、学谕、斋长、斋谕等。学官主要有:

（1）太学博士:学官名。又称太博、博士、大学博士（异写）等。北宋初,于太学馆置太学博士,元丰三年（1080年）正月十七日,改国子监直讲为太学博士。[2]其职掌教授太学生（或国子生）一经,并考校学生程文,以德行、道义训导生徒。每月考校一次。[3]其官秩为从八品。班位在国子博士下,国子正与太学正之上。[4]北宋元丰三年（1080年）初置后为10人或12人。[5]

（2）《春秋》博士:学官名。掌讲解《春秋》经;编制2人;此官职西汉已置,北宋元丰八年（1085年）,水部员外郎王谔请于太学置《春秋》博士,因与王安石思想不合,受责罚。哲宗元祐元年（1086年）司马光执政,闰二月,礼部请置《春秋》

---

① 《宋史》卷一百六十五,第3909页。

② 夏乃儒、章人英:《简明国学常识辞典》,上海辞书出版社,第349页。

③ 龚延明:《宋代官制辞典》,中华书局,1997年,第350页。

④ 《宋史》卷一百六十八,第4016页。

⑤ 龚延明:《宋代官制辞典》,中华书局,1997年,第350页。

博士,七月十三日始除人。其后受党争影响,屡罢屡复。绍圣四年(1097年)二月罢春秋科及《春秋》博士。①元符元年(1098年)复置②,二年(1099年)又罢③;三年(1100年)十一月二十七日复置④,崇宁元年(1102年)七月二十八日罢。⑤

(3)太学正:学官名。简称学正或正。北宋仁宗皇祐年间,胡瑗掌太学,方见太学正。⑥其职掌为辅佐太学博士施行教典、学规,凡有违犯学规者,以五等罚予以处理,并将学生行、艺考校成绩,报博士。为正九品官秩。在五监主簿、承务郎下,武学谕、国子录、太学录、律学正之上。元丰新制时设太学正编制为5人;宣和元年(1119年)为3人,宣和三年(1121年)为5人。

(4)太学录:学官名。又称学录、太学录事、录等。北宋仁宗皇祐年间胡瑗职掌太学时始见太学录。⑦其职掌为辅佐太学正纠察学生不守规矩者,季考后十日考校学生一次。⑧官秩为正九品,班位在国子正、太学正、武学谕、国子录之下,律学正、太医局丞之上。⑨元丰新制时为5人;宣和元年(1119年)为3人,宣和三年(1121年)为5人。

(5)太学助教:学官名。其职掌辅佐太学博士分经讲授。此学官始置于北魏,隋唐时期设国子监助教。北宋仁宗皇祐二年(1050年)七月以命李觏,嘉祐元年(1056年)十一月十五日以命黄晞,后不复置。北宋时期,因太学助教多起家于草泽,因通经术而名闻于时,为监学官奏荐而命之,不出选入之阶,均未莅职事,实为散官。

(6)辟雍大司成:学官名。又名辟雍司成、大司成。因唐龙朔二年(662年)改国子监为司成馆,以国子祭酒为大司成。⑩北宋崇宁二年(1103年)辟雍置大司成。四年(1105年)改为太学大司成。⑪其职掌为"领辟雍外学公事,与掌训导

① 龚延明:《宋代官制辞典》,中华书局,1997年,第346页。
② 龚延明:《宋代官制辞典》,中华书局,1997年,第346页。
③《宋会要辑稿·职官》二八之一四,第2978页。
④ 龚延明:《宋代官制辞典》,中华书局,1997年,第346页。
⑤《宋史》卷十九,第364页。
⑥《宋史》卷一百五十七,第3659页。
⑦《宋史》卷四百三十二,第12837页。
⑧ 龚延明:《宋代官制辞典》,中华书局,1997年,第350页。
⑨ 龚延明:《宋代官制辞典》,中华书局,1997年,第350页。
⑩ 龚延明:《宋代官制辞典》,中华书局,1997年,第352页。
⑪《宋史》卷一百六十八,第3992页。

之业"。其班次位于六部侍郎之次,给舍及卿监之上。①

（7）太学大司成:学官名,又名大司成、太学司成,崇宁四年(1105年)闰二月十七日,由辟雍大司成改名而成,宣和三年(1121年)二月二十日罢。职掌国子监内、外学(辟雍)公事。"凡学校之事,许直达于皇帝"。其官秩与辟雍大司成同。

（8）辟雍司业:学官名。北宋崇宁元年(1102年)置,宣和三年(1121年)二月罢。辅佐大司成掌外学训导等公事,其品秩同国子监司业。

（9）辟雍丞:学官名,简称丞。北宋崇宁元年(1102年)置,宣和三年(1121年)二月二十日罢。参领辟雍外学公事,品位视国子监丞。

（10）辟雍博士:学官名,简称博士。其置、罢时间同辟雍司业和辟雍丞。职掌分经讲授、考校外学生程文训导事。编制10人,每经2人。

（11）辟雍正:学官名,简称正。置、罢时间同辟雍博士。职掌辟雍外学施行学规、以五等罚处分不守规矩的学生,并考校训导学生以报告博士。编制5人。

（12）辟雍录:学官名,简称录。置、罢时间同辟雍博士。辅佐辟雍正纠察不守规矩学生,及考校学生以告正,编制5人。

3.武学学官

唐虽有武举科,但无武学校。北宋初设武举科,仁宗庆历三年(1043年)五月二十一日始于武成王庙置武学,八月二十四日罢。熙宁五年(1072年)六月二十七日复置。北宋武学学官主要有武学教授、武学谕、武学正、武学录,又有掌仪、直学、司书、司计以及斋长、斋谕等职事。

（1）武学教授:学官名,简称教授。掌传授兵书、武艺及编纂历代用兵成败、前世忠义之节,向武学生讲释,并指导阵队演习等训导事。北宋庆历二年(1042年)十二月三日诏置武学教授,三年(1043年)五月二十一日始除人②。元丰官制行,改武学教授为武学博士。③武学教授一般选文臣或武臣知兵者充任。编制初为1人,熙宁六年(1073年)为2人。

（2）武学传授:学官名,简称传授。北宋熙宁年间置武学,于教授之下,又置武学传授。辅佐教授讲释兵书、兵法、军事史等训导武生事。熙宁十年(1077年)编制为2人。

(3)武学博士:学官名,简称武学博、武博士、武博等。元丰新制改武学教授为武学博士。掌以学兵法七书、弓马技艺训诱武学生。官秩为从八品,在太学博士、辟雍博士之下,律学博士之上。[①]北宋元丰新制为2人。

(4)武学谕:学官名,简称学谕、武谕、谕等。其职掌同于武学博士。于北宋元丰新制时始设。[②]北宋时编制为2人。差武举出身人充,正九品。

**4.律学学官**

律学作为法律教育的专门机构,始于三国魏时的律学博士之设,至唐初,律学则成为国子监中的六学之一。北宋初沿唐制仍在国子监置律学博士一人,宋仁宗时又设有律学馆。熙宁六年(1073年),为加强对官员的法律教育,降诏"以朝集院为律学,赐钱万五千缗[③],以养生徒",招收命官及举人愿学法律者入学,授以刑名之学,分律令与断案两个专业。熙宁时设律学教授4人,并置律学正、录各1人,由试中律学生充。

(1)律学教授:专门教授刑名之学的学官。熙宁六年(1073年)诏置。元丰时改为律学博士。编制4人。

(2)律学博士:学官名,北宋初在国子监设律学博士。熙宁六年(1073年)改称律学教授。元丰时又改律学教授为律学博士。掌传授法律及校试学生之事。从八品,班位在太学博士下,五监主簿上。[④]编制1人或2人。

(3)律学正:学官名,简称学正。北宋熙宁六年(1073年)四月二十四日始置。掌本学规矩。位于武学谕之下,太医局丞之上。正九品。编制1人。

(4)律学录:学官名,简称学录。初置时间同律学正。元丰新制不置。辅佐学正掌学规事。由学生充。

**5.其他学官**

(1)小学教谕:学官名,简称教谕。北宋元丰二年(1079年)五月十七日已有小学教谕。掌训导、考校、责罚小学生。元丰时设小学教谕1人,政和时职事小

---

① 《宋史》卷一百六十八,第4016页。

② 龚延明:《宋代官制辞典》,中华书局,1997年,第354页。

③ 杨仲良:《皇宋通鉴长编纪事本末》,黑龙江人民出版社,2006年,第1338页。

④ 《宋史》卷一百六十八,第4016页。

学教谕10人。每百名小学生置1名教谕。宣和三年（1121年）七月十九日罢小学三舍法，仍依元丰法，差职事教谕2人。

（2）小学录：学官名，掌管本学规事。

（3）广文馆博士：学官名，简称广文博士。宋初沿唐制，置广文馆博士，庆历四年（1044年）建太学后不复置。掌教导之职。

（4）国子监四门助教：散官，学官名，简称国子四门助教。始设于唐朝，宋前期沿置，元丰改制后不置。用为散官，授予聚徒讲学的地方名士。庆历间置四门学，为学官，掌教导事。为从八品，班位在国子监、广文馆博士、太学助教之下，书学、算学博士与律学助教之上。

（5）医学博士：医官名。北宋崇宁二年（1103年）九月十五日始置。宣和二年（1120年）七月二十一日罢废。在京医学博士4人，其职掌为分科教养医学生。

（6）医学正：医官名。置、废时间同医学博士。在京医学正4人，掌纠医学生规矩。

（7）医学录：医官名。置、废时间同医学博士。在京医学设学录4人，掌佐学正纠行学生规矩。

## 二、北宋提举学事司门下学官体系

提举学事司，北宋独创之教育行政管理机构。哲宗元符二年（1099年）十一月二十七日，诸路置提举学校官一员（选监司官一员充），盖此为置提举学事司之始。徽宗宣和三年（1121年）四月十日罢。提举学事司职掌一路州县学校政令，每年要巡视所辖州学、县学，要体量、按察师儒学官的优劣以及学生的学习状况。置提举官1人（或以监司官充任）。在北宋，其门下所设职官主要有：

1.路提举学事官：差遣官名，又称提学、提举学事、提举学事官。北宋元丰二年（1079年）十一月二十七日，诸路选监司官有出身人一员兼，崇宁四年（1105年）十一月四日，诸路设专职提举学事官。南宋绍兴十三年（1143年）九月后沿置。多由监司官进士出身人兼，总督本路学政，一路一员。

2.提举学事司管干文字：差遣官，为诸路提举学事司属官，协理本路学政，如计置、催督纲运州县诸学钱粮等事。

3.管勾学事：兼官名。北宋崇宁三年（1104年）七月二十九日，诸路知州、通判均带"管勾学事"四字。政和二年(1112年),诸县令、丞带管勾专切检察学事。宣和三年(1121年)四月十日罢。

### 三、北宋所设学官体系特点

**1.宋沿唐制,不断改进**

北宋所设各种学官名称,包括职事官名、学官名、差遣名等,其中很多是宋初沿唐制而设,如国子监祭酒、国子监司业、国子监直讲等。这有其必然性。宋初统治者的主要精力用于维护国家的稳定,无暇、无力在根本上改变教育,况且唐制尚已成熟,为我所用,应急之需,也是必然之选。随着北宋教育的进一步发展,尤其是随着官学教育体系的不断完备,相关的学官职事也随之不断变化。尤其是在元丰改制中,很多学官之职被废置,有的更换名称,其职掌权责及班位等也相应发生了变化,使之更加适应新的教育形式的需要。

**2.官职创新,体系完备**

北宋官职众多,学官亦然。宋代官职的一大特色就是很多官职为历史新创。如提举学事司及其学官体系为宋代特有。再如国子监正、太学正、太学录、辟雍司业、辟雍丞等学官为宋代始置。这是在深化教育管理过程中出现的新举措,是在开创新的教育机构时的必然选择。如创设辟雍外学,与其相应的职掌管理与教学的学官是必须要随之设置的。随着兴学运动的开展,新的学官职事也不断出现。所以在沿置唐制的基础上,创新教育学官职事,北宋时期在不断探索一种适应当时背景的完备的学官体系。从行政管理,到教学实践,几乎各个环节均设有职掌其责的学官。

**3.官随校设,一脉相承**

宋初学校教育尚欠发达,学官职事设置相对较少,甚至只有官名,而未除人。如宋初即沿唐制设国子监祭酒,但直到元丰新制后始除人。学官官职的多少、每种学官的编制多少等都和学校教育的发展状况紧密相连。仁宗朝学校教育有了较大的发展,始置诸多学官。景祐二年(1035年),国子监丞始以直讲官一员兼,国子监主簿始以本监京朝官兼。庆历四年(1044年)始立太学,太学正、太学录官职于随后的皇祐年间开始出现。神宗元丰三年(1080年),改国子监直讲为太学博士,编制为10人或12人,可见当时学校教育之兴盛。熙宁、元丰兴学促进了地方学校的发展,为了适应这种形势,采取为各路州郡学选派教授,后授权某些州郡自择教授的方式,元丰元年(1078年)诏定诸州路府学官53名,其中有33名为新增设的。崇宁年间为北宋学校教育发展鼎盛时期,为了增容更多学生,于崇宁元年(1102年)于京师南薰门外建外学,称辟雍,置辟雍司业、辟雍丞、辟雍主簿、辟雍博士、辟雍正、辟雍录等。二年(1103年),置辟雍大司成,四年(1105年),改为太学大司成。辟雍门下学官之职均于宣和三年(1121年)二月罢设。同时还罢宗学、诸路提举学事官。因为当时取消三舍取士,重新启用科举制,这自然会直接影响到学校教育的方法及意义,从而影响学官的罢设。

4.教育管理,职能兼备

北宋学官是兼有教育与管理学生的多重职责的。类似于今天的教师责任,每个教师在完成教学任务的同时要注意引导学生的人生观、价值观等的形成,并要对学生的学习成绩及日常行为负责。很多教育行政官员也同时兼有教学的任务。如太学博士,其职掌不仅专一经,以教授太学生(或国子生),考校程文,还兼以德行、道艺训导生徒之责任。辟雍大司成既领辟雍外学公事,又掌训导之业。武学教授职掌责任范围更广:传授兵书、武艺,编纂历代用兵成败、前世忠义之节,向武学生讲释,并指导阵队演习等训导事。这种设置有其进步性。一方面是为了满足现实的需要,因为在当时的条件下教育管理还无法更加细化。另一方面,符合教育发展规律,即学生需要全面发展,教师的职责是引导学生全面发展。

5.正副层级,责任到位

北宋在学官设置时考虑到,要保证教学与管理的实效,必须加强管理,学官责任要到位。为了确保教育质量、实现教育目的,设置了学官的正副层级,即使没有书面明确班位的正副级别,但对责任的界定非常具体而明确。为了保证达到预期效果,防止管理漏洞的出现,一般设两个甚至三个责任岗。国子监正的责任为执行学规,按五等罚处理违章的国子学生,而国子监录的职责为辅佐国子监正纠察国子学生之不守规矩者。太学正的职责为辅佐太学博士施行教典、学规,凡有违犯学规者,以五等罚分别予以处理,并将学生行(守纪)、艺(治经)、考校成绩报博士。而太学录的职责为辅佐太学正纠察学生之不守规矩者,季考后十日考校学生一次。这样逐级强化,能在较大程度上保证教育与管理的实效。学官正副层级的设置,反映出教育管理体制的不断成熟。

### 6.临时选聘,灵活机动

北宋有些学官为散官,一般是就近选择,灵活掌握。如国子监四门助教,授予聚徒讲学的地方名士。太学助教也为散官,北宋时期,因太学助教多起家于草泽,因通经术而名闻于时,为监学官奏荐而命之,不出选入之阶。这种学官的设置方式比较灵活,可以根据实际需要临时设置,不拘于僵死的制度约束,为善于创新的表现。

这种临时选聘的方法对于今天的教师选聘制仍然具有借鉴意义。无论是基础教育还是高等教育,学生需要多方面发展,并培养自己的兴趣爱好,奠定适合自己的人生基石,这就需要增开多种特殊课程和讲座。而这往往需要到社会上聘请有着特殊专业修养和能力的人士担任主讲教师或开设讲座,或者可以聘其为该校学生的社会导师或客座教授等,以充分利用社会资源,这对引导学生人生发展方向不可小觑。

# 第八章
# 体系完备的地方官学

相对于唐代而言,北宋官学体系更为完善而成熟,尤其表现在北宋拥有更为庞大的地方官学体系。唐代学校教育等级森严,普及性较差,而宋代恰恰弥补了这个缺陷,等级性降低,普及性加强。

## 第一节　庆历兴学前的北宋地方官学

从宋初到庆历兴学,北宋官学虽没有统一的建制,但由于国家奉行了尊儒重教的政策,各地的文化活动十分活跃,很多地方官非常重视教育,出现了一些由地方官员和民间集资建学的现象。当时的地方官学形式多样,但多为官办私助性质。在几次兴学运动中逐步转化为州县一级统一建制的官学,为宋代三大兴学运动奠定了基础。庆历兴学前的北宋地方官学发展大致分为以下三个阶段:[①]

### 一、景德兴学之前的宋初地方官学

此为第一个阶段,从北宋初至宋真宗景德三年(1006年)。国家没有下发过正式的兴学诏令,也没有统一的兴学活动,学校多为前代遗留下来的旧学。朝廷虽对一些学校和书院进行过资助,但无暇顾及全国的州县学校。此时期的学校存在四种情形。一是民间集资,朝廷拨款并委任官员经办,如兴办于真宗咸平二年(999年)的兴化军庙学。二是完全由民间捐款创办的学校,如兴办于太宗雍熙二年(985年)的泗州庙学。三是由地方政府集资修建的学校,如景德三年(1006年)古田县令李堪在当地兴学。四是前代遗留下来的学校,在宋代继续承办,如四川华阳县学等。由此看来,这个时期的州县学校基本上是由地方政府和地方官员发起并经办,中央政府一般不予干预;而且此时的州县学校多是

---

① 以下部分观点综合参考了乔卫平:《中国教育制度通史》第3卷,山东教育出版社,2000年,第59–64页;郭齐家、王炳照:《中国教育史研究·宋元分卷》,华东师范大学出版社,2000年,第189–210页。

"即庙建学",依附于孔庙之中,规模小,人数少,影响不大;宋初州县学校多是各自为政,缺少统一的标准和稳定性,办学行为不规范,教学质量低下,往往流于虚名。

## 二、景德兴学与北宋地方官学发展

自真宗景德三年(1006年)到仁宗庆历三年(1043年),即由景德年间颁布兴学令到范仲淹庆历兴学的开展。此为第二个阶段。这个时期北宋政府开始在全国范围内有组织地兴办学校教育,朝廷先后几次下诏兴学,并且采取了相关措施,初步建立起了宋代州县官学的网络,即为北宋地方官学初始阶段。真宗景德三年(1006年),王钦若奏请全国各地州府军监重建孔庙、修复学校,真宗予以批准,并将此建议由中书门下移牒诸路转运使,要求贯彻执行。景德三年(1006年)二月十六日,由参知政事王旦和冯拯签署的中书门下牒文,转述了王钦若的奏文之后,明令诸路转运司以奏实施:"宜令诸路转运司,遍指挥辖下府州军监,依王钦若所奏施行,牒至准敕,故牒。"[1]随后,"又诏庙中起讲堂,聚学徒,择儒雅可为人师者以教焉"[2]。即要求全国所有的州县孔庙都要设讲堂,开展教学活动。诏令颁布以后,很快在州府监军以至部分县一级行政区域出现了修建孔庙和即庙讲学的热潮,宋代大部分地区建立了庙学或相关的文教设施。这些设施虽不能被认为是标准的州县学校,但从实际状况来看,已经普遍实施了教学活动,这无疑为庆历兴学打下了广泛的基础。

## 三、明道、景祐年间的兴学为庆历兴学奠定了基础

明道、景祐年间的兴学活动掀起了一个小小的高潮。这是兴学的一个特殊阶段。朝廷"累诏州郡立学,赐田给书,学校相继而兴"[3],在规模、数量、办学形式上都与以往有所不同。朝廷加强了对学校经费的保障,乾兴年间曾赐给兖州学田,成为宋代州县学田制度的开端。据《长编》记载,由赐兖州学田开始到庆历三年(1043年),先后有10余个州府得到了朝廷所赐的学田,多则30顷,少则5顷。景祐四年(1037年)颁布诏令:"自今须藩镇乃许立学,它州勿听。"说明只许藩镇这样的大州自立学校,其他州府不得擅自立学,若要立学,须经朝廷审

① 朱瑞熙:《朱瑞熙文焦》第2册,上海古籍出版社,2020年,第159页。
② 倪春军:《宋代学记文研究:文本阐释与文体考察》,复旦大学出版社,2021年,第39页。
③ 陈薛俊怡:《中国古代科举》,中国商业出版社,2014年,第175页。

批,这样朝廷就逐渐掌控了办学的审批权。同时,朝廷为学校地方官学配备学官,部分州县开始建立并完善了学校内部的规章制度。许多学校制定了学规和章程,如苏湖州学、吴江县学、并州州学等以各种形式制定了学规。这样,自景祐年间以来,所有州郡的学校逐步建立起来,并初具规模。

## 第二节　三大兴学运动与北宋官学的振兴

《宋史·选举志》记载了自仁宗至徽宗朝地方官学发展的有关规定:仁宗"即位初,赐兖州学田,已而命藩辅皆得立学"。庆历四年(1044年),"令州若县皆立学"。"神宗尤垂意儒学,自京师至郡县皆有学。"熙宁四年(1071年),"始命诸州置学官,率给田十顷赡士。初置小学教授"。元符二年(1099年)初令诸州行三舍法,考选升补悉如太学,崇宁元年(1102年)宰臣请天下州县并置学,州置教授二员,县亦置小学。县学生选考升诸州学,州学生每三年贡太学。[①]由此可见,经过仁宗、神宗、哲宗、徽宗等朝,学校教育得到了不断发展,从仁宗朝的"皆立学"到神宗朝的"皆有学""置学官""赐学田",再到哲宗朝的"行三舍法",最后到徽宗时教育制度的完善,北宋教育呈现出跳跃式发展之势,三大兴学运动直接促成了北宋教育的繁荣。

### 一、庆历兴学中发展地方官学的措施及意义

上面提及,庆历兴学前皇帝已经几次下诏兴学,非常重视教育活动的开展和普及,并加强了对地方官学经费的支持与管理,这成为庆历兴学的前奏。同时,多个成功而颇有影响的地方教育中心的形成也为兴学活动起到了很好的引导和示范作用,如范仲淹主持的应天学府,胡瑗主持的苏湖州学,孙复、石介的泰山、徂徕之学等。由范仲淹主持的庆历兴学的政策,集中反映了范仲淹的教育观、人才观。教育新政规定,除了对太学的振兴和科举的改革之外,最重要的就是强调广立州县学校。《宋史·职官志》记载:"庆历四年(1044年),诏诸路、州、军、监各令立学,学者二百人以上,许更置县学。自是州郡无不有学。始置教授,以经术行义训导诸生,掌其课试之事,而纠正不如规者。委运司及长史于幕

---

职、州县内荐,或本处举人有德艺者充。"①虽然改革很快失败,但其影响及意义是深远的。庆历兴学诏成为兴办地方官学的合法依据,而且首开广兴州县学的先例,引起了州县兴学的热潮。欧阳修在《吉州学记》中记载了兴学诏颁布时的情景,"吏民感悦,奔走执事者以后为羞"②。又称:"海隅徼塞,四方万里之外,莫不皆有学。宋兴盖八十有四年,而天下之学,始克大立,岂非盛美之事!"范仲淹《建州学记》和《饶州新建学记》,王安石《虔州学记》中均记载了当时兴学的盛况。当然,这里也不乏贪功好虚名、盲目建校者。为此,庆历五年(1045年),朝廷曾下令对兴学热潮适当限制,"顷者,尝诏方夏,增置学官。而吏贪崇儒之虚名,务增室屋,使四方游士,竞起而趋之,轻去乡间,浸不可止。今后有学州县,毋得辄容非本土人居止听习。若吏以缮修为名而敛会民财者,按举之"③。这表明当时政策尚不完善。庆历新政失败后,教育的影响没有停止,很多兴建的州县学校保留了下来,一些被贬的官员到地方后仍热心创办地方学校,使庆历兴学的果实得以保存和生根发芽。不过,庆历兴学的失败由诸多因素导致,政策自身存在着缺陷是重要因素之一。朝廷虽然下诏兴学,但无具体措施要求,也没有提供办学经费,所以,很难落到实处。

## 二、熙丰兴学中发展地方官学的措施及意义

庆历兴学失败后,要求兴学和针砭时弊的呼声没有停止,太学在胡瑗、孙复等人的主持下得以维持相当的规模,地方州县学校也有一定的保留,并不时创办新的州县学校。但局部的改进不能从根本上改变教育现状和解决教育面临的问题,神宗即位后即围绕学校教育和科举等人才培养和选拔的问题展开了讨论,在这样的背景下,王安石主持和推进了熙宁兴学运动。王安石曾任地方官18年,其间,他非常重视创办学校,为朝野所瞩目,嘉祐三年(1058年),王安石写就《上仁宗皇帝言事书》并呈送仁宗,其中包含了王安石对教育现象和问题的剖析及建议,可以称其为教育代表作,成为熙宁兴学的指导纲领。神宗皇帝陆续颁布一系列兴学诏令,包括改革太学体制,实行"三舍法";改革人才选拔制度,又立舍选一途;颁布《三经新义》;扩建和整顿国子监及各种专科学校等。同时还要求扩建和整顿地方官学。关于地方官学的改进措施主要有两项。一是

---

①《宋史》卷一百六十七,第3976页。

②周德昌:《北宋教育论著选》,人民出版社,1998年,第80页。

③杨荣春:《中国封建社会教育史》,广东人民出版社,1985年,第219-220页。

设置诸路学官,以改变诸路学校有学无教的现状。熙宁四年(1071年)初,诏令京东、陕西、河东、河北、京西5路先置学官,许布衣有经术者为教授。并令两制、两省、馆阁、台谏官等举荐现任京朝官、选任有学行者,由中书堂除专职教授,也允许州县官兼任本州教授。同年三月,又诏令诸路置学官,并置小学教授。"熙宁六年(1073年),诏诸路学官委中书门下选差,至是,始命于朝廷"①。熙宁七年(1074年),又经国子监推荐,任命郓州左司理参军叶涛等23人为诸州教授。"元丰元年(1078年),州、府学官共五十三员,诸路惟大郡有之,军、监未尽置。"②二是赐田地方官学,从经济上给予支持。熙宁四年(1071年),神宗颁发诏令,每州均"给学田十顷为学粮,元有学田不足者益之,多者听如故"③。广赐学田的政策基本解决了州县学校经费长期不支的问题,大大促进了北宋州县教育的发展。熙宁、元丰兴学成为北宋教育发展的助推力,形成了一个相对完备的学校系统。神宗于元丰八年(1085年)去世,宣仁太后主政,实行元祐更化,王安石变法失败,兴学举措亦多被废止,熙宁、元丰兴学便告结束。

### 三、崇宁兴学中发展地方官学的措施及意义

崇宁兴学为北宋最大规模的兴学运动,由蔡京主持。崇宁兴学在一定程度上是对哲宗绍述新政的发展和深化。哲宗主持的绍圣之政,其宗旨为恢复王安石变法的纲领,教育政策便得到了继承,基本恢复了熙宁兴学时的主要措施,这成为崇宁兴学的基础。提举学事司为崇宁年间首创,是对州县学进行管理的专职行政机构。"崇宁二年,置诸路提举学事司,"掌一路州县学政,岁巡所部以察师儒之优劣、生员之勤惰,而专举赐之事。"④此举体现了朝廷对地方官学的重视。崇宁兴学的举措除了扩建太学、改革科举制度、恢复并扩建专科学校之外,最重要的措施便是诏令州县设学,以大力发展地方官学教育。在熙宁兴学的基础上,诏令县学亦置小学。规定县学生可通过考选升入州学,州学生每3年贡入太学。崇宁元年(1102年),蔡京执政,建议"天下皆置学,郡少或应书人少,即合二三州共置一学,学悉置教授二员。县亦置学。州县皆置小学。推三舍法,

---

① 《宋史》卷一百六十七,第3976页。
② 《宋史》卷一百六十七,第3976页。
③ 乔卫平:《中国教育制度通史》第3卷,山东教育出版社,第80页。
④ 《宋史》卷一百六十七,第3971页。

遍行天下"①。"诸州军额,各取三分之一,添充贡士额"②,州学经费源于本路常平户的绝田,如不足,再以诸色系官田宅及物业补充。县学经费源于本县佐擘画之地利及杂收钱。崇宁三年(1104年)"始定诸路增养县学弟子员,大县五十人,中县四十人,小县三十人"③。并规定"内舍生免户役,上舍生免役"的相关优惠政策。在诸多政策下,诸路州县官学于崇宁四年(1105年)即已普遍设立。政和四年(1114年),徽宗诏令增加诸路官学生额,并于诸路小学行"三舍法"。随着州县官学的发展,更多的人希望就读于学校,鉴于生员越来越多,徽宗便于政和六年(1116年)诏令在全国范围内增广学舍。所以,在北宋末年便形成了遍布全国的地方教育系统。

崇宁兴学在三次兴学中力度最大,时间最长,促使北宋官学体系愈加成熟、完善,其规模亦是史无前例的,学校发展得到了政策和经费的大力支持,前两次兴学的目标基本实现,不仅中央太学达到鼎盛程度,形成生员3800人的规模,而且地方官学也大幅度发展。以福州州学为例,元祐八年(1093年)生员500人,至崇宁三年(1104年)增至1200人。诸路及全国学校规模更为可观。到大观三年(1109年),全国24路州县官学生额达167622人,学舍达95298楹,岁收学钱达3058872缗,岁收学粮达640291斛,全国所赐学田总数达159990顷。④经费之绰,学舍之阔,史无前例。崇宁兴学效果显著,但由于投入过多,管理不善,也造成了一定程度的财政困难。陆游在《老学庵笔记》中曾描述:"崇宁间初兴学校,州郡建学,聚学粮,日不暇给。士人入辟雍,皆给券,一日不可缓,缓则谓之害学政,议罚不少贷。已而,置居养院、安济坊、漏泽园,所费尤大。朝廷课以为殿最,往往竭州郡之力,仅能枝梧。"⑤

① 杨荣春:《中国封建社会教育史》,广东人民出版社,1985年,第220页。
② 张希清、毛佩琦、李世愉:《中国科举制度通史·宋代卷》,上海人民出版社,2015年,第764页。
③ 《宋史》卷一百五十七,第3663页。
④ 张希清、毛佩琦、李世愉:《中国科举制度通史·宋代卷》,上海人民出版社,2017年,第772页。
⑤ 张希清、毛佩琦、李世愉:《中国科举制度通史·宋代卷》,上海人民出版社,2015年,第774页。

# 第三节　百花齐放的各地官学

## 一、仁宗"天下州县立学诏"及其意义

北宋的三次兴学运动为北宋地方官学发展的三大助推力。庆历兴学拉开了序幕。仁宗于庆历五年（1045年）颁布"天下州县立学诏"，这成为宋代教育史上具有历史意义的事件。

> 儒者通天地人之理，明古今治乱之原，可谓博矣。然学者不得骋其说，而有司务先声病章句以拘牵之，则夫豪隽奇伟之士，何以奋焉！士以纯明朴茂之美，而无教学养成之法，使与不肖并进，则夫懿德敏行，何以见焉！此取士之甚弊，而学者自以为患。夫遇人以薄者，不可责其厚也。今朕建学兴善以尊大夫之行，更制革弊以尽学者之才。有司其务严训导，精察举，以称朕意。
>
> 学者其务进德修业，无失其时。其令州若县皆立学，本道使者选部属官为教授，员不足，取于乡里宿学有道业者。士须在学三百日，乃听预秋试。旧尝充试者，百日而止。试于州者，令相保任。有匿服、犯刑、亏行、冒名等禁。三场：先策，次论，次诗赋。通考为去取，而罢经帖、墨义。士通经术原对大义者，试十道。①

此诏书首先阐明了兴办州县官学的重要性、必要性："通天地人之理，明古今治乱之原"，如果没有施教之实，则"豪隽奇伟之士"难"奋"，"懿德敏行"难"见"。其次，阐明了兴学的重要意义："今朕建学兴善以尊大夫之行，更制革弊以尽学者之才。"在管理上要求有司做到"其务严训导，精察举，以称朕意"。更为重要的是规定了学官选聘原则及学员的条件，在校学习时间，科举考试的科目、次序、方法等，既周全又具体，所以"天下州县立学诏"成为仁宗朝发展地方学校教育的纲领性文件，由此拉开了北宋在全国范围内大规模兴建地方官学的序幕，为北宋官学教育的全面发展和制度的成熟奠定了重要的基础。

## 二、北宋各地官学发展剪影

北宋经过三大兴学运动，地方官学迅猛发展，在全国范围内形成了较为完

---

① 周德昌：《北宋教育论著选》，人民教育出版社，1998年，第102–103页。

备的地方官学系统。限于篇幅，这里只选几处地方的官学分做阐述，分别代表了不同经济、文化、地域等背景下北宋官学发展的状况。

1.陕西官学概述①

陕西官学包括军、府、州、县学，并有大、小学之分。"军之有学始于景祐二年（1035年）范雍知军时所立，此时只有庙也。"这里的军学指永兴军学，于仁宗景祐二年（1035年）在文宣王庙的基础上修建而成。时任知军范雍针对当时官员及其子弟文化素养较低的状况向仁宗奏请立军学，得到了批准。朝廷赐五顷地为学田，并赐九经为教材，令军中专人进行管理。当年，包括京兆府在内的诸州在校生员为137人。哲宗时曾将散落各地的国子监石经搜集到一起，立于永兴军学内，使其成为重要的学习内容，营造了浓厚的文化氛围。徽宗崇宁二年（1103年），仿照湖州州学对永兴军学进行了扩建，达到了学舍500楹的规模。在陕西府学中，有知名度较高的京兆府小学。北宋时期，朝廷对小学的设立与发展也给予了一定关注与支持。神宗熙宁四年（1071年），诏令诸州军设小学；崇宁元年（1102年），令州县设置小学，10岁以上入学；政和四年（1114年），颁布小学条制，对地方小学与国子监小学的内部建制及管理做了具体规定。仁宗至和元年（1054年），于京兆府内设立京兆府小学，《京兆府小学规》具有特殊意义，为至今发现的我国最早的小学学规，集中反映了北宋时期小学教育的概况，具有较高的学术研究价值。其中具体包含了学生的入学程序、教授的职责、学习目标与任务、学生管理制度等。

陕西州学主要有邠州州学、丹州州学、洋州州学等。其中邠州州学最具代表性和影响力。此以邠州州学为例做一简述。邠州（今陕西彬州市）州学得益于范仲淹出知邠州。庆历四年（1044年），范仲淹主持庆历新政，庆历五年（1045年）被奸人中伤排挤，新政失败，被贬出知邠州。在此，他大力发展当地教育，曾记载下著名的《邠州建学记》："庆历甲申四年岁，予参贰国政，亲奉圣谋，诏天下建郡县之学；俾岁贡群士，一由此出。明年春，予得请为豳城守。莅事之三日，谒夫子庙。因议改卜于府之东南隅地为高明，遂以建学，并其庙迁焉。明年夏，厥功告毕。增其庙度，重师礼也。广其学宫，优生员也。谈经于堂，藏书于库。长廊四回，室从而周，总一百四十楹。广厦高轩，处之显明。士人洋洋，其来如

① 本部分参考了马泓波：《宋代陕西官学考述》，《长安大学学报》(社会科学版)2011年第3期。

归。"①庆历新政的失败不仅没有挫败范仲淹兴学重教的斗志,而且大有愈挫愈勇之势。在这里他重申了兴郡县之学的重要意义及其可喜的成果:"俾岁贡群士,一由此出",表明了自己的兴学态度:署事之三日,便谒孔子庙。于是大刀阔斧地兴建州县,仅一年时间即告完工。重师礼,广学宫,优生员,谈经,藏书,致使"广厦高轩","士人洋洋",达到了很高的教育境界,一派兴隆的办学景象。

陕西县学在全国来说不算太发达,并没有完全普及,在校生员不多。做得较好的县学主要有泾阳县学、武功县学、蓝田县学、高陵县学、郃阳县学、蒲城县学、宜禄县学、扶风县学、褒城县学及蕃学、武学等。陕西州县学校基本为庆历兴学诏之后所建,但由于各地经济发展水平有较大差别,各地地方官的文化素养及对教育的认识不同,导致了陕西地方官学教育发展的不平衡。由于该地处于军事要地,所以陕西的蕃学和武学受到重视。

2.江西官学概述

庆历兴学之前,江西地方官学发展较为缓慢。景德到庆历之前,江西只有10个州县建立了官学。对江西官学有较大影响的是庆历兴学活动。庆历年间,在兴学令的号召下,江西地方官学发展迅速,有21个州县建立了相当规模的地方官学,皇祐到治平年间,有8个州县建立官学。因此,庆历至熙宁以前,江西州学的基本框架搭建完毕,并形成一定的规模。熙宁兴学和崇宁兴学,北宋江西官学有一定的发展,但从整体上看是对庆历年间官学的补充。②

北宋江西州学发展较为完善,很多州学在全国堪称榜样,对此很多学记中都有记载。欧阳修作《吉州学记》,对庆历年间江西吉州官学的兴学状况予以详细记载。《吉州学记》较为集中地反映了欧阳修的教育观,在一定程度上也代表了当时重教人士的共同理念。他首先阐述了庆历兴学之背景和重要意义,认为立学为三代仁政之本,当今皇帝为明圣天子,深原三代政治之本,要在富而教之,故再诏令立学。③同时深入剖析教育对人性的完善功能,"其教于人者勤,而入于人者渐,勤则不倦,渐则迟久而深"④,让饥寒之民在解决温饱问题之后"皆

---

① 周德昌:《北宋教育论著选》,人民教育出版社,1998年,第51页。

② 本部分参考了苟海林、刘飞华:《宋代江西地方官学的兴建及其发展》,《南昌工程学院学报》2009年第5期。

③ 周德昌:《北宋教育论著选》,人民教育出版社,1998年,第79—80页。

④ 周德昌:《北宋教育论著选》,人民教育出版社,1998年,第79页。

知孝慈礼让"①。欧阳修关于教育的诸多观点至今仍具有现实意义,对我们很有启发。

从《吉州学记》中我们能真切地感受当时吉州州学兴建之盛况:从上到下,吏民感悦。首先,地方官重学兴教,"李侯治吉,敏而有方";其次,地方人士鼎力支持。"吉之士,率其私钱一百五十万以助用人之力,积二万一千工,而人不以为劳,其良材坚甓之用,凡二十二万三千五百,而人不以为多。"②规模非常壮观,气势相当恢宏。学堂之阔,士人之盛,堪称楷模,成为庆历年间兴学的标本。"学有堂筵斋讲,有藏书之阁,有宾客之位,有游息之亭,严严翼翼,壮伟宏耀,而人不以为侈。既成,而来学者常三百余人"③。欧阳修给吉州州学以高度评价,称其让在朝为仕的自己深感愧疚不如。"使予他日,因得归荣故里而谒于学门,将见吉之士,皆道德明秀,可为公卿。过其市而买者不鬻其淫,适其野而耕者不争垄亩,入其里闾而长幼和孝,慈于其家,行其道途而少者扶羸老,壮者代其负荷于路。然后乐学之道成,而得从乡先生席于众宾之后,听乡乐之歌,饮射壶之酒,以诗颂天子太平之功,而周览学舍,思咏李侯之遗爱,不亦美哉……"④这是怎样的一种境界!欧阳修文采虽华丽,但并无虚构,皆有感而发,他对吉州州学教育的称赞羡慕之情,势必会感染每一位读者;他对当时教育盛况的描述,自会让后人亦生感慨。

我们在李觏的《袁州学记》中也能管窥当时兴学之一斑。"皇帝(仁宗)二十有三年,制诏州县立学……三十有二年,范阳祖君无择知袁州。始至,进诸生,知学宫阙状。大惧人材放失,儒效阔疏,亡以称上旨。通判颍川陈君佑闻而是之,议以克合。相旧夫子庙狭隘不足改为,乃营治之东北隅。厥土燥刚,厥位面阳,厥材孔良。瓦甓黝垩丹漆举以法。故殿堂室房庑门各得其度。百尔器备,并手偕作。工善吏勤,晨夜展力……"⑤可见,袁州州学亦为新建学馆,其规模、方位、结构、材料等均为上乘,大大改变了以往简陋的庙学状况,办学水平有了质的飞跃。

曾巩在《筠州学记》中亦有记载:"当庆历之初,诏天下立学,而筠独不能应

---

① 周德昌:《北宋教育论著选》,人民教育出版社,1998年,第80页。
② 周德昌:《北宋教育论著选》,人民教育出版社,1998年,第80页。
③ 周德昌:《北宋教育论著选》,人民教育出版社,1998年,第80页。
④ 周德昌:《北宋教育论著选》,人民教育出版社,1998年,第80页。
⑤ 周德昌:《北宋教育论著选》,人民教育出版社,1998年,第96页。

诏,州之士以为病。至治平三年,盖二十有三年矣,始告于知州事、尚书都官郎中董君仪。董君乃与通判州事国子博士郑君茜相州之东南,得亢爽之地,筑宫于其上。斋祭之室,诵讲之堂,休宿之庐,至于庖湢库厩,各以序为。经始于其春,而落成于八月之望。既而来学者常数十百人……"①此种盛况我们也能从王安石的《虔州学记》中看到:"……盖经始于治平元年二月,提点刑狱宋城蔡侯行州事之时,而考之以十月者,知州事钱塘元侯也。二侯皆天下所谓才吏,故其就此不劳,而斋祠、讲说、侯望、宿息,以至庖湢,莫不有所。又斥馀财市田及书,以待学者,内外完善矣。"②

北宋江西军学发展较为成熟,堪称典范,最知名的当属南安军学。苏轼于《南安军学记》中对此有所记载:"朝廷自庆历、熙宁、绍圣以来,三致意于学矣。虽荒服郡县必有学,况南安江西之南境,儒术之富,与闽、蜀等,而太守朝奉郎曹侯登,以治郡显闻,所至必建学,故南安之学,甲于江西。侯仁人也,而勇于义。其建是学也,以身任其责,不择剧易,期于必成。士以此感奋,不劝而力。费于官者,为钱九万三千,而助者不赀。为屋百二十间,礼殿讲堂,视大邦君之居。凡学之用,莫不严具。又以其余增置廪给食数百人。始于绍圣二年之冬,而成于四年之春。"③在苏轼看来,南安军学之盛在江西地方官学发展中处于甲等地位,无须我们再去评判。

从以上学记对江西州学、军学兴建的记载中,我们看到地方官起到了举足轻重的作用,他们的不懈努力,调动了当地人士兴学的积极性和主动性,投入大量人力、物力和财力予以支持。所建州学规模宏大,选址优良,学舍及配套设施一应俱全,投学者众多,管理完善,教学成效显著,达到了较高的教学与管理境界,堪为北宋地方官学的典范。

北宋江西县学兴建的状况,我们在曾巩的《宜黄县县学记》中可见一斑:"皇祐元年,会令李君详至,始议立学。而县之士某某与其徒皆自以谓得发愤于此,莫不相励而趋为之。故其材不赋而羡,匠不发而多。其成也,积屋之区若干,而门序正位,讲艺之堂、栖士之舍皆足。积器之数若干,而祀饮寝食之用皆具。其像孔氏而下,从祭之士皆备。其书经史百氏、翰林子墨之文章无外求者。其相

① 周德昌:《北宋教育论著选》,人民教育出版社,1998年,第139页。
② 周德昌:《北宋教育论著选》,人民教育出版社,1998年,第278页。
③ 周德昌:《北宋教育论著选》,人民教育出版社,1998年,第401页。

基会作之本末,总为日若干而已,何其周且速也!"①

县学发展水平同样和其行政主管——县令是否重视教育有着直接的关系。宜黄县学在县令李君的号召与带领下,建学快,校舍完备,人们参与建校积极性强,成为县学建设的标杆。当然,地方官学的发展受多种因素的影响和制约,如当地经济发展水平、文化氛围、历史环境、官员重视与否等,一个更为重要的因素是执政者对教育的重视,北宋中后期的三大兴学背景及皇帝对兴学的诏令自然成为推动地方官学发展的最直接因素。

根据光绪年间《江西通志》的记载,北宋官学发展主要集中在景德、庆历、熙宁和崇宁年间。共建学、修学106次,其中包括嘉祐之前建学44所,修学12所;嘉祐之后建学14所,修学36所。

3.两浙地区官学概述

宋代两浙地区,其范围包含今浙江全省和江苏、安徽、江西等地的一部分。宋代以前的两浙教育即比较发达,宋代两浙地区不少官学在宋之前即已建置,最早的是温州州学,于东晋太宁年间创建。此外还有湖州、秀州、明州、处州、苏州、常州、衢州等7处官学,即在两浙15个州(府、军)学中,有一半是前代保留下来的,甚至都保持着事实上的教学活动。建于宋代之前的县学有13个,占两浙全部县学总数的16%。②这为宋初教育的发展奠定了基础。五代及北宋初年,占据两浙大部分地区的吴越国王钱氏注意兴修水利,发展生产,经济相对宽裕,为宋代两浙教育的发展打下了较好的物质基础。两浙教育同样也受到战乱的创伤,学校教育在大范围内处于瘫痪状态,直到兴学运动的不断开展,两浙学校教育逐步复兴,并形成一定的管理体系。兴学之前的两浙教育有一定的发展,但基本是自发行为,多是在地方行政长官的要求和坚持下建立或恢复的。如睦州和杭州的州学,是在范仲淹主持两州政务时兴建的。到北宋中后期,随着三大兴学活动的开展,两浙地方官学发展迅猛。宣和三年(1121年),州学官学已达62所,为庆历年间的近两倍。③两浙地区共有州县77个,4/5以上的州县有了县学,普及程度很高。而且多数州学规模宏大。元祐四年(1089年),杭州州学

① 周德昌:《北宋教育论著选》,人民教育出版社,1998年,第135页。
② 顾宏义:《教育政策与宋代两浙教育》,湖北教育出版社,2001年,第63页。
③ 陈国灿、高飞:《宋代两浙地区州县官学发展述论》,《台州学院学报》1999年第1期。

的生员额为庆历前的10倍。①

两浙官学的发展有如下特点:第一,所有州、府学于庆历兴学前均已建置,与其他地区大有不同,这是因为当地经济发达、文化昌盛,有着重学兴教的历史传统,有些州学是从上代保留下来的,而且当地知州起了关键作用。第二,多数州学均经历了多次修缮和迁址扩建。这说明当地的教育需求不断高涨,促使官学迅速发展,教育普及率不断提升。第三,地方官员重视发展教育,多数州学规模较大,设施齐全,制度较为完备,处于全国领先水平。如苏州、湖州州学的苏湖教法,其影响遍及全国。两浙地区县学,除部分"附郭"县的县学按政令要求可附设于州学外全部建置,而且规模、管理水平、教学成果等均超越前期,并领先其他地区。所以,从全国范围来看,两浙官学教育为北宋最为发达的官学教育。

### 4.其他地区官学发展概述

#### (1)湖北地区官学

今湖北地区在宋代大致为荆湖北路。宋代湖北的教育突出的标志即官学的发展和逐步完善。宋初教育萧条,地方官学多依孔庙而建,其发展程度多与地方官的重视程度有关,湖北地区亦是如此。庆历兴学之前,湖北地区已有依庙学建官学的活动。王禹偁于咸平年间被贬至黄州,他主持修葺当地孔庙,重绘圣像,恢复学礼,做"国学赞文"碑,此为较早修庙学而为官学之例。欧阳修也有关于谷城县令狄栗于仁宗年间主持修复文宣王庙学的记载。庆历四年(1044年),朝廷诏令天下州县皆立学,在宋代教育史上掀起了第一次兴学浪潮。之后的熙宁兴学和崇宁兴学又将天下兴学活动推向高潮。湖北地区受其影响,大多数州县建立了官学,形成了州学如安州州学、襄州州学、鄂州州学、蕲州州学等,还出现了江陵府学和兴国军学等。江陵府有了监利县学、枝江县学、公安县学、松滋县学等,鄂州有了咸宁县学、通山县学、武昌县学、嘉鱼县学等,荆门军建立了军学,夷陵县学、南漳县学、光化县学等也建立起来。其中,武昌县学兴建于崇宁五年(1106年),规模较为宏大,管理尚为完善,成为宋代荆楚地方官学的一

---

① 陈国灿、高飞:《宋代两浙地区州县官学发展述论》,《台州学院学报》1999年第1期。

个缩影。①

（2）广西地方官学

宋代是广西文化发展的兴盛期,官学教育有了突破性进展,这与广西当时的经济、文化的发展密不可分。作为边疆地区,其官学的发展与北宋三大兴学运动有着直接的关系。当时的各级官吏多以兴学为时务,采取措施,劝诱学业。崇宁年间,"尚书王公祖道来帅是邦(桂林),念郡庠湫隘,风教未敷,乃辟而广之,诱进学者"②。宋代广西共有2所府学,17所州学,22所县学。广西地方官学一般规模较大,分布范围也较为广泛,汉族区和壮族区均有州县学校。当时的柳州府学为广西州府学之最,"大观中,士之弦诵者至三百人,为岭南诸州之最"③。梧州州学经过扩建之后也达到了相当的规模。"礼殿斋庐,宏严静深,厢庑门庖,秩秩井井。又作议道堂……并之为八十一楹……规模奕然,粤中无足与比。"④经过扩建,桂林府学的规模达到和辟雍规模相当的水平,即可容纳2000人。⑤由此,北宋广西官学规模大,生员多,影响广,成绩卓著。

（3）闽西汀州地方官学⑥

闽西汀州为客家族群的发源地。在宋代,汀州经济较为落后,但文化有了较大发展,汀州教育机构设置比较完备,以地方官学为主,州有郡学,每县皆有县学,还设有贡院和贡士庄。汀州州学始建于天圣年间,"郡有学自天圣始。改卜凡四,修建凡再。然规模犹隘,盖局于地势而不得为也。诸邑学建置有先后,邑大夫亦皆能恢而栋宇,益而廪饩,以与秀士共之。夫美教化,明人伦,成德材以为时用,皆莫尚于学"⑦。可见汀州州学亦是四次选址,两次扩建,但规模仍然不理想。汀州县学于庆历兴学中始建,于崇宁兴学中得到普及,州县学普及率

① 雷家宏:《宋元荆楚地区的官学》,《湖北大学学报》(哲学社会科学版)2011年第3期。
② 谢启昆修,胡虔纂:《广西通志》卷二二二《金石略八》,广西师范大学历史系中国历史文献研究室点校本,广西人民出版社,1988年。
③ 汪森:《粤西文载》卷二十五,《柳州修学记》,广西人民出版社,1990年。
④ 汪森:《粤西文载》卷二十五,《梧州府学记》,广西人民出版社,1990年。
⑤ 蓝武:《宋代广西文化教育的发展述论——以科举、官学与书院教育为中心》,《广西右江民族师专学报》2006年第4期。
⑥ 本部分参考了靳阳春:《地方教化与社会控制:以宋代汀州教育机构的设置为例》,《赣南师范学院学报》2011年第5期。
⑦ 胡太初修,赵与沐纂:《临汀志》,福建人民出版社,1990年,第103页。

达100%。据统计,宋代各路所设县学,两浙路最多,达80所,普及率为98.8%;福建路第二,45所,普及率达93.8%。而汀州则达100%,[1]可见汀州的教育是非常发达的。在经济极为落后的情况下,教育如此发达,和地方官员对教育事业的重视有着直接的关系。

综上,北宋官学教育的经验与贡献在于:第一,从朝廷到地方对兴办地方官学高度重视。第二,设置地方教育行政管理机构,派专人负责管理。第三,选派或自选合适人员任教。第四,朝廷赐拨学田赡养学校,保证了办学经费。第五,地方官学按三舍法升补太学,建立了中央官学与地方官学的联系,调动了士子入地方学校学习的积极性。

---

① 郭九灵:《宋代县学述论》,《岱宗学刊》2008年第1期。

# 第九章
# 北宋教育与管理的重要创举

北宋为中国教育取得辉煌成就的时期。由于教育的发展,规模的不断扩大,出现了很多创举,成为后世借鉴的模板,在中国教育史上具有划时代的意义。这从根本上与北宋皇帝重视教育,着力为教育营造一种较为宽松的氛围有着直接的关系。宋代的教育行政管理和教育规章制度多有创新,其中,较为具体、新颖且具较大影响力的主要有提举学事司的创设、学田制的实施、教官试制度的实行等。在教学方面也有着诸多革新和试验,如学校的课程与教材,苏湖教法,升级制,积分、历事制度等。本章在此只对三个领域进行探讨:提举学事司、学田制和教官试。鉴于前人对这些领域进行过一定的研究,本章将以此为基础,对某些史料进行新的解读,并将重点放在对这些创举的意义、影响及启示的研究上。

## 第一节　北宋地方官学管理的专职机构——提举学事司

### 一、关于提举学事司

提举学事司是宋代所设立掌地方学政的机构。同提举盐茶司、提举常平司,是北宋首创,其地位在常平官和州学之上。据《宋史》中记载:"掌一路州县学政,岁巡所部,以察师儒之优劣、生员之勤惰,而专举刺之事。崇宁二年置,宣和三年罢。"[①]宋徽宗崇宁五年(1106年)八月十九日诏:今后学事司属官许出诸处点检学事外,余并不得离司出诣所部,及不得擅移文书付下州县。由此可见,学事司衙署在北宋是存在的。提举学事司设提学一员,从官若干,包括管勾文字官、干官及干当公事等职事官。如北宋末汪藻曾"稍迁江西提举学事司干当

---

　①《宋史》卷一百六十七,第3971页。

公事"①。又如李光亦曾"改京东西学事司管勾文字"②。提举学事司为朝廷专派机构,提学行政级别为路级职官之一,掌一路之教育。其官秩为七品或从七品。朝廷在选派提举学官时非常慎重,虽没有要求必须"实历知、通",但一般选派朝官中有及第出身、任历馆职等的有名望的俊秀之才。提举学事司创设初期,官职配备尚不完善,一般由学事兼领,到大观年间方才逐步到位,机构成熟起来。

朝廷重视提学官的选任,对其要求也非常严格。因为其职掌范围较宽,权力较大,掌一路教育之学政及相关人员的按察、督导等,所以肩负的使命艰巨,责任重大。如果有了渎职违法行为,朝廷要加重责罚。如大观三年(1109年)八月二十三日诏:"泉州州学全然不成次第,本路提举学事、知州、转运判官各特降一官。其学舍令本州疾速修盖。"③泉州州学"不成次第",作为教育督导官的提举学事要受到处罚,连同相关的地方各级官员也要受降职处分。又如河北东路提学官叶常因"法既不能详考,其能举职以教多士乎"④,也受到罢免提举学事之职的处罚。如果学生不遵守规定,受到惩罚的不仅仅是学生,提举学事也会因其督导不力而受到处罚。"贡士至辟雍不如令者,凡三十有八人,皆罢归,而提学官皆罚金。"⑤

## 二、提举学事司创制的背景

宋代提举学事司的创设是宋代教育发展的产物。随着北宋三大兴学运动的开展,教育体制不断改革,地方官学日益发达与繁荣,朝廷需要进一步加强对学校教育尤其是地方官学的管理,需要优化教育资源的配置,需要政教合一体制的解体,需要专职机构和专职人员对教育进行管理,在这样的背景下,提举学事司诞生了。这是带有宋代社会文化基因的新生事物。

随着社会的发展和科举制弊端的暴露,仁宗初年已经意识到兴办学校教育、培养实用人才的重要意义。于是诏令支持各地兴办地方教育,拉开了北宋兴学运动的序幕,"自明道、至景祐间,累诏州郡立学,赐田给书,学校相继而兴"⑥。庆历年间,随着新政的实施,朝廷正式下诏立学,要求200人以上者许更

---

① 《宋史》卷四百四十五,第13130页。
② 《宋史》卷三百六十三,第11335页。
③ 李纯蛟:《科举时代的应试教育》,巴蜀书社,2004年,第97页。
④ 《中国皇帝全书》编委会:《中国皇帝全书》,大众文艺出版社,2010年,第2745页。
⑤ 《宋史》卷一百五十七,第3666页。
⑥ 王炳照、徐勇:《中国科举制度研究》,河北人民出版社,2002年,第260页。

置县学,赐学田以大力支持。庆历新政带来全国一片兴学景象,州郡不置学者鲜矣。熙宁兴学中也非常重视兴办学校强化教育。朝廷派较好的师资到地方官学进行教育与管理,提高了当地教学和管理水平。在太学实施三舍法,优化了教育资源,开辟了管理新途径。三舍法曾被哲宗应用到部分州学。学田制不断成熟与发展,为地方官学的发展提供了物质保障,地方官学得以迅速发展。

前两次的兴学活动在教育管理方面进行了不同程度的尝试与探索,对管理者和施教者有着愈来愈高的要求,并赋予他们更为专业的责任,这样在一定程度上脱离了政教合一的状况,慢慢摆脱地方官员直接管理教育的现状,走上了一条探索教育管理不断专业化、集约化的道路。熙宁六年(1073年)和八年(1075年)均有对学官管理的新要求出台,越来越严苛。元丰时又立试学官法。这样学官的任职资格及任免程序等以法令的形式定下来,说明了对教师的专业性有了更高的要求。哲宗绍圣年间对教师的要求更多,明令须进士出身及经明行修者方可任职,不具备条件的现任教官并罢。此间朝廷加强了对地方官学的监管,委监司提举:"诸路各选监司一员提举学校,仍知通专一管勾,诸州试内舍、上舍,并监司选差有出身官一员,与教官同考,仍封弥、誊录。"①虽然由监司提举的学官仍为兼官,但其创设有着特殊意义,为徽宗崇宁二年(1103年)提举学事司的创制奠定了基础与模式,正因为其意义非凡,所以《宋会要辑稿》记载此举为提举学事司创制之始。北宋哲宗元符二年(1099年)十一月二十七日,诸路置提举学校官一员(选监司官一员兼充)。盖为提举学事司之始。②

徽宗崇宁年间掀起第三次兴学浪潮,"天下皆置学,郡少或应书人少,即合二三州共置一学,学悉置教授二员。县亦置学。州县皆置小学,推三舍法,遍行天下。自县选考升诸州为州学生,每三年贡入太学为太学生。"③规定取士悉由学校,取消科举制。三舍法推行自中央官学至地方官学(包括小学),自成体系,将中央官学与地方官学紧密相连,地方官学便成为朝廷养士、选仕的重要环节和场所,为此州县学生获得了些许优惠政策,比如免役。"凡州县学生曾经公、私试者复其身,内舍免户役,上舍仍免借借如官户法。"④这说明徽宗年间对地方官

---

① 《宋会要辑稿·崇儒》二之七,第2190页。
② 《宋会要辑稿·崇儒》二之九,第2191页。
③ 杨荣春:《中国封建社会教育史》,广东人民出版社,1985年,第220页。
④ 《宋史》卷一百五十七,第3663页。

学的管理已经达到了很高的水平,这期间的地方教育达到北宋最为鼎盛时期。崇宁二年(1103年),全国地方学校在校生人数达到21万之多。这样的背景必然要求对教育的管理上一个台阶,加强对地方教育的引导与监管,于是提举学事司诞生。

### 三、提举学事司的职掌①

对北宋提举学事司进行研究的学者很少,主要有葛绍欧和张雪红。葛绍欧先生对此做了初步的系统研究,张雪红从传播的角度重点考察了提举学事司的督导功能。二位学者均对提举学事司的职掌有所研究,本节在参考了二位学者部分观点的基础上,将此再列专题进行探讨,主要是笔者有一些不同于二位学者的浅见。两位学者首先将提举学事司定性为督导机构,认为其没有或很少有行政权力。所以在此基础上,他们认为提举学事司的职掌功能更多地倾向于督导和协调。而笔者认为,提举学事司是一个重要的对地方教育进行管理的行政机构,不仅具有督导职能,还具备行政管理职权,比如教授的选任、改官,经费的支配使用等权力。

据《宋史·职官志(七)》的记载:"掌一路州县学政,岁巡所部以察师儒之优劣、生员之勤惰,而专举刺之事。崇宁二年置,宣和三年罢。"②从该文献来看,提举学事司的职能有两大部分:行政管理及督导。"掌一路州县学政",这是对一个行政管理机构而言的,表示其具备行政管理的职能。"岁巡所部",按照葛绍欧先生的观点,他认为提举学事官不是常设官,只类似于今天的督学。笔者对此有不同的看法,作为在关键时期创设的教育管理机构,提举学事司有着重要意义,它必然会作为常设机构而存在,后面我们要探讨提举学事司之各种功能与职掌,它的作用不可能只表现在"岁巡所部"上,或者说,"岁巡所部"只是其功能之一。根据对有限的史料的分析,笔者认为提举学事司的具体职掌如下:

1.上传下达的功能

作为朝廷特派机构,提举学事司直接为朝廷负责。它的首要职责即上传下达。首先要保证朝廷诏令能及时下发到基层教育组织,并对其教育管理进行指导。每年巡视所部发现各种问题要进行总结,上报朝廷,并提出建设性的意见,

---

① 本节采用的观点部分借鉴了张雪红:《论宋代提举学事司的创制与其在教育传播中的督导功能》,《河南大学学报》(社会科学版)2005年第6期。

②《宋史》卷一百六十七,第3971页。

以便朝廷进行政策的修订,以更好地掌控地方教育。有一些相关记载,诸如"可令提举学事官体量按察闻奏"①,"诏:可委诸路提举学事司,以元降教授省员指挥到学日见系学籍人数"②,"申提举学事司按实以闻"③等。这都表明提举学事司的职能是必须保证朝廷政令的畅通。提举学事司的重要职能之一便是"岁巡所部"之后,"专举刺之事",必须要上报朝廷,如实反映基层教育的状况。

2.督办、按察本路州县知、通、令、佐兴学状况

此职能为设置提举学事司的重要目的。设置提举学事司之时,北宋正掀起第三次兴学高潮,此即北宋最大规模的兴学运动,地方官学发展盛况空前。在这样的背景下,对地方教育的监察督导尤为重要。提学官必须要到教育一线去按察、督导,以便及时发现问题上报朝廷,调整教育政策。对于积极兴学、成就显著的地方官予以奖励,对于办学松懈者给以重责。崇宁三年(1104年)九月,徽宗下诏:"诸路应副修盖学舍了毕,提举学事及州县官,各与减磨勘年有差。"④大观元年(1107年)十二月,因建州蒲城办学成绩显著,提学官上请朝廷予以奖励,县丞徐秉哲升迁一级。"以县学生系籍者千余人,此一路最多,秉哲实专考校事。"⑤如果发现兴学不力者,也毫不姑息。大观三年(1109年)八月,徽宗下诏:"学校法度,已见完备,惟在奉行。可令诸路提举学事司检察州县,如稍有懈弛,及辄妄议,按劾以闻,当议重责。"⑥徽宗朝非常重视对县学的管理,因为县学众多,分布广泛,为升贡之本,且"天下令佐,吏部注授,多非其人"⑦,说明庸吏、俗吏不在少数,所以监督管理的难度很大,朝廷把这个艰巨的任务交给了提举学事司。提举学事司把工作重心放在了对本路州县知、通、令、佐兴学状况的按察上。当然,提学官作为地方行政长官,他们不是专职的学官,对其政绩考核仅从兴学角度进行失之偏颇。对此,朝廷一方面加大了提举学事司对其监管的力度,另一方面要求尚书省吏部"注拟有出身人,令专管学事,常留在县"⑧,并诏令

①《中国皇帝全书》编委会:《中国皇帝全书》第5卷,大众文艺出版社,2010年,第2746页。
②《宋会要辑稿·崇儒》二之一五,第2194页。
③《宋会要辑稿·崇儒》二之一九,第2196页。
④ 杨仲良:《皇宋通鉴长编纪事本末》,第4册,黑龙江人民出版社,2006年,第2122页。
⑤ 杨仲良:《皇宋通鉴长编纪事本末》,第4册,黑龙江人民出版社,2006年,第2125页。
⑥ 杨仲良:《皇宋通鉴长编纪事本末》,第4册,黑龙江人民出版社,2006年,第2125页。
⑦ 杨仲良:《皇宋通鉴长编纪事本末》,第4册,黑龙江人民出版社,2006年,第2126页。
⑧《宋会要辑稿·崇儒》二之一九,第2196页。

"今后逐县令、佐,有贡士出身人,内从上差一员兼县学教谕,仍月给食钱七贯。其管勾在学职事,依教授法"①。这样从上到下,在不同的环节提高管理人员的素养。

### 3. 对师生进行多方面考核

这是提举学事司最主要的工作之一。首先,对教师的工作严格要求并进行督导。宋徽宗政和三年(1113年)正月十八日,敕令所删定官李嘉言:"教授入学,堕而弗虔,有未尝升堂者,往往止讬逐经学谕,撰成口义,传之诸斋,抄录上簿而已,未尝亲措一辞于其间。至于本斋轮流覆讲,则亦未尝过而问焉。欲乞委知通觉察点检,有似此者,觉察申提举司按实以闻。从之。"②对教师没有升堂上课者,对学谕撰写的教材,学生抄录,教师并没有做讲解者,对于只顾自己讲多遍而不过问学生者,如果被巡视发现,都可点检按实以闻。当时朝廷有规定,教师不可兼职他事。提举学事官还要考察教师是否兼差其他工作,以保证每位教师均切实遵守。按照北宋学制规定,诸路州县学,凡在学籍学生人数达到五百人者,可置教授二人,而不及八十人者不置。这样的配置是否实现,员额是否不足,地方官学是否遵制而行,提举学事司具备监督权,为其分内之事。对此,吏部尚书刘拯言:"近降朝旨,三舍在学生及五百人已上许置教授二员。其不及八十人者不置。窃详学生实在者常少,系学籍者常多。其'在学'字谓实在学者,谓但系学籍者,皆是未有明文。欲乞明降指挥,仍立限下诸路提举学事司,契勘实数,开具申奏,付部差注施行。诏:可委诸路提举学事司,以元降教授省员指挥到学日,见系学籍人数,限半月中尚书吏部,依已降指挥差注,立为定额。"③

其次,对学生进行考核和督导。提举学事司不仅要"察师儒之优劣",还要察"生员之勤惰"以举刺。对于学生而言,学习的直接目标即为升贡,这是决定其人生命运的重要一环。对于学生升贡一事,学校是否遵章而行,是否存在违规行为等,提学官要检查督导。对于已经选定上报的上舍贡士,如果提学官发现有问题,或者不该升贡,他有权取消其资格,其名额即行从缺,不得另行依次递补,此名额留待次年补员。提举江南西路学事郑滋曾奏请:"今后诸州已参定

---

① 《宋会要辑稿·崇儒》二之二二,第2198页。
② 《宋会要辑稿·崇儒》二之一九,第2196页。
③ 《宋会要辑稿·崇儒》二之一五,第2194页。

上舍贡士,后却见得系贡人,不该升贡,不得用下名人填额,亦以其阙,次年补贡。庶使学生无所侥求,杜绝词讼纷争之弊。从之。"[1]政和八年(1118年)七月十二日,前提举利州路学事李处逊亦奏:"乞应系籍学生,不许为本州县及本路见任官门客,庶几书考升迁之公,无所侥幸。诏申明行下,如违,以违制论。"[2]凡系籍学生不得成为本州县及本路现任官员的门客,旨在防止私交过密会掺杂个人因素而影响贡士的正常选拔。宋代在选拔人才上为追求公平、公正竞争,采取了多种严格措施。为在科举取士中做到公平公正地选拔人才,朝廷选派提学官进行监督指导是非常必要而及时的,这也体现了创设提举学事司的意义所在。此项措施,既避免了学生的侥幸心理,也杜绝了因选贡不当引起的各种纷争。

自崇宁元年(1102年)起就有根据具体情况增减贡士名额的现象,而提举学事司则具有依法增减本路贡士额的权力。政和三年(1113年)八月九日诏:"诸路学校,及百人以上者,三分增一分;百人以下者,增一分之半。即陕西、河北、河东、京东路,学生数少者仰提举学事司具可与不可增及所增数闻奏。"[3]这项"取士悉由学校升贡"的政策,使贡士名额的多少直接影响到很多贡士的前途和命运,也凸显了提举学事司在增减贡士名额上的重要作用。

4.选拔、荐举人才

教育的发展需要人才,教育的目的是培养人才。对于管理监督地方教育的提举学事司来说,发现人才、推荐人才、安排教职甚至使教授改官等都是其分内之责。

提举学事司可选拔教授。在没有适当人员担任教授之职时,提学官可以在本州、县令佐内选有出身的官员兼职教导职事;如果诸州军未曾派遣教授,提学官可从本州有出身的官员中选一员兼领;若本州县官中均无出身者,可令本学长谕主教导之事,并可由知州、县令负监督之责。一般来说,教授由现任有出身的官员兼领,若无适当人选,提学官可于本州现任官员中选择曾在太学辟雍及得解与贡经行可称之人审查权派。[4]如在偏远地区没有出身官,又找不到递补

---

①《宋会要辑稿·崇儒》二之二九,第2201页。
②《宋会要辑稿·崇儒》二之二九,第2201页。
③《宋会要辑稿·崇儒》二之二四,第2199页。
④《宋会要辑稿·崇儒》二之一〇,第2192页。

官时,提举学事司可在邻近州县寻找合适的人选,到本地与某人对换兼差。诏曰:"二广诸郡,于见任有出身官差兼教授。如无,差特奏名补官人。又无,即申提举学事官,于邻州对换兼差。"①即,在不得已的情形下,提举学事司有机动选派教授的责权,以保证教育活动的正常开展。在偏僻地区新创建的州县学内教授,只有提举学事司可以举辟。"提举黔南路学事戴安仁言:'所管多是新创州郡,内县、城、寨新民教授系经略司举辟。今来既有提举学事,其新民教授,欲乞一就提举学事司奏辟命官或贡士摄官有学行人充……'从之。"②可见,黔南路地方官学的新民教授本由经略司举辟,改为由提举学事司从命官或贡士摄官中挑选有学行的人担任,由提举学事司负奏辟之专责。

如果发现辖区学校教授员额不足,或者在正常运行中需要添加教授员额,提举学事司可争取增加名额。政和四年(1114年)八月二十五日,江南西路提举学事司言:"吉州州学,依额养士七百九十二人,即日见在学生计六百三十四人,委是在学人数至多。除见任教授二员外,依大观元年七月十七日敕条指挥,更合添置教授一员。从之。"③是年九月十一日,权发遣泉州郑南言:"窃观州县小学额,大州止五十人,其下,三万户县四十人,其下,止于五人,恐从学者众,额有定员。欲乞委学事司,或人材多、户口众处,增广旧额,量添教谕员数。""诏令诸路学事司相度闻奏。后梓州增十五人,共六十五人。温州增三十人,共七十人。"④重和元年(1118年)十二月二十五日,秦风等路提举学事司言:"改震武城为军,已盖修学舍。乞依积石军例,差置教授一员。从之。"⑤以上史料说明,在江南西路、泉州、梓州、温州、秦风路等地正常的教学秩序下,迫于教育发展的需要,当地提举学事司通过努力,增加了教授名额,使得教育活动开展得更为顺利。

提举学事司为地方教育管理机构,提学官在地方基层工作,独特的条件和环境使得提学官便于在实践中发现人才。如果发现出类拔萃者,只要如实呈报朝廷,就不再考核。按照皇帝诏令,可以不次擢拔选用。政和六年(1116年)八月十五日,诏令提举学事司:"其人材拔俗者,不待考选校定之数,具实状以闻。

---

①《宋会要辑稿·崇儒》二之一〇,第2180页。

②《宋会要辑稿·崇儒》二之一〇,第2180页。

③《宋会要辑稿·崇儒》二之一〇,第2199页。

④《宋会要辑稿·崇儒》二之一〇,第2202页。

⑤《宋会要辑稿·崇儒》二之一〇,第2202页。

朕将不次而用之。"①如此看来,提学官非常受皇帝的重用与信任。利用提举学事司特殊的地位和作用,在全国范围内及时发现特殊人才,擢用人才,这实为皇帝的聪明之举,不失为一种高效可行的人才选拔途径。

提举学事司不仅可以对辖下优秀的教育人才进行选拔、呈报,还可以使其改官职。崇宁二年(1103年),诸州教授在外已有监司知郡,在京已有国子监长贰岁举改官。又准朝旨国子监添举改官八员并诏提举学事司,每路教授及十人以上者,添举改官三人;十人以下者二人,不及五人一名。不许举他官。若能训导学生,试中太学上舍等人数及八分者,依太学博士、正、录法改官。由此看来,每年都有岁举改官的机会,朝廷定改官原则和名额、比例,具体到人,则由地方教育督导官——提举学事官来掌握。这样的规定是合乎情理的,因为提举学事司是地方教育管理和监督机构,其长官长期和教授接触,互相了解,避免了侥幸和人情因素的影响。从这段史料还可以推测,提举学事司还可以根据规定和教育的需要,具有选拔和保举其辖下教授改官的资格。即提举学事司不仅要对教师进行考核、选用,还要顾及他们的升迁问题。

提举学事司还要负责制定具体的奖励学生的办法,如大观三年(1109年)二月十六日,提举黔南路学事戴安仁在奏请中讲:"所管多是新创州郡,内县、城、寨新民教授系经略司举辟。今来既有提举学事,其新民教授,欲乞一就提举学事司奏辟命官或贡士摄官有学行人充。新民学生就学,其间亦有秀异。今欲乞立劝沮之法,分为上、中、下三等。上等为能诵《孝经》、《论语》、《孟子》及一经略通义理者,特与推恩。中等为能诵《孝经》、《论语》、《孟子》者,与赐帛及给冠带。下等为能诵《孝经》、《论语》或《孟子》者,给与纸笔砚墨之费。从之。"②这样的规定也是提学官戴安仁在教学实践中发现学子们"亦有秀异",认为应该针对不同水平的学生采取不同措施,以起到鼓励、认可和进一步督促的作用。尤其是对于偏远地区的"新民学生",营造一种积极向上的学习氛围非常重要,对于当地教育和文化的发展都具有促进作用。

5.对办学经费监督、支配和使用

提举学事司对当地的办学经费具有监督、支配和使用权。如需增修学舍,提举学事司可以动用经费。政和六年(1116年)二月二十二日,"诏州郡学舍随

---

① 《中国皇帝全书》编委会:《中国皇帝全书》第5卷,大众文艺出版社,2010年,第2747页。
② 《宋会要辑稿·崇儒》二之一四,第2194页。

所添人数增修,以学事司钱充支用"①。由此可见,提举学事司有自己的经费,包括预算内办公经费和预算外经费(如修缮用),如果当地由于学生人数增多,需要进一步增扩学舍,这笔预算外经费要从本地提举学事司支出。提学官有权对此经费进行支配。这也反映了提举学事司同时兼具财务管理权,实为教育行政管理机构。学田作为宋代教育重要的经费来源,其中户绝田产亦不在少数。提举学事司可处理此部分田产作为赡学费。政和元年(1111年)九月二十八日诏:"访闻比来学事司取拨过户绝田产顷亩不少,遂致常平钱本浸以阙少,有害敛散。可令诸路学事司,取大观四年初诏,诸州以前三年赡学支费过实数内,取支费钱够最多一年为准,仍增加五分,以备养士外,余剩田舍,尽数拨还元管系官司。"②此诏首先反映出提举学事司有将户绝田纳入教育经费的权力。其次,当时的户绝田不仅用于教育经费支出,还有其他领域需要支出,由常平司负责。由于赡学费扩展,提举学事司拨过户绝田过多,影响到常平司的正常运转。同时,提举学事司要维护户绝田,以免被权贵所侵占。

提举学事官还具有督促相关人员对教育经费收支状况进行查实、核对的权力。如政和四年(1114年)七月十三日,新差提举荆湖北路学事徐行可奏:"乞立法,令诸州钱粮官须逐日入学支收官物,庶不致亏失。从之。"③看来,地方教育钱粮的管理是个非常迫切的问题,为了管理严密有序,防止钱粮亏失,提学官乞请皇帝立法并得到了皇帝的许可,这样逐步将财务管理纳入学校教育的管理体制,对此,提学官起到了上传下达和监督的作用。

在经费的使用上,亦有提举学事司拨户绝田过多引起常平司工作无法正常开展的情况。因此,在崇宁三年(1104年)十二月二日的诏书中,对提举学事官的权限给了明确的界定:"其知州、通判,凡学之事,悉已干预,唯不得参考去取文艺。教授之官,主行教事,当在学事官之上。提举学事官宜在常平官之上,与提刑叙官。教授、承务郎以上,本州在签判上,选人在本州职官之上。"④既然规定,提举学事官在常平官之上,而且提学官对教育的管理名正言顺,所以在经费的处理上难免会出现权侵常平司的情况,这也是宋代官职体系的一个弊端。常

---

① 《宋会要辑稿·崇儒》二之二十八,第2201页。

② 苗书梅等点校:《宋会要辑稿·崇儒》,河南大学出版社,2001年,第101页。

③ 《宋会要辑稿·崇儒》二之二十三,第2198页。

④ 《宋会要辑稿·崇儒》二之十,第2192页。

平司主要掌常平仓、市易、免役、水利等事务,原本可以单独作业,但是提学官以赡学为由移用常平司辖下经费,而常平官位在提学官之下,受其节制,自然会出现经费管理混乱问题。朝廷曾专门下诏对此问题进行处理与分配。前面有所提及,此不赘述。

## 四、提举学事司的意义

宋代是重视教育的朝代,历任帝王的努力及北宋三次兴学运动,使得宋代教育在北宋后期即发展到顶峰,出现了鼎盛时期。宋代教育模式成为后世诸朝教育效法的模板,宋代教育的许多创举在后世仍被发扬光大。提举学事司即为宋代教育一大创举。它带有宋代社会特殊的基因,虽然只实行了十八年即被废除,但它的出现仍然意义非凡。提举学事司被废除之原因,并不在于机构本身,而是党争的结果。宣和初,蔡京罢相,王黼掌权。由于二人一向不和,蔡京下台后,其制定的各种政策均于宣和三年(1121年)四月一并被罢,包括地方学校的三舍法及提举学事司的创制等。南宋绍兴十六年(1146年)又重设。之后的元明清三代仍然继承了这一教育遗产,这也说明并不是提举学事司的创制存在问题,它的存在对促进宋代地方教育的发展有着不可低估的作用。

1.提举学事司是中国教育史上最早的教育督导机构

今天,教育督导学是教育学的重要学科分支,是一门新兴的学科。该门学科的出现表明了现代教育管理中督导的重要性。从宋代教育发展史我们看出,督导并不是新兴学科,也不仅是现代教育管理中才需要的学问,应该说,自从教育活动产生,教育督导便具有了存在的意义,只是教育管理者认识到这一点经历了漫长的过程。或者说,教育发展到宋代,达到了鼎盛,对教育管理和教育督导的要求提高,所以,提举学事司的产生有其必然性。提举学事司是宋代的新生事物,它的出现在一定程度上具有划时代意义,因为它是我国教育史上最早的教育督导机构。"岁巡所部,以察师儒之优劣、生员之勤惰",北宋提举学事司在对地方教育的管理与督导方面发挥了重要作用,影响重大,成为后世效法的模板。元代在地方行省设儒学提举司;明代设提举学校官;清代设提学道和提督学政;清末,随着中西文化的交融,在中国传统督导制度的基础上,借鉴日本的视导制形成了视学制度;民国时期,仍然保留了清末的视学制度;新中国成立后,在中央和地方均设立了教育督导机构,但"文革"时期遭到破坏,1986年,国务院批准教育部视导室更名为国家教委督导司,标志着中国教育督导制度的恢复和重建,随后各地设立教育督导机构,形成了庞大、科学的教育督导体系。

2.提举学事司为我国最早的地方教育行政管理机构

"掌一路州县学政,岁巡所部,以察师儒之优劣、生员之勤惰,而专举刺之事。"可见,其首要职责为"掌一路州县学政"。提举学事司是我国设置最早的、专门负责地方州县教育的行政管理机构。它是在北宋教育不断扩大化、地方教育需要进一步优化管理下的产物,其作用不仅限于"岁巡所部",按察、监督地方教育。如上所述,提举学事司还负责考核师生的教学状况,可以选拔、荐举人才,增加教授名额,给教授改官迁官;可以支配经费使用,以户绝田做赡学费,在经费的调度上权侵常平司。最重要的是,提举学事司起到上传下达兼指导的作用,既要对本路教育进行监督指导,又要上为朝廷负责,要把在地方教育管理和督查中发现的问题进行汇总上报,作为国家地方教育政策制定与修订时的重要参考。对于地方教育的发展来说,专职管理机构的设置是非常必要的,尤其是地方教育愈加发达之际,提举学事司通过上传下达,让地方根据当地经济、文化和教育的状况去领悟、执行中央政府的教育政策,加强教育政策的指导性,有针对性地安排当地教育活动。中央也能更加及时有效地了解地方教育发展的相关状况,以便全面统筹安排或调整教育政策,所以,提举学事司特殊的地位对促进地方和全国教育的发展起到了重要作用,是国家教育管理体制的重要一环。我们今天各省设教育厅,负责本省教育的全面管理,其中的很多职能都是当年提举学事司所承担的。

3.提举学事司的创制打破了政教合一的管理体制

提举学事司的创制,是北宋地方官学管理体制的重大突破。之前的教育管理模式,其特点是政教合一、官教合一,地方行政长官同时为教育管理者。当社会政治、经济、文化尚不发达时,政教合一现象是必然的,以吏为师的现象非常普遍,教育及管理的职能没有从政治中脱离出来。伴随经济、文化、教育的发展,北宋中后期,各个领域的管理日益规范化,对教育管理模式的探索更为积极,尤其是三大兴学运动对教育管理体制的不断探索,每一次兴学均能有新的管理方式问世,教育管理愈加成熟。伴随崇宁年间第三次大规模兴学运动的开展,全新的管理体制形成,提举学事司得以创制,成为负责、监管地方官学教育的专职行政机构,政教合一的现象也逐步被打破。提举学事司兼具管理、监察等多功能,原地方行政长官所拥有的诸多教育职责转到提学官身上,这样一方面在一定程度上减轻了地方行政长官的负担与责任,使其专注于地方社会的全面发展,也避免了地方行政长官因不懂教育而误导教育的弊端;另一方面,提举学事司是专业教育管理机构,提学官及配属官员均经过严格的选拔,一般对教育活动较为熟悉,有责任心,个人素养较高。而且其精力均要用在对地方教育的指导与监督上,必定会在实践中不断研究教育现象,以发现新问题新情况,上报朝廷,提出建议,成为一方教育专家。这样教育管理更加专业化、集约化。

## 第二节　北宋办学经费来源的恒定渠道——学田制①

教育在北宋得到了长足的发展,教育的发展必定有经费的保障。限于当时的社会条件,教育经费来源于多种渠道,经费呈现为多种形式。从官学建校经费来说,费用一般是由地方州县自行解决,不允许向民间摊派,否则会受到朝廷的制裁。"元祐八年(1093年)六月二十二日,诏:诸州元无县学处辄创修,及旧学舍损坏,许令人户出备钱物修整者,各杖一百。以尚书省言外路多违法科率造学故也。"②真宗景德四年(1007年),"九月甲子朔,知华州起居舍人张舒,与官属率民钱修孔子庙,为民所讼,并坐赎金。因诏诸州县:文宣王庙自今并官给钱完葺,无得辄赋民财。"③对于地方所建官学,也有朝廷给予经费支持的情况。比如皇祐年间,郴州修建孔庙上奏朝廷申请支持,朝廷"赐钱三十万";元祐年间苏州州学扩建,皇帝下诏给以度牒之费充资用。这种通过直接拨款予以支持的情况在北宋地方官学发展中只是个别现象,对于高度发达的北宋地方官学体系的构建来说,其经费来源不主要依靠政府划拨经费的直接支持,因为积弱积贫的北宋,其经济状况难以支付大量的办学开支。除了少数直接拨给经费外,地方官学经费来源有多个渠道,诸如房屋租赁钱、息钱、添增钱、印书收入、光监钱、头

---

① 本部分综合参考了漆侠:《宋代学田制中封建租佃关系的发展》,《社会科学战线》1979年第3期;喻本伐:《学田制:中国古代办学经费的恒定渠道》,《教育与经济》2006年第4期;贾灿灿:《宋代的学田制度》,郑州大学硕士学位论文,2011年。

② 苗书梅等点校:《宋会要辑稿·崇儒》,河南大学出版社,2001年,第87页。

③ 李焘:《续资治通鉴长编》卷六六,上海古籍出版社,1986年,第578页。

子钱、常平钱、罚钱等。①但是,以上所提到的各种经费都只是地方官学经费主干的枝枝权权,不足以解决主要问题。那么地方官学经费的主干是什么呢? 那就是通过赐拨学田的方式支持地方官学。即北宋通过实施学田制解决了棘手的经费缺乏问题。

学田制是中国古代尤其是宋代以后一种特殊的办学经费管理模式,也是最重要和最主要的办学经费来源,在一定的历史时期对教育的发展起到了相当大的促进作用。学田制作为一种特殊的教育经费制度,对于以农业经济为主体的封建社会的教育发展具有特殊的价值和意义。研究学田制的学者主要有漆侠、喻本伐、贾灿灿等。笔者再进行专题研究的目的在于,漆侠先生从经济学的视角对学田制封建租佃关系的发展进行了研究,对教育的影响及管理措施没有涉及。喻本伐先生是从宏观的角度对古代学田制进行了综合研究,对宋代学田制的实施细则研究不够深入。贾灿灿对宋代学田制进行了较为系统的研究,但对其时代意义、影响及启示研究较少涉及,留有空白。这些成为笔者研究的目的和重要内容。

## 一、北宋学田制的创制与发展

### 1.学田制产生的原因与背景

随着社会的发展,文明的进步,教育发展成为与宋代学田制相辅相成的重要因素。经济基础是社会发展的根本,没有一定的经济支撑,教育发展必然无法实现。尤其是古代社会,经济发展水平普遍较低,经费难以到位,教育普及率较低,教育发展缓慢。即使社会的经济水平进一步提高,教育经费也往往难以到位,或者被挪为他用,致使教育发展受阻。这是学田制产生的直接原因之一。宋初统治者认识到崇儒的重要性,制定了"崇文抑武"的国策,表现在教育上即大兴学校,培养人才,这必然需要朝廷在经费上给予大力支持,在经费支持的众多形式中,赐田赡学无疑成为一种较为现实、容易操作而又相对稳定的方式。右文国策带来了教育的发展,几次大的兴学运动促使北宋教育的发展达到顶峰,地方官学遍及全国各地,书院亦成为除官学之外的重要教育机构。政府为了支持、维护地方教育的发展必须予以经费支持,以学田地租的形式为学校提供经费,稳定而持久。北宋仁宗时期,军备开支占国家财政收入的"六分之五"

---

① 韩凤山:《北宋多渠道筹措官学经费述论》,《社会科学战线》2002年第2期。

或"十之七八",冗官现象严重,无休止的赏赐、大兴土木、各种奢侈开支等,加之每年的"岁币北输",国家财政入不敷出,在这样的背景下,朝廷实在拿不出多余的钱来办教育,而学又不能不兴,只有另谋其路——学田制诞生,从国家财政收入外巧妙地解决了一个迫切而棘手的问题。这是最现实的原因。在北宋人才选拔中出现了"士子离籍冒贯"现象,士子为了获得解额的优厚政策而离开本土到解额较多的地区应考。这样出现了很多难以解决的矛盾和问题,虽然采取了多种措施试图解决,但仍然无法从根本上解决士子冒贯之问题。于是真宗、仁宗朝进一步采取措施试图促使科举与学校教育一体化、本地化,即士子必须返乡读书应试。这就必然要求地方学校要有足够的空间、优质的教育满足众多学子对求学和应举的需求,为此,北宋统治者必须加大力度发展地方教育,首先需要解决的问题则是办学经费的问题。学田制的诞生使此问题从根本上得以解决。

2.学田制及其发展

所谓学田制,即学校或书院通过朝廷赐田、官府购田、个人捐助等方式获得的学田,通过租佃来获取实物地租或货币地租以充作办学经费的制度。赐学田,作为政府赡学的一种特殊方式始于南唐的东佳书堂,或称"陈氏书堂"。《全唐文》有载,南唐升元元年(937年)"遂于居之左二十里曰东佳,因胜据奇,是卜是筑,为书楼堂庑数十间,聚书数千卷,田二十顷,以为游学之资"①。此处"田二十顷"为"游学之资",即为学田之源。最早赐田书院的记载则是白鹿洞书院的前身——庐山国学,或称白鹿国庠。后主李煜曾"割善田数十顷,取其租廪给之"②。学田,作为一种经费制度则形成于宋代。宋代最早的书院学田出现在真宗咸平三年(1000年)的潭州岳麓书院中,"请辟水田,供春秋之释典;奏颁文疏,备生徒之肄业,使里人有必葺之志,学者无将落之忧"③。宋代最早的官学学田为兖州学田。《长编》载,真宗乾兴元年(1022年),判国子监孙奭言:"知兖州日,于文宣王庙建立学舍以延生徒,自后从学者不减数百人。臣虽以俸钱赡之,然常不给。自臣去郡,恐见废散。伏见密州马耆山讲书,太学助教杨光辅素有经

---

① 张志军:《国学心脉:书院中的传统人文精神》,江西教育出版社,2018年,第66页。
② 洪迈:《容斋随笔》,百花文艺出版社,2017年,第317页。

③ 张湘涛:《长沙名胜文选》,湖南人民出版社,2015年,第230页。

行,望特迁一官,令于兖州讲书,仍给田十顷,以为学粮。从之。"①在《宋会要辑稿》《九朝编年备要》《文献通考》《宋史》《曲阜县治》等文献中对此均有相关记载,内容虽不尽相同,但均表达了"诸州给学田,盖始此"之意。由此可知宋代学田制始于真宗乾兴元年赐兖州学田,而非南宋陈傅良所说的仁宗庆历兴学时。

仁宗天圣年间"给江宁府学田十顷,从张士逊之请也"②。天圣七年(1029年)对于新建的建康府学,"朝廷给田十顷,赐书一监"③。明道、景祐年间,朝廷"累诏立学,州郡立学,赐田给书,学校相继而行"④。宝元、康定年间赐地方学田数次,最多的一次为赐吴兴州学50顷,青州州学30顷。国子监赐学田始于康定元年(1040年),赐国子监学田五十顷。庆历初,朝廷赐太学较多学田,以示大力发展之意,"拨田二百余顷,房缗六七千"⑤,可供200学员之用;庆历三年(1043年)十月,因太学规模扩大,朝廷又赐学田。"诏以玉清贻应宫田二十二顷赐国子监",第二年又"以上清宫田园、邸店,赐国子监"⑥。庆历四年(1044年),诏州县皆立学,"州郡不置学者鲜矣"。由此,州县建学遍天下,学田制基本形成。

神宗朝,学田制得到进一步发展。这与王安石变法的背景有关,王安石一直坚持"养之之道",必要"饶之以财"。熙宁四年(1071年)三月五日诏诸路转运司:"应朝廷选差学官州军,发田十顷充学粮。元有田不及者,益之,多者,听如故。凡在学有职事,于学粮内优定请给。"此为宋朝首推学田制的诏书,且赐学田数量由原来的5顷增加到10顷。熙宁八年(1075年)始赐田于蕃学。"教蕃酋子弟,赐地十顷,岁给钱千缗。"说明神宗此时已经非常重视边疆和少数民族的教育了,赐地十顷,已经是个不小的数目了,也说明神宗朝相对仁宗朝赐田范围大大增加。哲宗朝的赐学田记载不多。大规模的赐学田活动应在徽宗时期。崇宁兴学活动中,县学普遍得到了政府所赐学田。崇宁元年(1102年),蔡京上奏:"本路常平户绝田土物业,契勘养士合用数拨充。如不足,以诸色系官田宅

---

① 康保苓:《北宋文化重心研究:以学术中心、教育状况等作为考察的重点》,光明日报出版社,2011年,第72页。

② 李焘:《续资治通鉴长编》卷一百九,中华书局,第2548页。

③ 周应合、马光祖:《景定建康志》卷二十八,宋元方志丛刊本,中华书局,1990年。

④《宋会要辑稿·崇儒》二之三,第2188页。

⑤ 赵抃:《清献集》卷八,吉林出版集团有限责任公司,2005年,第1094册,第871页。

⑥《宋会要辑稿·职官》二八之四,第2973页。

物业补足。"①同年,"天下州县并置学,州置教授二员,县亦置小学。州给常平或系省田宅充养士费,县用地利所出及非系省钱"②。徽宗政和二年(1112年),采取了优待学田的政策,即免去夏税和秋税,"诏诸赡学田业,免纳二税"③,政和三年(1113年)诏"诸路已拨良田赡学,提举学事司更不拨还常平价钱"④。因提举学事司在户绝田的处置上权侵常平司,有害常平法,于是"诏诸路赡学户皆绝田产,令归常平司"⑤。北宋末年,由于战乱、灾荒的影响,国家财政瘫痪,学田产业萎缩。

综上,北宋学田制是伴随兴学运动的开展而发展的,学田制的发展出现了三个高潮,分别出现在仁宗、神宗和徽宗朝,与庆历兴学、熙丰兴学和崇宁兴学步调一致。教育的发展需要学田制做经济支撑,学田制又推动了教育的大发展。

## 二、学田的来源与规模

### 1.学田的来源

北宋学田来源渠道较多,主要有朝廷赐田、官方拨田、自筹经费购田、官绅捐赠私田等。

### (1)朝廷赐田

这是获得学田的最主要的途径。宋真宗乾兴元年(1022年)赐兖州学田,开赐学田之先例。之后多次赐田给府学、州学。仁宗天圣八年(1030年)赐江宁府学学田10顷。明道、景祐年间多次下诏命州郡立学,赐田给书,学校相继发展起来。景祐、宝元年间赐学田达20余次。康定元年(1040年)赐国子监学田50顷。自此,赐学田成为北宋官学发展的重要而固定的经费来源。

### (2)官方拨田

除中央官学之外,地方官学的发展,一方面依靠朝廷赐学田作为经费的重要来源,但仅依靠此途径是不够的;另一方面还要依靠本地官府及官员的支持,以获取更多的田产方能满足经费的需求。宋代是重视教育的朝代,朝廷考核地

---

① 《宋会要辑稿·崇儒》二之七,第2190页。
② 《宋史》卷一百五十七,第3662—3663页。
③ 《宋会要辑稿·崇儒》二之一八,第2196页。
④ 《宋会要辑稿·崇儒》二之二○,第2197页。
⑤ 《宋会要辑稿·崇儒》二之三二,第2203页。

方官员的业绩时往往与其教育业绩挂钩,前面有史料已经提及,如果教育不力,则要降级或给其他惩处。这样,地方官员都将发展本地教育作为工作重点。另外,选派到地方的官员大多具有较高的文化素质,一般都重视教育,致力于发展地方教育,拨公田为学田也是一种支持教育的方式。公田的来源主要包括没官田、户绝田、诉讼田、废寺田、荒废田、牧草地等。宋仁宗宝元年间,张方平为睦州州学"乞于管内荒逃系官田内量给十数顷,以给学粮,选官以领其教职,置籍以会其物费"①。宋神宗熙宁三年(1070年),"诏列郡修辟学馆,其都府置学官者,给公田十顷,著为令"②。元丰八年(1085年),尚书陈岿不仅捐钱给崇德县学,而且"令黄元直拨田衍学廪,而士有所养矣"③。《宋史·滕元发》有载,"哲宗登位,徙苏、扬二州,除龙图阁直学士,复知郓州。学生食不给,民有争公田二十年不决者,元发曰:'学无食而以良田饱顽民乎?'乃请以为学田,遂绝其讼。"④徽宗崇宁三年(1104年)曾充户绝田为学田,"诏拨诸系官田、宅、常平户绝等田,以充学费。"⑤政和元年(1111年),诏令诸路提举学事司将多余的田产归还常平司。"以前三年赡学支费过实数内,取支费钱谷最多一年为准,仍增加五分,以备养士外,余剩田舍,尽数拨还元管系官司。"⑥北宋初年,出于对佛教的支持,朝廷赐予寺院大量田产,后受到指责,朝廷又采取措施控制寺院的发展,出现了一批废弃寺庙,朝廷便用废寺田以充学费,成为一时之风。元丰初,因"会安福寺僧犯法,籍没其田,请于朝以资养士"⑦,将寺田赐予湖州州学。

(3)学校自筹资金购置田地

学校自筹经费购田的方式也是学田的一种来源,即学校可以通过自筹资金购置田产或包佃公私田地的方式扩大学田规模。如,始建于仁宗天圣七年(1029年)的建康府学,朝廷曾赐学田10顷。到徽宗靖康年间则增至38顷57亩。嘉祐七年(1062年),"知州事鲍轲闻秀州松杨泾有民诉田连年不决者,官将

---

① 曾枣庄、刘琳:《全宋文》第19册,巴蜀书社,1991年,第84页。

② 梁克家:《三山志》,海风出版社,2000年,第135页。

③ 徐硕、单庆:《至元嘉禾志》卷七,《学校》,宋元方志丛刊本。

④《宋史》卷三百三十二,第10675页。

⑤ 梁克家:《三山志》,海风出版社,2000年,第135页。

⑥《宋会要辑稿·崇儒》二之一六,第2195页。

⑦ 梁克家:《三山志》,海风出版社,2000年,第135页。

两夺之"①。于是请转运使贷钱60万,得田7顷19亩。因土地肥沃,无旱涝之患,当年即得租米"三百二十石","以二年之入偿贷钱,然后率为学粮,岁可以食百员"②。

(4)官绅捐赠

在宋代官绅中,一些人为了支持地方教育的发展,将自己的部分田产或俸禄捐给当地学校。但北宋官员捐田捐俸禄的记载不多,只有真宗朝的曹诚,捐钱建应天书院,并且"买田市书,以待来者"③。

2.学田的规模

从上面引用的史料中我们可以看到仁宗朝学田规模为:国子监最高赐田50顷;府学10顷;州学一般为5顷。也有例外,如兖州、蔡州州学则给10顷;青州给田30顷。赐学田达30余个州府学。神宗朝州学、军学赐田10顷,大致为仁宗朝的2倍。赐田范围也有所增大,如赐田蕃学以示支持。赐学田给书院的规模、范围都较官学要小,如仁宗天圣二年(1024年)赐茅山书院3顷;景祐二年(1035年)赐石鼓书院5顷;宝元元年(1038年)赐嵩阳书院10顷等。

学田制在北宋后期得到了快速发展,学田数在各地激增。现在唯一能看到的是徽宗大观三年(1109年)的数据:"总天下二十四路,教养大小学生以人计之,凡一十六万七千六百二十二;学舍以楹计之,凡九万五千二百九十八;学钱以缗计之,岁所入凡三百五万八千八百七十二;所用丹二百六十七万八千七百八十七;学粮以斛计之,岁所入凡六十四万二百九十一,所用凡三十三万七千九百四十四;学田以顷计之,凡一十万五千九百九十;房廊以楹计之,凡一十五万五千四百五十四。"④由此足见北宋后期赐学田力度之大,学校规模之大。

## 三、学田制的管理体制

1.学田的管理

朝廷所赐的众多学田,成为学校发展的基础。学田管理自然成为非常重要的一环。北宋政府也在不断探索学田管理模式,以便高效地发挥学田本身的作用和价值。北宋对学田的管理分前期和后期两个阶段。在北宋前期,凡某地学

---

① 董斯张:《吴兴备志》,浙江古籍出版社,2020年,第264页。
② 曾枣庄、刘琳:《全宋文》,巴蜀书社,1994年,第50页。
③ 孙培青:《中国教育管理史》,人民教育出版社,1996年,第206页。
④ 张希清、毛佩琦、李世愉:《中国科举制度通史·宋代卷》下册,上海人民出版社,2017年,第787页。

校需要朝廷赐学田支持时必须先提交申请,在得到朝廷审批之后,即由屯田司按程序办理手续。屯田司"掌屯田、营田、职田、学田、官庄之政令,及其租入、种刈、兴修、给纳之事"①。此时,国家控制着学田的审批权。随着教育的大规模发展,朝廷将学田的审批权下放到诸路。如徽宗崇宁年间降诏诸路:"将系官折纳、抵当、户绝等田产,召人添租争佃,充助学费,免纳二税"②。不仅确定了学田的经营模式为租佃制,而且使地方官府对学田有了一定的审批权。在一定程度上实现了学田置办权由中央到地方的转移,这是学田和教育发展到一定规模的必然产物,也反映了北宋学田管理体制的不断完善和进步。

对租佃制学田的管理,一般有两种形式。一是由官府直接管理。宋初各地教育由本地行政长官兼管。神宗熙宁四年(1071年),于京东、京西、陕西、河北、河东等路置学官进行管理;徽宗崇宁二年(1103年)置提举学事司管理地方教育,其中的一种职能即对经费的管理。即学田的置办、出租、租入、支付等事宜均由提举学事司职掌。宣和三年(1121年)十月,尚书省言:"诸路学田并西南外宗室财用司田产,元所给佃租课太轻,不足于用。"诏许添立实封入状,添立租课,划佃一次,如佃人愿从添数,亦仍给佃。③二是由学校自主管理。这种形式的管理更多地体现在书院的自身管理上。因为书院的学田多来源于当地乡绅捐助或自筹经费,自主支配田产和经费当为必然。至于北宋地方官学自主管理学田的史料尚未发现。

由于宋代采取了"不抑兼并"的土地政策,土地兼并非常激烈。在这种社会环境中,学田也难免厄运。大观三年(1109年),奉议郎李庠在奏疏中讲:"形势官户,有以田宅入官中卖,请托州县,因缘为奸。欲乞将形势官户等,不许中卖在官赡学田宅。"④可见,学田被兼并侵占的现象非常严重。为此朝廷采取了多种管理措施。首先,州县学置籍入册。仁宗景祐年间,张方平知睦州时曾奏请朝廷拨学田十顷,并建议"选官以领其教职,置籍以会其物费"。徽宗大观二年(1108年),"舍宇之数,费用之多寡,田业之顷亩,载之图籍,掌在有司"⑤。石鼓书院也对学田实行入簿管理,"行视畦亩,分画丈簿,第其租入,虽率有程,赀用

---

① 《宋史》卷一百六十三,第3863页。

② 《宋会要辑稿·食货》七〇之二一,第6381页。

③ 马端临:《文献通考》一,山东画报出版社,2004年,第152页。

④ 《宋会要辑稿·崇儒》二之十四,第2194页。

⑤ 曾枣庄、刘琳:《全宋文》第164册,上海辞书出版社,安徽教育出版社,2006年,第164页。

取其"①。其次，设立学田碑以记载。一是为了防止随着时间的流逝，关于学田的记载被遗忘丢失，遂将学田的相关情况刻于石碑之上，以便于永久保存，作为证明。二是防止学田所有权被权势之官侵吞兼并或侵佃。所以，"步亩之广袤，税赋之重轻，暨佃户之姓名，租课之多寡，咸刊诸石，以传不泯"②。再次，加大了对学田的管理力度。学田经费的主要来源、经费的管理是教育管理中非常重要的环节。因此朝廷也在不断加大对办学经费的管理力度。大观二年（1108年）十一月八日，魏宪言："诸路学费房廊，止是科差剩员一名收掠，其间侵欺盗用，失陷官钱。欲乞学房廊多处，许依州县法，召募库子一名，专行收纳；其或少处，亦乞权令本州库子兼管。诏不限钱多寡，并置一名。多者仍置专副主管。"③这样，不限钱多钱少，"并置一名"，而且学费多者"置专副主管"，在人员设置上加强了对经费的管理。

2.学田的经营

学田是通过经营才能获得办学所需的经费的。北宋学田的经营形式即租佃制。即官府将学田租与农民耕种，以收取地租作为办学经费。宋代租佃制长足发展，在学田经营中也普遍采取租佃形式，而且随着由劳役租向实物租、分成租向定额租的转变，定额租、实物租及货币租成为学田租的主要形态，这是北宋租佃关系在学田租佃中的重要表现。

### 四、学田制的特点、意义、影响及启示

1.学田制的特点

（1）经济形态的可行性

政府或学校以学田租佃的形式租给佃户，以收取地租而充学费的经济形式，是一种非常现实而巧妙的方式。尤其是在政府财政亏空，没有多余财力支持教育的情况下，学田制缓解了政府财政的压力，既开辟了新的财源，又不影响政府预算支出，很好地避免了财政困境，同时又给地方教育注入了新鲜而稳定的活力，这是一件两全其美的事情，是一个非常巧妙的方法。随着教育的发展，事实证明，学田制切实可行，是成功的创举。

---

① 陈谷嘉、邓洪波：《中国书院史资料》上册，浙江教育出版社，1998年，第186页。
② 阮元：《西浙金石志》卷四《嵊县学田记》，浙江古籍出版社，2012年，第154页。
③《宋会要辑稿·崇儒》二之一三，第2193页。

（2）经费来源的恒定性

宋之前的各个朝代，也多重视教育，唐代教育亦成为中国古代教育史上的典范之一，有着发达的中央官学系统，但地方官学则没有宋代发达，究其原因，可能与其经费紧缺有关。宋代之所以具有发达的地方教育，并不是因为宋代具有超强的经济实力，而是和其开辟的经费新途径——学田制的创举有直接的关系。从对学田制的探索到制度的成熟，学田逐渐成为宋代教育经费的恒定来源。宋代对学田管理采取了多种措施，严格执行，基本做到了专款专用，较为稳妥地解决了办学所需的各项开支问题。学田成为宋代教育快速发展的稳定的经济后盾。

（3）经营方式的进步性

宋代学田采取定额地租形式，分为实物地租和货币地租两种。这种制度在当时土地所有制形式中是最为进步的。从劳役地租演变为实物地租已经具有历史进步的意义，宋代学田制不仅实现了实物地租的普遍性，而且进一步出现了货币地租形式，这是经济方式的巨大飞跃。在学田租佃制中只对佃户征收定额地租，没有其他额外的附加条件，没有欺压侵凌，对生产过程不予干预，这样在最大程度上调动了佃农的积极性。学田制成为土地经营史上较为进步的方式。

2.学田制的意义

（1）开创了中国封建社会教育经费制度的基本模式

经费是支撑教育发展的基础因素，教育活动的开展必然要经费做经济基础。每个朝代亦是如此，不同朝代均有自己独特的教育经费来源和不同的经费模式。在不同的经济水平、文化背景、社会状况下，不同朝代会有相应的财政来源和经费制度。社会发展到一定的历史时期，在特殊的社会背景下，会有相应的教育发展水平和管理制度。宋代即以其特殊的社会背景促成了学田制的产生，这是一种历史性的创举，无论是在我国土地经济史上，还是在我国教育经济史上，均为重要事件，有着划时代的意义，占有重要的历史地位。宋代学田制问世后，因其具有可行性、适应性和创新性，它得到了迅猛发展，并成为教育经费来源的稳定而重要的方式。其后的南宋及元明清到民国时期，均承袭学田制，并将其作为教育经费制度的基本模式。所以说，宋代学田制开创了教育经费制度的新时代。

（2）强化了中央财权

学田以政府所赐学田为主。当地方教育的发展需要经费支持时，地方政府首先要打报告上奏朝廷请赐学田，一般只要能得到朝廷准许，便能得到5—10顷的土地，朝廷也会根据某地的具体社会经济文化状况给予不同程度的支持。这里一个重要的环节便是学田的获得必须得到朝廷批准，因为这部分土地属于国家，朝廷对其拥有所有权。学田奏请得到朝廷批复后，则交付屯田司办理各种手续。地方教育经费（以学田地租为主）要由本路提举学事司进行管理，提举学事司则由中央委派至地方进行教育管理，它直接对朝廷负责。所以，朝廷拥有学田管理权和置办权。这样的程序必然使学田的处置权牢牢地掌控在朝廷，从宏观上控制学田经费的支配与管理，在一定程度上强化了中央财权，同时，对强化中央集权统治亦有着重要的意义。

（3）增强了官学的自我赡养、自我发展能力

学田制的特点之一是中央政府给予地方教育发展的支持是宏观而间接的，不是直接拨钱做经费，学田变成实物或钱币还要经历租入过程。学田租佃的过程则为地方学校自我赡养、自我发展的过程。有土地就有财源，就能获得实物地租或货币地租，可以日复一日，年复一年，成为恒定的渠道，使学校得以持续发展。朝廷赐学田的支持占据经费的主导地位，但一般情况下仅靠所赐学田并不十分充裕，学校自身需要开辟新的渠道以获取更多的经费，如得到地方捐助、出租房舍、刊刻书籍、承办酒醋坊等。

（4）助推了教育的普及与发展

北宋无论是中央官学还是地方官学均获得了长足的发展，尤其是几次大规模的改革和兴学运动使北宋教育尤其是地方教育得到了迅猛发展，州县学校得到普及，社会受教育面大大扩展。在这种发展过程中，学田制的推动成为最重要的因素。即使在一些经济非常落后的地区，如闽西汀州，在皇帝兴学诏令的要求下，在朝廷赐学田的支持下，所设县学普及率达100%。尤其是贫寒子弟能在学校经费的资助下获得良好的教育，甚至获取功名。由于经费到位，学校均能开展常规教育，使得一些外地求学的士子回归本土学习，在一定程度上解决了"士子离籍冒贯"现象。稳定的经费来源，自然促使教育规模不断扩大。大观二年（1108年），全国州县学钱岁入3058872缗，岁支出2678787缗；学粮岁入640291石，岁支出337944石，钱粮收入大于支出。学校钱粮的多少，与士子入学

的数额成正比。大观前后,由于学田较多,北宋州县学生发展到167622人。[①]

3.学田制的影响及启示

(1)学田制的影响

宋代设立学田制,适应了封建社会土地所有制的形态,有着较强的现实意义,为此学田制成为之后历朝历代教育经费的基本模式,对同期的辽夏政权及后世产生了深远影响。如西夏崇宗贞观元年(1101年),"建国学,设弟子员三百,立养贤务以廪食之"[②]。元明清承袭此制,使学田制得以发扬光大。元世祖忽必烈亦推行重学兴教,使学田制得到继承并继续发展。至元二十三年(1286年),元世祖忽必烈诏令"复给本学,以便教养"[③],即学田制在元朝正式恢复启用。由于元代是少数民族政权,学校种类也多,有蒙古字学、儒学、国子学、医学等,其中的儒学分路、府(州)、县学,有学田支撑。学校按级别赐学田额不等,少则一二顷,多则达百顷。明代学田制承袭宋元,而管理更加完善,民间乡绅也参与学田的管理,形成了官民相互制约的机制,学田地租形态呈现出货币地租增长的势头。经过宋、元、明三代的发展,学田制已经非常成熟,管理体制日臻完备。学田制在清朝得到进一步的发展,在明代的基础上,清朝制定了有关学田的规章制度,对租佃的责任和实施措施做了具体的规定,做到了有章可循,而且,货币地租形式更加普遍。

学田制历经宋元明清达900年。如果从东佳书堂于937年置学田算起,到国民政府于1931年命令停止对所有小学经费的拨充,学田制经历了近千年。作为中国教育史上一种新生事物,它的兴起与制度化对中国教育事业的发展做出了不可磨灭的贡献。

(2)学田制对当今办学经费改革的启示

北宋学田制的成功之处在于绕开了政府财政预算,开辟出一条新的途径,既不给政府增加财政负担,又能很好地解决办学经费。学田制虽然产生于宋代,但对今天教育的改革,尤其是办学经费制度的改革仍然有着诸多启示。其中非常重要的是要开辟新的经费渠道,取得社会资金的支持,即开辟民间财源。比如得到校友或者其他社会机构的捐助,设立校友基金或其他捐助基金。这是

---

① 汪圣铎:《两宋财政史》,中华书局,1997年,第498页。

②《宋史》卷四百八十六,第14019页。

③《中国历代礼贤通观》上册,齐鲁书社,1997年,第950页。

一条非常重要而可行的路径,并有着无穷的潜力。国外大学,尤其是美国的高校,无论是私立大学还是公立大学,很大一笔办学经费来自社会或者校友的捐助。其中较大的比例用来设置奖学金,以奖励优秀学子。我国的高校甚至是基础教育阶段也可以借鉴这种模式,努力争取、吸引民间财源的支持,为教育的发展注入新的血液和动力,并使其成为一种重要的经费管理模式。

## 第三节　北宋教官选任的创举——教官试制度[①]

大凡重视教育的朝代都非常重视对教官的选拔与任命,每个朝代均会根据当时社会、教育发展的状况选择适合的方式选任教官。教官担负着贯彻、执行国家教育政策的重任,对教育质量负有重要责任。比较独特而有创新意义的是北宋的教官考选制度,即教官试制度。此制度创设于北宋神宗朝,通过对中央官学和州学教官选任制度的改革而逐步建立起了统一的中央、地方官学教官的考选制度,这是北宋教育发展的重要成果,是教育制度走向成熟、进步的表现。教官考选制度在宋代虽然几经波折,但毕竟是中国教育史上的新生事物,创造了中国教育史上又一辉煌成就,对后世教官选任制度有着深远影响,为教官选任制度的发展奠定了基础。

袁征先生对宋代教官选任制度进行了开创性的研究,为后续研究奠定了基础。北宋教官试制度具有重大的创新价值和历史意义,笔者在借鉴袁征先生相关研究成果的基础上填补了部分史料空白,将研究重点首先放在对教官试制度变化的阶段性的研究上,通过对新史料的挖掘,对不同阶段制度的变化进行细化研究,并与政治运动紧密结合,从中发现、归纳其阶段性变化的实质。其次,深入探讨教官试制度的意义、价值和对当今教师选聘制度改革的启示。以史为鉴,此亦为本部分研究的意义所在。

### 一、教官试制度之前的学官选任制度

北宋前期,学校教育尚不发达,不成规模,各种教育制度尚处在探索阶段,

---

① 本部分综合参考了袁征:《宋朝学校教育研究》,河北大学博士学位论文,1987年;袁征:《宋代教育——中国古代教育的历史性转折》,广东高等教育出版社,1991年,第188-208页;袁征:《宋朝中央和州郡学校教职员选任制度》,《文史哲》1989年第6期。

不成体系。当朝统治者认识到教官的重要性,采取了多种选任措施。

1.国子监教官的选任

元丰改制前的北宋国子监教官一般由朝官充任。《文献通考》记载:"宋国子监判监事二人,以两制或带职朝官充,凡监事皆总之。直讲八人,以京官、选人充,掌以经术教授诸生。丞一人,以京朝官或选人充,掌钱粮出纳之事。主簿一人,以京官或选人充,掌文簿以句考其出纳。监生无定员。元丰正官名,置祭酒、司业、丞、簿各一人,太学博士十人(旧系直讲),正、录各五人,武学博士二人,律学博士、正名一人。祭酒掌国子、太学、武学、律学、小学之政令,司业为之贰,丞参预监事。"①这是神宗朝之前关于国子监及其所设管理人员及教官的基本概况。其实不同时期有不同的要求,国子监教官选任也经历了一个探索过程。其中国子监主簿于太宗淳化五年(994年)更名为国子监书库官。宋初,负责国子监教学工作的称为国子监讲书,淳化五年(994年)改为国子监直讲。也有极个别的幕职和州县官执教,因资格不够,只能暂称国子监讲书或说书。只有当他们官秩期满,有着良好的教学成绩后才可升为京官。即,只有正式官员才能任职国子监教官,一般为3年一任。庆历三年(1043年),定国子监教师员额为4人,庆历四年(1044年)太学从国子监中独立出来,但由国子监派教师负责太学教学,国子监直讲胡瑗"管勾太学",主持太学的全面工作。由于庆历兴学规定太学生听课必满500日方可参加国子监解试,教师的任务过于繁重,于是仁宗嘉祐年间朝廷宣布国子监教官以8人为定额。仁宗宝元二年(1039年),朝廷对教官的任职资格又做了进一步规定,即历任没有犯私罪和徒刑以上公罪的官员才可任国子监教职。

担任国子监教官须通过讲授能力考试。最初的考试是由孙奭提出来的。太宗端拱二年(989年),孙奭《九经》及第,授莒县主簿。他自己上书求试,而任国子监直讲。"《九经》及第,为莒县主簿,上书愿试讲说,迁大理评事,为国子监直讲。"②真宗景德二年(1005年),"命学士邢昺等与堪充国子监直讲者十人。得太子洗马张颖等,试经义于学士院而命之"③。即先由邢昺推荐,经过学士院的考试后方可任命。真宗大中祥符七年(1014年),"以三班奉职郑检为襄州邓城

---

① 马端临:《文献通考》卷五十七,浙江古籍出版社,1988年,第516页。

②《宋史》卷四百三十一,吉林人民出版社,1995年,第8884页。

③ 李心传:《建炎以来系年要录》卷一百八十四,中华书局,1956年,第3084页。

县主簿、国子监说书。检明经善诵,朝士以其名闻,试于国学而命焉"①。仁宗天圣四年(1026年)九月庚申,"诏礼部贡院,举人有能通三经者,量试讲说,特以名闻,当议甄擢之"②。同样也是先推荐,然后量试。仁宗康定元年(1040年)六月五日,叶清臣又言:今后国子监学官有阙,令本监官于外任州县幕职官内,举实有文行者充。诏从之,其天章阁侍讲、诸王府侍讲、诸宫教授、伴读、说书,不得兼国子监直讲之职。此时,仍由本监在所任地方州县官员中进行选择并向朝廷推荐。为了保证经筵、宫学、宗学的教学效率和质量,其教官不再兼任国子监教职。这样,在国子监教官选拔上又上了一个新台阶。

对国子监教官的资格要求是不断提高的。原来没有年龄限制,也不要求必须科举出身。由于庆历兴学年间启用的支持改革的国子监直讲多为年轻人,他们经常直言抨击朝政和大臣,引起很多官员的不满,于是,仁宗皇祐四年(1052年)五月对国子监教官做了新的规定:"国子监直讲,今后须选举通明经义、德行纯至,有老成之器,年四十以上、可与胄子为模范者充。"③即规定国子监教官必须老成,年龄在四十岁以上,能为学生做表率。同时还对出身做了规定,必须是科举进士或九经出身。由此可以看出,庆历改革之后对教官的要求倾向于年龄和资历,而不再是能力,反映出当时的政策倾向于保守。

虽然有各种规定,但执行起来也有例外,朝廷会根据具体的情况进行破例选任。北宋著名经学家孙复曾举进士不第,庆历三年(1043年)由范仲淹和富弼极力荐举而任国子监直讲。著名学者、教育家胡瑗也曾科举不中,被任命为国子监直讲。皇祐四年(1052年)冬十月甲戌,殿中丞胡瑗落致仕,为光禄寺丞、国子监直讲。而同年五月,朝廷刚规定直讲必须科举出身,仁宗于嘉祐元年(1056年)接受欧阳修的举荐,任命著名私学教师陈烈为直讲。《宋史·陈烈传》载:"尝以乡荐试京师不利,即罢举。或勉之求仕,则曰:'伊尹守道,成汤三聘以币;吕望既老,文王载之俱归。今天子仁圣好贤,有汤、文之心,岂无先觉如伊、吕者乎?'仁宗屡诏之,不起。人问其故,应曰:'吾学未成也。'公卿大夫、郡守、乡老交章称其贤。嘉祐中,以为本州教授,欧阳修又言之,召为国子直讲,皆不拜。"④

---

① 《宋会要辑稿·职官》二八之二,第2973页。

② 张希清、毛佩琦、李世愉:《中国科举制度通史·宋代卷》,上海人民出版社,2015年,第69页。

③ 《宋会要辑稿·职官》二八之四,第2973页。

④ 许嘉璐:《宋史》卷四百五十八,汉语大词典出版社,2004年,第9912页。

以上几例均说明只要有真才实学，有着好的口碑，朝廷也会破例爱才用才。虽然陈烈几次拒绝仁宗的诏令，但更能反映出皇帝不惜破例求才的迫切心情。

2. 太学教官的选任

庆历三年（1043 年）四门学成立，翌年，太学单独设校，均为国子监管辖，教官也由国子监分派负责教学和管理工作。如胡瑗于景祐、嘉祐年间“管勾太学”，“有旨专掌一学之政”①。太学设有学正、学录和学谕等。学正 2 人，负责校纪的维护，一般从学生“文学、年德可师一学者”中选任。学录 2 人，辅助学正开展工作，一般在学生“公正廉直者”中选任。但也有例外，英宗时，判国子监直接聘请校外的刘濠、孟醇分别担任太学正和太学录。治平年间，判国子监吕公著亲自到布衣程颐家请他担任太学正。太学每斋设学谕 1 人，辅助经书的教学，从学生中选任。太学设掌仪，负责礼仪事务。

3. 州学教官的选任

北宋仁宗朝之前，地方学校尚未大规范发展，州学不多，规模也小，朝廷并没有派专职教官，一般教官由地方政府选任。教官来源一般分三种情况。首先是私学教师。这类来源较多。如范仲淹知苏州时建州学，聘请当时非常著名的私学先生胡瑗为州学教师。其次是丁忧守丧之官员。天圣五年（1027 年），晏殊知应天府，适逢范仲淹“遭母忧，寓居城下，晏公请掌府学。仲淹尝宿学中，训督学者皆有法度……四方从学者辐辏，其后宋人以文学有声名于场屋朝廷者，多其所教也”②。再次是落第举子。仁宗明道年间，胡则知杭州时聘请落第士子杨希堂为州学主管。

庆历四年（1044 年）三月，其令曰：“州若县皆立学，本道使者选属部官为教授，三年而代；选于吏员不足，取于乡里宿学有道业者，三年无私谴，以名闻。”③随着庆历兴学运动的展开，学校数量增多，规模加大，对教官的需求大为增加。于是地方官奉朝廷诏令，选本路下属官员为州学教授，三年一任期，如果当地官员可选之人不够，则“取于乡里宿学有道业者”为教师。按照朝廷规定，可选下级官员为教授，于是地方官选本路的幕职、县尉或监当官兼任州学教职。县尉

---

① 李国钧：《中国书院史》，湖南教育出版社，1994 年，第 67 页。

② 司马光：《涑水纪闻》，影印本，上海书店，1990 年。

③ 石训、朱保书：《中国宋代文化》，河南人民出版社，2000 年，第 217 页。

兼任教职的例子有："州学教授樊景年三十……为学官,通作尉三年矣"①。监当官兼职教授的例子有："刘季孙初以右班殿直监饶州酒,题小诗于治所壁间:'呢喃燕子语梁间,底事惊回梦里闲。说与旁人应不解,杖藜携酒看芝山。'时王荆公任本路宪按,行见之,大加称赏,遂檄权本州教授"②。但大多数教职的来源还是以私学先生、丁忧官员和落榜士子为主。

总体上讲,自庆历年间始,地方政府重视学校教育,加强了对地方学校的管理,选任了由地方官兼任的教师群体,并不断增加教师的名额,教学力量大为加强。如仁宗至和元年(1054年),京兆府学有"权府学教授"和"府学说书兼教授"两名教职负责课程的教学,并有专任教师负责小学课程的教学,从平民中选任。州学辅助职事也日趋完备。如宋祁任知州时,除了两名负责讲课的教师外还聘请了学录和学正各一人,当时称呼为"堂长"。③

由上看出,虽然州学教官选任制度有所发展,但尚未定型,教官名称也不一致。在全国范围内没有形成统一的任选制度。

## 二、教官试制度的创设及发展

### 1.神宗朝教官试制度的创设

(1)对中央和州学教官选任制度的改进

①对中央官学教官选任制度的改进。

神宗朝最大的事件便是王安石变法,变法中最重要的内容之一便是对教育的改革及对思想的统一。改革中确立了"一道德"的原则,自然要从传播思想的教育界开始,从中央官学到地方官学无不贯彻此一要求。中央官学的教官选任无疑要有利于变法的推行,选任制度的变化以适应变法的需要是必然的。变法初期,引起教官任选方法改革的直接因素即教官对考生答卷的评判成绩反映了他对改革的态度。据《长编》记载,熙宁四年(1071年),上以其宿学,不足教导多士,皆罢之。"苏颂子嘉在太学,国子监直讲颜复尝策问王莽、后周变法事,嘉极论其非,擢优等。苏液密写以示曾布曰:'此辈倡和,非毁时政。'布大怒,责张璪曰:'君以谏官判监,学官与生徒非毁时政,而竟不弹劾!'遂以告王安石。安石大怒,尽逐诸学官,以李定、常秩同判监;选用学官,非执政所喜者不与。陆佃、

---

① 四川大学古籍整理研究所:《全宋文》第十四册,巴蜀书社,1991年,第361–362页。
② 王大鹏、张宝坤等:《中国历代诗话选》二,岳麓书社,1985年,第720页。
③ 袁征:《宋代教育——中国古代教育的历史性转折》,广东高等教育出版社,1991年,第194页。

黎宗孟、叶涛、曾肇、沈季长与选。季长，安石妹婿；涛，其侄婿；佃，门人；肇，布弟也。佃等夜在安石斋受口义，旦至学讲之，无一语出己。其设三舍，盖亦欲引用其党也。"①太学生苏嘉对考题"策问王莽、后周变法事"持反对意见，并被评为优等成绩，惹怒了曾布，曾布将此事告知王安石（介），王安石大怒，对当时的教师队伍大为不满。于是"尽逐诸学官"，下令撤换所有学官，重新选任了得王安石信任的变法派担任教职。于是同年十月朝廷下诏，改变了过去选任教官的办法。诏："国子监直讲自中书门下选差，及本监主判官奏举，不拘资序，任满，与堂除合入差遣。又到监一年、通计历任及五考，即与转官。如教导有方，实为士人之所归向，并委别官保明以闻，及中书门下考察，许令再任。其职事不修者，许令中书门下及主判官检察取旨，不候任满差替。"②由此我们可以概括为：第一，国子监教官由中书门下选差，副职可以推荐；第二，国子监直讲"不拘资序"，即没有资格限制；第三，"教导有方"的直讲经过中书门下考察可以连任，"职事不修"的直讲由中书门下上报朝廷可随时撤换。可见，中央官学教官的选任更加灵活，没有了以往对讲授能力的考试，没有资格限制，没有任期要求，没有年龄束缚等，这完全是出于变法初期的考虑，必然要选用思想一致、拥护变法改革的一批教官。

熙宁四年（1071年），太学实行三舍法，招生规模扩大，直讲从8人增为10人，每二人共讲一经。学正、学录和学谕共10人。于上舍人内逐经选二人充。元丰二年（1079年）十二月，太学实行新的三舍法，教学和管理工作更为繁重，学官、职事人数增加。朝廷分别各增派5位官员担任学正和学录，即出现了命官学正、学录和职事学正、学录的区别。学谕达12人，由学生充任。学生宿舍分80斋，每斋设1名斋长和1名斋谕。元丰三年（1080年）二月，由于此时反变法派已经基本被压制，朝廷随即恢复了教官任命官员推荐制，并加之对被推荐人员的作品进行业务审查，通过的即被任命。元丰三年到五年（1080—1082年），神宗改革官职，国子监事改称国子祭酒，从四品；同判国子监事改称国子司业，正六品；国子监丞为正八品；恢复了国子监主簿，从八品；国子监直讲改为太学博士，从八品。学正和学录均为正九品。

---

① 程敏政：《宋纪》第2部，齐鲁书社，1996年，第602页。
②《宋会要辑稿·职官》二八之八，第2975页。

②对州学教官选任制度的改进。

北宋初期,教官是由地方官推荐的,教官水平如何会直接影响教育的质量,地方官如果不重视教育,或者选官不力,则对教育发展产生不良影响。推荐的教官多为兼职官,他们个人的素养及教学水平往往参差不齐,身兼数职精力难以充沛。面对这些问题,神宗朝进行了教官选任的改革。而最为重要的是,熙宁变法的实施,要求教育必须配合改革,利用教育统一思想,从中央官学到地方官学的教师选任必须适应改革的需要。熙宁四年(1071年)二月,朝廷决定"于京东、陕西、河东、河北、京西五路先置学官,使之教导"①,作为试点先行选派教官。这是朝廷第一次为地方官学选派教官,这些教官兼教学与管理双重责任于一身。熙宁六年(1073年)将此经验推至全国,诏:诸路学官,并委中书选京朝官、选人或举充。又诏:诸路择举人最多州军,依五路法,各置教授一员②;委国子监询考通经品官,及新及第出身进士,可为诸路学官,即具所著事业以闻。神宗又诏以郓州左司理参军叶涛等23人为诸路教授。③为了保证教官的思想与朝廷改革观念一致,教官的选派由原来的推荐改为对其作品的审查。叶涛为王安石的侄女婿及学生。这样,基本每路选派1名教官。

(2)教官考选制度的形成与规定

熙宁变法初期,朝廷选派教官随意性较强,只要支持变法即可,没有资格限制;后发展为对候选人作品的审核;再到经学考试。对于中央官学教官的选任,朝廷曾实施过讲授能力的考试,但在熙宁变法初期取消了,代之以作品审核。熙宁八年(1075年)秋,"诏诸州学官,先赴学士院试大义五道,取优通者选差"④,州学官考选制度又开始恢复,而且适应范围更加广泛。元丰七年(1084年),朝廷将考试推广到中央官学教师,多被称为元丰试法。这样就逐步建立起了统一的从中央到地方的教官考选制度。制度规定如下:

第一,"是时大兴学校,而天下之有教授者只五十三员,盖重师儒之官,不肯轻授滥设故也。观其所用者,既是有出身人,然又必试中而后授。"⑤即参加教官考选之人必是科举出身,而且通过了考试才能任命。

---

① 王凯旋:《中国科学制度史》,万卷出版公司,2012年,第89页。
② 毕沅:《续资治通鉴》二,岳麓书社,2008年,第115页。
③ 毕沅:《续资治通鉴》二,岳麓书社,2008年,第121页。
④ 柯昌颐:《王安石评传》,商务印书馆,1948年,第152页。
⑤ 孟宪承、陈学恂等:《中国古代教育史资料》,人民教育出版社,1961年,第214页。

第二，政和八年（1118年），"诏两学博士、正、禄并诸州教授兼用元丰试法，仍止试一经。吏部具到元丰法：进士第一甲，或省试十名内，或府、监发解五名内，或太学公、私试三名内，或季试两次为第一人，或上舍、内舍生，或曾充经论以上职掌，或投所业乞试，并听试，入上等注博士，中下等注正、禄。即人多阙少，愿注诸州教授者听"[①]。从这段史料我们可以概括元丰试法要点如下：

①参加考试的人员：国子监、太学、州学拟任教官。

②选拔统一试法：元丰试法。

③参加教官试人员资质的要求：进士第一甲，省试前十名，开封府和国子监解试前五名，太学公、私试前三名，季试两次均为第一名，上舍生、内舍生及曾任学谕以上职事者。

④考前要求：须先递交自己的作品，接受朝廷审查，合格后才可以参加考试。

⑤教官任命等级依据考试成绩：考试成绩上等的任太学博士，中等、下等成绩的任学正、学录。

⑥考试内容：只试一经。

⑦主管部门：规定依元丰试法，即由国子监负责考试的安排。

由此看出，北宋尤其是自神宗朝对教官试制度的重视程度。教官试制度是在以往教官选任制度的基础上发展起来的，由原来的考讲授能力改进为考经学内容，更加注重的是真才实学，避免误人子弟。即"重师儒之官，不肯轻授滥设"。首先，规定必须科举出身，提高了门槛，保证了候选人的基本文化素质；其次，规定考前要先递交作品以被审核，从作品中可以了解作者的政治观点、文化素养、写作能力等；再次，规定必须是通过考试而获得好成绩者，再一次保证了学官的才高绩优。无论中央官学还是地方官学，一视同仁，从上到下确保了教官的高素养、高能力。对于优等生和有着工作经验的优等生给予一定的机会，为了保证选拔质量，做到层层把关，如平时成绩要优等、作品要经过审核、通过考试等环节缺一不可。依考试成绩任命不同等级的教官，不仅体现了对教育不同层级教学与管理重要性的认同，而且还体现了对人才的尊重。对"止试一经"的要求，是根据当时"每二人一经"的教学要求提出的，而且这样保证了教官在

---

① 《宋史》卷一百六十五，第3914页。

知识结构上"术业有专攻"。教官考选法在施行初期非常严格,"元丰召试学官六十人,而所取四人,皆知名之士,故学者厌服"①,即60人考试只选取了4人。北宋教官试制度的形成有一个渐进的过程,是在对教官选任制度的不断摸索中发展起来的,尤其是随着王安石变法的实施,教育改革日益重要,教官选任成为教育改革的重要内容。经过荐举、审查、考试等程序选拔出来的教官,代表了国家意志,代表了改革方向,在一定程度上加强了国家对官学的监制,提升了管理水平,强化了中央集权。教官试制度是伴随变法要求不断成熟起来的,是教育大规模发展的结果,是神宗朝继三舍法之后又一重要创举。

2.哲宗朝教官试制度的发展

哲宗朝由于党争的原因,在教育上也出现了前后波动。哲宗朝前期由高太后执政,启用反变法派,对神宗朝的教育政策进行了修改,撤销教官试制度。后期由哲宗亲政,重新起用变法派,又恢复了神宗朝后期的教育政策,也恢复了教官试制度。

(1)高太后主政(元祐年间)取消教官试制度,实行荐举制

从哲宗元祐元年(1086年)的诏令我们分析一下哲宗朝初期教官试制度的状况:

七月丙辰朔,尚书省言:"旧制:中外学官并试补。近诏尚书、侍郎、左右司郎中、学士、待制、两省、御史台官、国子司业各举二员,宜罢试法。"先是,王岩叟言:"臣窃见内自太学,外至诸郡,学官之制,皆自就试。四方之士,区区于进卷,屑屑于程文,不惮奔驰之远,留滞之久者,顾岂其心哉?禄仕迫之,有不得已耳!甚非所以重师道、崇儒风、惜士人之节也。臣愚伏望圣慈令罢此法,一用应诏荐举之士为中外学官,以崇教导之选,为天下劝。"②

反变法派的观念大多比较保守,对教官试这种新生事物持反对意见,以王岩叟为代表,认为"今立法(教官试)如此,使人人自求为师,欲天下之民知敬学,恐不可得",即认为教官试制度容易使人好为人师,此为人之患。所以希望朝廷能"罢试用举"。当时的朝廷依王岩叟之请,罢教官试,改为荐举制,并规定了具

①《宋史》卷一百五十六,第3652页。
② 杨仲良:《皇宋通鉴长编纪事本末》,黑龙江人民出版社,2006年,第1626—1627页。

有荐举资格的官职。这样的荐举制相对于考选制来说其实是一种退步，在一定程度上失去了公平性，对更多的士人来说失去了竞争机会。元祐二年（1087年），御史中丞胡宗愈又对刚参加完科举即担任教师的人员质疑，于是朝廷依其所请，对教官年龄做了进一步限制："诏内外学官选年三十以上历任人充。"①元祐四年（1089年）进一步规定了被荐举教官须进士出身，年三十以上，无犯私罪被罢免的经历，历任公职二年以上者。"中书省言：'尚书、侍郎、学士、待制及两省、御史台监察御史以上，左右司郎官、国子司业，各限一月举内外学官二员。今后有阙日亦合依此。其召试之法，自当冲革。并元祐令：诸奏举内外学官，须进士出身，年三十以上，无私罪停替，历任及二年者；其行业纯备，淹滞草泽，或登科岁久，恬于仕宦，虽未历任，亦许奏举。而近日内外臣僚所举学官甚众，不应前法，请候有阙，遇降朝旨，方许奏举。'从之。"②但在选拔教官的实施中，由于采用了荐举制，出现了"举学官甚众，不应前法"的状况，朝廷只得规定"请候有阙"，即等有空缺之时方可奏荐人选。虽然规定被荐举者要担任过公职等，但也不排斥例外的现象，诸如"其行业纯备，淹滞草泽"者亦可被荐举。平民百姓只要德才兼备也可以被推荐为学官；如果参加科举多年而对仕途不感兴趣，即使没有担任过公职也可被荐举为学官。如陈师道因有较高的文学造诣，被苏轼、傅尧俞、孙觉等推荐，成为徐州州学教官。

高太后主政时恢复了太学，设置《春秋》课程（曾被王安石砍掉），为此太学又增加《春秋》博士一名；由于朝廷财政紧缩，对太学学官有所削减，罢去了十名命官学正、录。诏：今后太学正、录，并依熙宁法，选上舍生充；上舍生阙，选内舍生。其见任人，候任满日罢。已差下人，别与差遣。元祐年间还削减了太学学谕和直学的人数。在削减太学学官的同时却增加了州学学官人数。元祐元年（1086年），"诏齐、庐、宿、常等州各置教授一员。自是以后，列郡多有教官矣"③。所以，从总体上看，高太后主政时撤销了教官考选法，施行荐举制。削减了太学学官，增加了州学学官，元祐时期的教育处于相对平稳的发展状态。

---

① 《宋史》卷一百六十五，第3912页。

② 李焘：《续资治通鉴长编》卷四二九，中华书局，2004年，第10366页。

③ 元代史料丛刊编委会：《元规划史料丛刊初编》，黄山书社，2012年，第3230—3231页。

（2）哲宗亲政（绍圣年间）改革教官试制度：先荐举后考试

元祐九年（1094年），高太后去世，哲宗皇帝亲政，迅速恢复了神宗朝王安石执政时的教育制度，停止《春秋》课程，取消《春秋》博士。太学命官恢复到神宗元丰时期数额。

哲宗绍圣元年（1094年）五月十三日，左司谏翟思言："熙宁初，除诸路学官，与更置太学博士、正、录。虽有朝廷特除，然类令国子监长贰荐举，索所业考第高下，以次除授。复立试法，以核材实。其进士发解、省试、廷试在十五人内，太学上舍、内舍职事者，并令召试，不在此例，许投所业，国子监考覆，方预召命。虽取之甚难，然一时所得，皆公义之所与。元祐以来，罢去试法，特行除授。请自今除学官依旧法召试，更不令自投所业，在内许国子监长贰、台谏官，外则监司，皆得荐举，上副陛下教养之意。"三省言："尚书、侍郎、学士、待制及两省官、御史台谏官监察御史以上、国子祭酒、司业，每岁许奏举堪充诸路学官一员，须进士或制科出身、年三十以上、无私罪重及非冲替人。其奏举到学官，除元系制科及进士及第上五人、省试上三人、国子监开封府广文馆发解第一人，或太学生舍生该出官免省试人，更不试外，余并召赴阙，附吏部春秋参选人试。凡试两经大义各一道，以通晓经术、文理优长为合格。其举试到学官，中书省籍记姓名，遇有阙，三省同选差。"从之。[①]

从上文可以看出，哲宗亲政后对熙宁年间的学官考选法进行了分析评判，并阐述了恢复旧法进行召试的必要性，强调尽快恢复并对其进行一定的改革，即"更不令自投所业"，不允许再如过去那样进行自我申请，提交作品，而是在较大的范围内实行推荐与考试结合并用的方法。主要规定如下：

第一，对荐举官资格及荐举人数进行了界定：尚书、侍郎、学士、待制及两省官、御史台谏官监察御史以上、国子祭酒、司业，每年允许奏举学官一名。

第二，对被荐举者资格进行了规定："须进士或制科出身、年三十以上、无私罪重及非冲替人。"

第三，对于免试候选人进行了划定：其奏举到学官，除元系制科及进士及第上五人、省试上三人、国子监开封府广文馆发解第一人，或太学生舍生该出官免省试人，更不试。这项规定非常务实、高效，而且尊重以往成绩，免去了很多不

① 《宋会要辑稿·选举》三一之一八、一九，第4732—4733页。

必要的麻烦,是有进步意义的。自此以后,教官试制度均将此规定延续下去。

第四,对须参加考试选拔的人员进行了规定:除以上无须再参加考试的人员外,"余并召赴阙,附吏部春秋参选人试"。

第五,对考试内容及成绩评判标准进行了限定:"凡试两经大义各一道,以通晓经术、文理优长为合格。"

第六,对入选学官的管理进行了规定:"其举试到学官,中书省籍记姓名,遇有阙,三省同选差。"

不难看出,哲宗绍圣年间教官考选制度的改革无疑是对元丰考选制和元祐推荐制的继承、融合与发展。一方面继承了元丰试法的考试程序,另一方面继承了元祐年间的教官推荐制。对于元丰试法在继承中有所发展:一方面废止了元丰试法的"投所业"做法,另一方面又增加了考试内容,即由元丰试法的试一经增为试两经。这是符合当时的需求的,元丰年间规定教官试一经,但事实上不止教一经,这样难免为难教师或耽误学生。由试一经改为试两经,及元符年间的"试三经"具有进步意义。元符元年(1098年)七月丁卯,中书舍人赵挺之言:"选试教导之官,原增为五经,国子监请两经,试卷各为字号,但取入等者为合格。诏:今后试三经,余从之。"[1]自此,教官考选内容又增为三经。而且,同年同月又诏:学官岁一试,即每年举行一次,但在自由竞争的力度和范围上始终不及神宗时期。

综上,哲宗元祐时的教官荐举制是在元丰考选制基础上的退步,哲宗亲政后对教官考选制的改革,将推荐制与考试制结合在一起,是对教官选拔制度的完善和发展。

### 3.徽宗朝教官试制度的变化

#### (1)学官数量的起伏

徽宗朝,尤其是蔡京得到重用的时期,教育发展一度出现了狂热的状态。从中央官学到地方官学,教官数大增,全国各地官学均有专职教官。首先,中央官学教官数量有所增加。为了适应不断膨胀的教育规模,于太学外建立了辟雍,成为外学。辟雍成立后即配置了一套教学与管理人员。崇宁元年(1102年),凡具外学条件的辟雍,"外学官属:司业一人,丞一人,博士十人,学正五人,

---

① 黄启方:《黄庭坚研究论集》,安徽人民出版社,2005年,第109页。

学录五人。职事人系学生充,学录五人,学谕十人,直学二人,斋长、斋谕各一人"①。"三年,诏辟雍置司成、司业各一员,四年,诏:'辟雍待四方贡士,在国之郊,太学教养上舍生,在王城之内,内外既殊,高下未伦;辟雍有司成在侍郎之次;国子有祭酒、司业列于卿、少,事体不顺,合行厘正。'改辟雍司成为太学司成,总国子监及内外学事,凡学之事,皆许专达。"②即崇宁三年(1104年),朝廷设辟雍司成职掌辟雍全面工作;翌年,发现这种安排欠妥,遂改辟雍司成为太学司成,作为国子监内外学事的最高长官。大观元年(1107年)九月,国子学、太学、辟雍共置博士20人。大观三年(1109年)六月,蔡京第二次罢相。张商英掌权后削减蔡京时期的教官数量,国子监教官全部被罢,工作由太学教官负责。政和二年(1112年),蔡京重新上台后即命令恢复大观三年(1109年)以前的制度。

其次,地方官学教官数量也有所变化,这种变化多是伴随着政治斗争而发生的。崇宁元年(1102年)十二月规定,大郡设教官二员,学生三百人以上的设教官二人。崇宁五年(1106年)蔡京罢相,右相赵挺之掌权,对蔡京所定政策进行更改,将州学教授二人减为一人。七月,徽宗下诏恢复被削减的学官。翌年正月,蔡京复相,州学教授继续增加。大观三年(1109年)六月,蔡京再次罢相。大观四年(1110年),掌权后的张商英以冗官为名,对教官人数进行了调整,"所在学生及五百人已上,许置教授二员,其不及五十人者不置,以本州在任有出身官兼领。阙,即知通于本州在任官内选曾在太学、辟雍及得解与贡、经行可称之人,申学事司审察权差"③。同年九月二十日再次进行调整,凡"三舍在学生及五百人已上许置教授二员,其不及八十人者不置"④。即将不配教授的标准,从五十人增至八十人,使更多的州学教官受到削减。第二年又规定:"大观四年初,诏诸州教授,学生不及五十人者不置,继又诏以八十人为率,虽熙丰旧置教授州郡不拘此令"⑤,即,如果是熙丰年间已置的教授,即使不满八十人也可保留。这无疑说明了张商英的政策是专门为推翻蔡京政策而定的,但都使教育饱受政治斗争之害,使得一百多所州学没有了专职教官,后又不得不恢复了"五十人"的标准。政和二年(1112年)五月,蔡京再次上台后,再次宣布张商英时期的政策

①《宋史》卷一百六十五,第3913页。
②《宋史》卷一百六十五,第3913页。
③《宋会要辑稿·崇儒》二之一五,第2194页。
④《宋会要辑稿·崇儒》二之一五,第2194页。
⑤《宋会要辑稿·崇儒》二之一六,第2194、2195页。

无效,下令恢复原来的教官制度:每所州学必有一名教官;每三百人的学校要设两名教官;六七百人的学校配置三名教官。徽宗朝教育发展迅速,学生数量不断增加,教官数也随之不断增长。

(2)教官试制度的波动

从总体趋势上看,徽宗朝教官数是呈增长之势的,而且增幅较大,神宗朝地方官学教官的问题在徽宗朝得以解决,这直接影响了教官选任方式的变化。

第一阶段,否定了哲宗后期的教官试制度,实行朝廷指派(中书选差)的政策。崇宁元年(1102年)八月二十二日,宰臣蔡京等言:"乞罢开封府解额,除量留五十人充开封府土著人取应外,余并改充天下贡士之数。诸州军额各取三分之一添充贡士额。乞天下并置学养士,郡小或应举人少,则令三二州学者聚学于一州,置州学,并差教授,先置一员,在学生员及百人已上,申乞添置,不拘资序,并许选差。应元祐以来教授条制更不施行⋯⋯"①徽宗朝将教育的扩张作为政治业绩去追求,为了大量增加官学教官,从兴学一开始就废止教官试制度,改为中书选差,并"不拘资序"。表面上是否定元祐政策,实际上亦是推翻了绍圣年间的很多规章,包括教官选试制度。其目的是降低录用条件,以保证大量教官得以就位。大观元年(1107年)九月十五日,又规定:"国子、太学、辟雍博士共置二十员,各以易、诗、书、周礼、礼记为定额。国子并太学每经一员,辟雍二员,并选元始经登科人。"②将学官录用条件定为"元始经登科人",即,教授哪门课程就启用哪科及第的官员。

第二阶段,张商英主政时恢复教官试制度,并进行了改革。在蔡京第二次罢相后,掌权的张商英在削减官学学官人数的同时,又于大观四年(1110年)八月,"行内外学官选试法"。③闰八月二日尚书省言:"勘会吏部见行选试学官,除教授系投所业见,依条改试施行;其试太学博士正、录系取,应选人奏拟召试,若令吏部逐旋奏拟召试。切虑趁试不及,诏令吏部将应选合该召试之人,一面晓示召试。"④规定州学教授在考试前要先"投所业见",即先递交自己的作品,经过审核之后才能参加应试。中央官学的教官选拔应由吏部选人进行召试。政和

① 曾枣庄、刘琳:《全宋文》第109册,上海辞书出版社,安徽教育出版社,2006年,第120页。

②《宋会要辑稿·职官》二八之一七,第2980页。

③《宋史》卷二十,第385页。

④《宋会要辑稿·职官》二八之一九,第2981页。

元年(1111年)五月七日,"诏两学博士、正、录依元丰旧制选试,朝廷除授。"①即全面恢复元丰教官试制度。政和二年(1112年)正月二十七日,臣僚言:"元丰六年召试学会六十余人而所取才四人,皆一时知名士,程文具在至今人皆诵之。大观四年、政和元年秋试学官,大率三人取一,校之元丰无虑数倍。乞自今学官每十人取一。"②对于政和年间的教官试的录取率,人们是有争议的,通过对比元丰年间"六十余人"而"取四人"的比例,认为当下的录取率"三人取一"太高了,以至于大大降低了教官的质量,为此改为"十人取一"的比例。这样又大大增加了教官试的难度。

第三阶段,政和二年(1112年)五月,蔡京重新上台。随即又取消了张商英的教育政策与教官试制度,并颁布新的州学教官选任制度,即恢复过去由朝廷选任教官的制度,尤其是强调了教官选任"悉取于学校"的重要性。同年八月十一日,臣僚言:"师儒之官,比年立试选之法,归之吏部。陛下旋命参以选格,皆自朝廷除授,独试学官之法,尚未闻罢去。士之由学校以进者,上舍不入上五名、升补不与上十名、殿试不在甲科、职事未尝与选,与夫公试不与上三名之类,往往无复学官之选。夫选之如是之难,而一试之侥幸乃遂得之,则其难易不等又晓然矣。伏望罢去试选之法,悉取于学校。"③即规定了教官的来源与资质:上舍生前五名,州学升太学考试前十名,殿试获甲等成就者,曾经任职太学者,公试前三名。这与蔡京"罢科举,取士悉由学校升贡"的思想一脉相承。而且认为,凭借一次考试成绩存在侥幸因素,即未必能考出真实水平。由于张商英执政时期提高了教官考选难度,因此一些地方官学教官数量不足,于是,蔡京采取了士人自愿报名的方法,在一定程度上降低了州学教官的条件。在政和三年(1113年)六月采用了新的州学教官选任办法:

　　诸路教授尚多阙员,旷职废事非便,令尚书省置籍,每季左右司划刷半年以上阙,从本省榜示,许合格人投状指射,左右司勘会,合格人具名呈禀讫,送中书省,限二日差充。以曾试中或曾经两任教授人、次充教授一年以上、次曾充两学正、录、次曾充两学大职事半年以上、次曾充两学长谕、次曾为贡首、次曾在公试十人名内,于格内中二事以上者为合格。即无中格人愿就者,但一中格听选。无一事中格人者,以曾补内舍人选充。即非上舍登科,不在选限。以中格多者为上,同者以格内一事先后为上。俱同者具名禀宰丞选一名。①

其要点如下:

①尚书省负责登记并于每季公示州学需增教授者。

②允许条件满足者提出申请。

③左右司负责核查申请人资格,并将合格人名单呈送尚书省,并限两日内任命。

④申报条件为:曾经通过了教官考试,或者曾经两次担任教授者;担任教授一年以上者;曾经两次担任国子监和太学学正、学录者;曾两次担任国子监和太学较重要的职事达半年以上者;曾两次担任国子监和太学斋长、斋谕者;曾为升贡第一名者;曾为太学公试前十名者。

⑤满足两项条件以上者为合格;如果没有具备两项者就选一项合格者;如果一项合格者也没有就从内舍生的优秀者中选充;如果不是通过上舍登科者,优先录用符合多项条件者;如果合格项目一样多,则按规定的先后次序录用;如果条件相同,则呈报宰相挑选。

第四阶段,政和八年(1118年),兼用教官试制度和选差制度。政和八年(1118年)五月二十四日诏:"两学博士、正、录,并诸州教授,兼用元丰试法。仍止试一经。吏部供到元丰法进士第一甲,或省试十名内,或府监发解五名内,或太学公私试三名内,或季试两次为第一人,或上舍内舍生,或曾充经谕以上职掌,或投所业乞试并听试入上等注博士、中等下等注正录,即人多阙少愿注诸州教授者听。"②这项规定不仅恢复了教官试制度,同时也在沿用尚书、中书省选差任命制度。两种制度同时使用,目的是最大限度地满足官学对教官的大量需求。而且从元符年间的试三经降为试一经,这也是在降低学官的门槛,其目的均是保证学官数量的迅速增长。

徽宗皇帝崇尚道学,倡导官学开设道学课程。为此于重和元年(1118年)九月在太学和国子监各设两名道经博士;九月,各地州学各设一名道经博士,由当

---

① 顾明远:《中国教育大系:历代教育制度考(一)》修订版,湖北教育出版社,2004年,第755页。

②《宋会要辑稿·职官》二八之二五,第2982页。

地官员兼。

第五阶段,宣和三年(1121年)王黼执政,全面恢复神宗朝教官试制度并停止了朝廷选派(选差)制度。宣和二年(1120年)六月,蔡京再次罢相,王黼掌相权。他对蔡京时期制定的教育政策进行了大的调整,"内外学悉遵元丰成宪",使神宗朝的教官试制度得以全面恢复。宣和三年(1121年)二月二十日降诏:"罢天下三舍,太学以三舍考选,开封府及诸路以科举取士,州县未行三舍以前应置学官及养士去处,并依元丰旧制。太学生并拨填太学旧额,辟雍旧额入太学者拨入额外依旧制,遇阙填国子生及诸内舍上等校定人,愿入太学者与免补试,辟雍官属并罢。"明确提出"应置学官及养士去处,并依元丰旧制",并撤销辟雍所有官属。是年三月九日,国子监言:"太学官吏已降指挥并依元丰法。吏部供到国子监未行三舍已前依元丰法,合差太学博士一十员,太学正五员,太学录五员。见今员数,太学博士七员,内二员系讲道经。于宣和元年置太学正三员、太学录三员;国子博士五员、国子正二员、国子录二员。除讲道经博士二员见别作施行外,诏国子博士、正、录改充太学博士、正、录。"①国子监所言情况,除增添了两位道经博士之外,其他学官设置皆与元丰时相同。

关于州学教官的设置,在上面宣和三年(1121年)二月二十日诏中有所提及:"州县未行三舍以前应置学官及养士去处,并依元丰旧制。"同年三月十五日,左右司言:"奉圣旨,诸路州县学并依元丰旧法,所有未行三舍以前应置学官去处,未审合与不合从本司选拟。诏教授应法并差注,并依元丰条例。"②即州学教官选任依元丰旧制。同时,宣布"政和三年六月十三日令左右司刷阙许人指射指挥,更不施行",这里指的是蔡京掌权时对教官选任采用的朝廷选派(中书选差)制度。也就是说,此时实行的教官选任制度只有"依元丰旧制"的考选法,而不再实行朝廷任命制。

综上,徽宗末年实行的教官考选制度基本上又回到了神宗元丰时期的状况,此种状态延续到北宋末年。

---

① 《宋会要辑稿·职官》二八之二二,第2982页。
② 《宋会要辑稿·崇儒》二之三一,第2202页。

### 三、北宋教官试制度的意义与启示

1.教官试制度的意义

（1）教官试制度为中国教育史上的创举和辉煌成就

大凡重视教育的朝代都重视教师的选任，每个朝代均会根据自己的历史背景、时代需求及具体的社会现状选择一种或多种选任教师的方法或制度。有的选任制度较为明确，有的则含糊不明朗。而且每种制度的形成均会受到当时教育发展诸多因素的影响，可以说是社会、教育发展到一定阶段的产物。于北宋神宗朝诞生的教官试制度则是一个典型代表。在仁宗朝官学广泛建立的基础上，神宗朝将发展教育的重点放在了不断完善官学管理体制上，其中有一项重要的举措即广泛配置教官。而教官的水平又直接影响了教学质量，于是在这样的背景下，朝廷开始探索实施教官试制度。教官试制度成为中国教育史上的一种创举，开辟了教师录用制度的新天地，是中国古代教育发展中的辉煌成就，为促进教育的发展做出了巨大贡献。

（2）教官试制度强化了中央集权

教官试制度实行的各个环节均能反映出中央政府拥有对教育的掌控权。从对"投其所业"的审查，到考试内容的设定，均反映了朝廷的意志导向。从对教官试资格的划定，到依成绩任命官职，从教官试制度实行初期的考选到考选与朝廷选派制度的结合，再到徽宗朝后期的"依元丰旧制"，无不体现出朝廷对教官选拔的掌控，以便其更好地贯彻实施国家的教育政策，这也是强化中央集权的表现。

（3）教官试制度科学进步，严格公正

随着教育的发展，必然会出现各种各样的问题和现象，人们自然会创新出各种应对方法和策略。从发展趋势上看，教育必然要朝着更加科学合理、更加公平公正的方向发展。当中国古代教育发展到北宋年间，随着兴学运动的不断开展、教育规模的不断扩大，对教育的重视和探讨成为必然之势。于是出现了多种教育创举，诸如提举学事司的创设、学田制的实施以及教官试制度的建立等，这些均为中国教育史上有重要意义和影响的教育事件。教官试制度的开创及不断的磨合、发展使得北宋教育体制中教师管理领域更加科学严密，给更多的学子士人提供了公平的竞选机会，避免了选差过程中个人因素的影响及对人评判的失误。通过严格程序选拔教官，可以较全面地了解一个人的政治倾向、专业知识、认识能力、文章表达能力、思维水平等,通过考试的人多为文化素质和能力较高的教学及管理者,他们反过来又会促进教育制度的进一步完善与良性发展。

(4)提升了官学管理水平

学校的管理水平直接决定了教育水平。作为直接参与教学与管理的教官来说,其个人的文化素养及管理能力是影响教育发展水平的重要因素。为此,北宋早期即实行教师讲授能力的考试,在此基础上形成了以考试经学内容为主的教官试制度。考试内容从一经到两经、三经等。这种探索完全是为了保证教官的综合文化素养,以便更好地完成教学与管理任务。通过严格考选而任命教官的方法本身即是对教育进行严格管理的重要环节,而通过考试选任的教官又会直接参与教学与管理活动,自然会提升其官学管理水平。

(5)为后世教官选任制度的发展奠定了基础

任何新生事物都要经过一个不断发展的过程。教官试制度产生于北宋,经过几个阶段的磨合、探索、试验逐步趋于成熟。而且,只要它的存在有合理性、科学性,便会被不断吸取并发扬光大。宋代教育史上的精华均被后世传承,教官考选制度也不例外。南宋于建炎三年(1129年)恢复教官试制度,对资质和任命官职有所不同。元代的教育制度很多都借鉴宋朝,学官设置"准汉人国学例"。其教师的选拔和迁转都要经过严格的考试和举荐过程。"郡守及宪府官试补。直学考满,又试所业十篇,升为学录、教谕。"①可以看出元代最低级的学官直学则要通过考选。教授的选拔也很严格,"……公坐出题试验,将亲笔所业文字,并察司的本牒文缴申省部,移文翰林国史院再行考校定夺"②。明朝代宗景泰元年(1450年),朝廷下令,岁贡生员如果愿意就任教职的,可以通过翰林院考试,合格后即可授予教谕、训导。③清代早期最基层的助教、学正、学录,由史部在进士、举人、贡生及各部笔帖式中考选产生。虽然后世各朝代教官选任制度不完全一致,但都结合本朝的实际,或多或少地吸取了宋代教官试制度的精华。由此可见,宋代教官试制度影响之深远,可以说为后世教官考选制度的发展奠定了基础。

---

① 宋濂等:《元史》卷八十一,岳麓书社,1998年,第1151页。

② 王颋点校:《庙学典礼》卷二,浙江古籍出版社,1992年,第35页。

③ 吴宣德:《中国教育制度通史》第四卷,山东教育出版社,2000年,第241-242页。

2.教官试制度的启示

教官试制度虽然诞生于宋代,很多做法还欠成熟,但其精神实质有着强大的生命力,其中的许多措施对后世乃至当今的教育改革均有着借鉴价值。

第一,当今高等教育可以实行专业教师聘任考选制。北宋考选制规定,教官的选定必须先通过专业考试,即试一经或试二经、试三经等,目的是保证候选人的专业水平及文化素养,以免误人子弟。我们今天的高等教育也可以借鉴实施教师聘任考选制。即,高校根据专业设置专业岗位若干,实行教师选聘制。根据专业需求设置相关专业内容一门或几门进行笔试,之后进入口试,主要考察其专业水平和讲授能力。最后根据总成绩选定该专业或课程的教师。这样既保证了专业教师之"专",又保证了教师具有一定的讲授能力,避免了"茶壶煮饺子"现象的发生,进而从根本上保障了教学质量。

第二,对于特殊专业和研究领域的教师可以实行"投其所业"和"考选"相结合的方法选定。北宋教师考选制注重对特殊人才的选拔,即选拔在经术、历史或文学艺术等方面的优秀人才,对他们专业水平的考察必须将对成果的考察和理论的考察结合起来。我们可以从中借鉴这种方式,比如艺术、学前教育、特殊教育或其他特殊专业所聘任的教师,须先递交自己的专业作品、研究成果或者展示自己的操作技能,合格后方可进入专业理论考试阶段。最后依成绩选聘教师。这样无论是专业技能水平还是专业理论素养均能得到保障。

第三,充分挖掘优秀生辅助教学与管理工作。无论是基础教育还是高等教育阶段,均可借鉴北宋教官选任制度中关于任用学正、学录、学谕等的做法。可以根据实际需要设定若干数量的相关职位,通过考试,从优秀生中选定,让其辅助教师的教学与管理工作。这样既能充分调动学生的主动性和积极性,培养并提升其自我管理能力,提高自身综合素质,而且还易于在学生群体中开展工作,效果很好,同时还能节省教师聘任的费用。

# 第十章
# 北宋皇帝与书院官学化及北宋书院的发展

## 第一节 宋初对人才的渴求与教育之困

### 一、北宋政府支持书院的社会背景

1.对人才的迫切需求只能借助增加科举名额,书院与科举结合,教育功能得到强化

北宋建国之初,根据当时的社会状况制定了崇文抑武政策,经过宋初三代的力行,该政策成为有宋一代的祖宗之法,这既是北宋的基本国策,也体现了北宋的文教政策。对教育的重视贯穿整个有宋一代,北宋官学教育的发展达到鼎盛时期。北宋建立之初,国家管理机关迫切需要注入一批有知识有文化的管理人才,但由于多年战乱的影响,经济衰败,教育处于瘫痪状态,统治者的主要精力用在了国家统一和维护稳定上,无暇、无力顾及教育对人才的培养。对人才的迫切需求成为宋初朝廷面临的重要难题,鉴于当时的教育条件无法在短时间内培养出所需要的大量人才,朝廷迫不得已只有通过改革科举取士制度,不断增加取士名额,以此来选拔所需人才。这种选人办法是急功近利的举措,很难保证选拔人才的质量,但根据当时的社会现实也是无奈之举。

2.对文人价值的推崇致使学风日盛,求学于书院以解无校可学之困

宋初统治者对人才的选拔和重用,使得科举取士之风愈演愈烈,经历唐末五代的士人阶层参与社会管理的热心重新被激发出来,读书人的社会价值重新得到统治者的认可,在宋初每年大幅递增的科举名额的吸引下,士人阶层对儒家经典的苦读与探索成为当时社会学习的风尚,甚至形成了以不学为耻的社会舆论现象。正如吕祖谦在《白鹿洞书院记》所言,"国初,斯民新脱五季锋镝之厄,学者尚寡,海内向平,文风日起,儒先往往依山林,即闲旷以讲授,大师多至

数十百人,嵩阳、岳麓、睢阳及是洞为尤著,天下所谓四书院者也"[1]。这里,吕祖谦对宋初人文背景做了概括性描述。但是,当时的社会矛盾是,一方面学子们对入校接受教育怀有迫切的需求,另一方面政府却无力提供学校教育进行人才培养,这一对突出矛盾在当时无法从根本上得到调和,所以宋初教育活动的开展主要是选择仅存的设施和场所进行。除了勉强维持国子监和太学之外,一是修复以往破败的孔庙作为官学场所,二是利用旧有的书院培养人才。每一位北宋统治者对教育的复兴和人才的培养都持有积极态度,抱有满腔热情,只要是有利于教育发展、有利于人才培养的方法途径,只要是能想到的、能发掘的场所,便会尽其所能加以充分利用。除了不断恢复官学教育体系之外,宋初几代帝王对原本属于私学的书院也予以关注和支持,并将部分书院纳入官学体系,使得一些没有学堂读书的士子可到书院求学以参加科举,本已在书院就读的学子也可以参加科举应试,这样使书院为科举取士和人才选拔出一份力。由此可见,宋初的书院在一定程度上充当着官学机构的角色。

## 二、北宋前期书院的优势与不足

北宋书院的发展经过了两个阶段:第一阶段为庆历兴学之前,第二阶段为庆历兴学之后到北宋末年。第一阶段为北宋前期,传承下来的书院主要是唐末五代的书院,出现了名闻天下的四大书院,书院盛誉显赫一时。第二阶段的书院虽然受到官学兴盛的影响,但也获得了一定的发展。第二阶段的书院角色发生了变化,随着官学体系的逐步建立和不断成熟,培养人才的任务从书院转到了各级官学,那么,此时书院官学的替代角色逐渐转换成学术发展的阵地。北宋中后期,书院逐渐成为理学诞生和发展的摇篮。北宋初期的书院之所以能成为官学的替身,除了朝廷无力无暇顾及人才培养的社会现实之外,还与书院当时的现状与特点有关。

### 1.宋初书院的优势

书院从唐朝诞生之后逐渐发展,到唐末五代时期,由于多年战乱的影响,教育一度萧条,书院成为知识分子静心读书、躲避战乱的场所。如朱熹在《衡州石鼓书院记》中所言:"予惟前代庠序不能,士病无所于学,往往相与择胜地,立精

---

[1] 陈谷嘉、邓洪波:《中国书院史资料》上册,浙江教育出版社,1998年,第72页。

舍,以为群居讲习之所。"①书院能够经过战乱得以保存下来,是因为书院有着特殊的作用。王炳照先生认为:"书院教育的本质特征是私人藏书聚徒讲学。民间或私人具备藏书条件,构成书院教育产生的前提。"②第一,北宋时期书院较多。据邓洪波先生统计,两宋时期共有书院720所。其中北宋时期,根据统计数字表明,是期书院总数在73所以上,略微超过唐五代十国近350年所有书院的总和,而实际存在的书院当在百所左右。增长速度的加快,标志着中国书院历史已经进入一个初步而重要的发展时期。他还进一步分析:相信掌握的材料愈多,统计的数字会愈大,也愈接近历史的真实。考虑到这种因素,以及尚有百余所书院分不清南、北宋的现实情况,我们估计北宋书院的实际数在100所以上。第二,书院是传播、研读知识学问的场所,为此必定藏有一定数量的经典古籍,并不时举行祭祀圣人和先贤的活动。这样的功能使得书院相对于喧嚣的社会是难得的世外桃源。社会上的一批士子学人在此聚学研讨,教育的功能成为书院最重要的存在价值。第三,书院有一批学问精湛的大儒或者名师。他们或创办书院,或主持书院,或在此讲学授课,他们对人才的培养和教育的推动作用是不可小觑的,或者说,正是他们的存在才使书院得以薪火相传。第四,书院有一定的空间和田地来容纳、供养一定的人员在此生活、学习。书院的建立主要有几种情况,有的是在当地政府支持下创办的,有的是由当地乡绅赞助而建的,有的是由退休官员赞助、牵头募捐或集资建起来的,还有的是个人捐赠私家房产修建的。有些书院是在原有文庙的基础上发展起来的。无论怎样的书院,一般都会拥有一定量的房舍用以讲习、藏书、住宿和祭祀。第五,书院是一所特殊的学校,因其特殊的职能,决定了书院对学子的开放性。当地人可入院求学,外地人也可前来切磋学问,在书院研学不受地域限制,这样更有利于学问的传习、研究与传播。事实上,来书院学习者中有很多慕名前来的远方学子,为此我们才得以分享"程门立雪"这样美好而感人的典故。

2.宋初书院的不足

第一,书院相对于官学永远处于弱势地位,根本原因在于书院的形成与发展受经费的制约。私办书院较多,一般书院所拥有的田产较少,收入来源有限,甚至有的书院只能靠社会捐助来维持,如果无人捐助则无法延存。宋初的书院

---

① 邓洪波:《中国书院史》增订版,武汉大学出版社,2013年,第78页。
② 王炳照:《中国古代书院》,中国国际广播出版社,2009年,第14页。

多是唐末五代留存下来的,多是由个人创办并经过了战争洗礼,所以,书院多呈现苟延残喘的状态,即使是著名的书院,也面临着关闭的困境。第二,书院相对于官学来说,藏书量较少,藏书多为个人捐赠,战乱中的流失更使书院雪上加霜。书院的其他功能也很难正常维持。第三,主持书院者及师生流动性大,不稳定,常使书院处于散乱无序的状态。

鉴于宋初书院的状况和朝廷无力发展教育的现实,朝廷和书院双方均看到了摆在自己面前的历史机遇。对于宋初统治者来说,书院是一个很好的培养人才的场地,只要给予一定的支持,利用、发挥书院的长处,补足书院的短板,将书院为我所用,即可在一定程度上解除人才培养的燃眉之急。对于书院来说,书院的运行与发展需要外界力量的支持,能傍上朝廷的“大腿”何其难得,何乐而不为呢!所以,在北宋官学体系尚未建立起来之际,宋初书院必然会担负起为政府培养所需人才的部分任务,官学化成为宋初书院发展的必然结果。

## 第二节 北宋政府对著名书院的支持

### 一、北宋四大书院概说

四大书院之说始于南宋,何为北宋四大书院? 有不同的说法。马端临在《文献通考》中认为,四大书院分别是白鹿洞书院、石鼓书院、应天府书院和岳麓书院。[①]他在《文献通考》中还提出“宋初四书院”的说法,和四大书院不完全一致。宋初四书院即:白鹿洞书院、嵩阳书院、岳麓书院和应天府书院。此四书院之外,又有茅山书院。[②]王应麟则将白鹿洞书院、岳麓书院、应天府书院和嵩阳书院归为天下四书院。[③]清代全祖望在《答张石痴征士问四大书院帖子》中认为,“四大书院,考据未核。以愚观之,当以王厚斋应麟《玉海》所定为是,盖嵩阳、睢阳、岳麓、白鹿也。然予尝考其始终盛衰兴废之详,有北宋之四大书院,有南宋之四大书院,而北宋之四大书院,诸家纪载,互有不同。”[④]全祖望提及的“睢

① 陈谷嘉、邓洪波:《中国书院史资料》上册,浙江教育出版社,1998年,第41页。

② 陈谷嘉、邓洪波:《中国书院史资料》上册,浙江教育出版社,1998年,第42页。

③ 陈谷嘉、邓洪波:《中国书院史资料》上册,浙江教育出版社,1998年,第42-45页。

④ 陈谷嘉、邓洪波:《中国书院史资料》上册,浙江教育出版社,1998年,第49页。

阳"即应天府书院。看来,史家多认可以白鹿洞书院、岳麓书院、应天府书院和嵩阳书院为北宋四大书院之说。从以上记载我们看到多种说法:四大书院、宋初四书院、天下四书院等等。除了四大书院,还有时任南昌郡守的吴泳所持的三大书院之说,即岳麓、石鼓、白鹿洞。①无论哪一种说法,都是为了展示北宋书院声名显赫,影响之大。

## 二、皇帝的支持与著名书院的发展

北宋朝廷对书院的支持不仅限于四大书院,对多所书院均有支持。当然,朝廷也会选择那些影响大、底子厚、功能相对完善的书院予以赞助支持,为我所用。能达到这样标准的也一定是知名书院。这里重点了解朝廷是如何支持四大书院及著名书院的。应天府书院作为四大书院之一,鉴于它的特殊性,不在本部分进行论述,后文单列进行阐述。

1.白鹿洞书院

白鹿洞书院在江州(今江西九江)庐山白鹿洞。王应麟在《玉海》中记录了白鹿洞书院的历史沿革,现摘录北宋部分如下:

宋太平兴国二年三月庚寅,知江州周述言:"庐山白鹿洞学徒数千(编者按:千,当为十之误)百人,请赐九经书肄习。"诏从其请,仍驿送之。五年六月己亥,以白鹿洞主明起为褒信主簿,赐陈裕三传出身(起、裕以讲学为业,故有是命)。咸平五年,敕有司重修缮,又塑宣圣十哲之像。祥符初,直史馆孙冕请以为归老之地。皇祐五年,其子琛即故址为学馆十间,牌曰白鹿洞之书堂,俾子弟居而学焉。郭祥正为记。②

《江西通志》卷八十二载:"祥符初,直史馆孙冕请归老于洞,许之。"③

从以上记录中,我们清晰地看到北宋皇帝对白鹿洞书院的厚爱与支持。第一,宋太宗太平兴国二年(977年),应江州知州周述之请,赐白鹿洞书院"印本九经"并通过官方运输渠道"驿送"至白鹿洞书院。皇帝之所以应允白鹿洞书院之请,说明当时的白鹿洞书院已经大有名声,而且学子众多,达几百人,是一个可

---

① 邓洪波:《中国书院史》,东方出版中心,2004年,第86页。
② 陈谷嘉、邓洪波:《中国书院史资料》上册,浙江教育出版社,1998年,第43页。
③ 陈谷嘉、邓洪波:《中国书院史资料》上册,浙江教育出版社,1998年,第61页。

以为我所用的地方,当地知州对教育的重视也需予以鼓励与支持。同时,九经书籍在当时国家还是有能力予以支持的。第二,太平兴国五年(980年),太宗皇帝赐白鹿洞洞主明起为褒信县主簿官;赐陈裕三传出身。明起作为白鹿洞书院洞主,在书院的管理和人才培养方面成绩突出,陈裕因从教白鹿洞书院,学问精湛,二人得到皇帝的褒奖,赐官、赐出身,这体现了皇帝对白鹿洞书院及其对人才培养产生的重要影响的重视,是对白鹿洞书院育人成果的高度认可。第三,真宗咸平五年(1002年),敕有司修缮白鹿洞书院,塑宣圣十哲之像。朝廷下令让相关部门修缮书院并为圣贤塑像,应该是对书院莫大的支持了。第四,大中祥符元年(1008年),直史馆孙冕请求皇帝答应自己到白鹿洞书院养老,皇帝爽快地答应了。这也说明当时的白鹿洞书院学术氛围浓厚,地位重要,孙冕的入驻在一定程度上代表了皇帝的意志。孙冕致仕选择白鹿洞书院,皇帝应允,但遗憾的是孙冕未至而身亡。如果孙冕当时健在,他请归白鹿洞书院是极好的人生选择和归宿,对于白鹿洞书院的发展具有重要的意义。直到皇祐五年(1053年),孙冕之子、礼部郎中孙琛继承父志,在白鹿洞书院原有的基础上予以增扩。“皇祐五年,其子琛即故址为学馆十间,牌曰白鹿洞之书堂,俾子弟居而学焉。”[1]

马端临在谈到四大书院时也分别提及了书院与朝廷的关系,以及朝廷对书院多种形式的支持。在《文献通考》中也有类似《玉海》中的记载:“宋太宗皇帝太平兴国二年,知江州周述言,庐山白鹿洞学徒常数千(编者按:千,当为十之误)百人,乞赐九经肄习,诏国子监□本,仍传送之。”[2]

白鹿洞书院在后世之所以声名显赫并不主要是因为曾得到皇帝的支持,更重要的原因是南宋朱熹的修复、讲学与制定学规并请吕祖谦为之作记。朱熹之所以选择在此讲学,是因为在他知南康军时发现,北宋初年即得到了皇帝重视和赏赐的白鹿洞书院却无比萧条,他深感痛心,于是决心修复白鹿洞书院,以恢复往日讲学的繁盛。按照李才栋和邓洪波先生的分析,宋初白鹿洞书院的特点是“起始较早,基础较好”[3],或许这就是得到皇帝赏赐的主要原因,这样的书院势必会为朝廷培养人才做出一定的贡献。

---

① 邓洪波:《中国书院史》增订版,武汉大学出版社,2012年,第100页。
② 陈谷嘉、邓洪波:《中国书院史资料》上册,浙江教育出版社,1998年,第41页。
③ 邓洪波:《中国书院史》增订版,武汉大学出版社,2012年,第100页。

2.岳麓书院

岳麓书院,位于潭州(今湖南长沙市)岳麓山抱黄洞下,号称天下书院之首。无论是三书院之说、四大书院之说,还是宋初四书院之说,岳麓书院均名列其中,也说明了岳麓书院在书院史上具有不可替代的地位和影响力。曾为岳麓书院副山长的欧阳守道在《赠了敬序》①中有载,岳麓书院是在两位僧人慕儒者之道,割地建屋、购书兴学的场所因袭增拓发展起来的。

据王禹偁于咸平三年(1000年)在《潭州岳麓山书院记》中记载:

初,开宝中,尚书郎朱洞典长沙,左拾遗孙逢吉通理郡事,于岳麓山抱黄洞下肇启书院,广延学徒。二公罢归,累政不嗣,诸生逃解,六籍散亡,弦歌绝昔,俎豆无睹。公询问黄发,尽获故书,诱导青衿,肯构旧址,外敞门屋,中开讲堂,揭以书楼,序以客次。塑先师十哲之像,画七十二贤,华衮珠旒,缝掖章甫,毕按旧制,俨然如生。请辟水田,供春秋之释奠;奏颁文疏,备生徒之肆业,使里人有必茸之志,学者无将落之忧。谁谓潇湘,兹为洙泗;谁谓荆蛮,兹为邹鲁。②

《湖南通志》卷六十八有载:

岳麓书院在善化县西岳麓山下。宋开宝中,潭州守朱洞建,实彭城刘鳌创之(《一统志》)。在岳麓抱黄洞下,朱洞始建,以待四方学,作讲堂五间,斋序五十二间。咸平初,州守李允则益崇大其规模,中开讲堂,揭以书楼,塑先师十哲之像,画七十二贤。允则复奏书院修广舍宇,生徒六十余人,请下国子监赐诸经释文义疏、《史记》、《玉篇》、《唐韵》。从之。祥符五年,山长周式请于州守刘师道,广其居。八年,召式见便殿,拜国子主簿,使归教授,因旧名赐额,仍增给中秘书。于是,书院之称闻于天下。③

《爱日斋丛抄》有载,"惟岳麓自开宝中知潭州朱洞建。咸平四年,李允则请

---

① 陈谷嘉、邓洪波:《中国书院史资料》上册,浙江教育出版社,1998年,第53页。
② 陈谷嘉、邓洪波:《中国书院史资料》上册,浙江教育出版社,1998年,第52页。
③ 陈谷嘉、邓洪波:《中国书院史资料》上册,浙江教育出版社,1998年,第50页。

赐书,祥符八年赐额。天圣八年,漕臣黄总请授山长进士孙胄官。"①

从上文记载可知,岳麓书院的发展和北宋初年的几任潭州知州的直接推动有着密切关系。朱洞和左拾遗孙逢吉在僧人所建书社基础上首建书院,广延学徒,随着两位的离去,书院便诸生逃解,六籍散亡;李允则上任后两次增扩书院规模,第一次增扩书院,通过采取"中开讲堂,揭以书楼,序以客次。塑先师十哲之像,画七十二贤"等多种举措使书院规制得以恢复和健全。第二次是他奏请朝廷支持予以广修书院舍宇,并奏请国子监赠送书籍若干。通过李允则的努力,岳麓书院的讲学、藏书、供祀、学田四个组成部分的基本规制形成,从而奠定了书院的基本格局,此基本格局延续千年不变。岳麓书院基本格局和书院功能的完备,也强化了书院的教育教学功能。学田是书院发展的经济基础,李允则最初"请辟水田,供春秋之释奠",通过水田的收入用来祭祀圣人孔子,也称"祭田"。后来又开辟"膏火田""岁修田"等,用于支付薪金和膏火费。书院在此基础上又有了"息金""岁钱"等收入,以支撑和维护书院的稳定发展。州守刘师道在任期间再次扩建岳麓书院。岳麓书院由官方主持修建、扩建,体现了当地政府对书院教育的重视与投入,书院的发展相对于纯民间书院来说有着独特的优势,自然发展得比较顺畅,取得的效果必然良好。借此奏请朝廷并得到一定的支持亦在情理之中。

朝廷不仅从书院扩建和书籍方面予以支持,而且对书院的山长予以官职的提拔。周式作为岳麓书院的首任山长以"学行兼善,尤以行义著称",得到了真宗皇帝的器重。真宗于大中祥符八年(1015年)在朝廷的便殿召见周式,给予了其知识分子最高的礼遇,并委任他为国子监主簿。这个职位代表了学界的最高荣誉,这是皇帝释放的重学爱才的重要信号,也赋予了岳麓书院至高无上的地位,然而周式为了岳麓书院的发展,拒绝了国子监主簿的职位,选择回到岳麓书院。为了尊重周式的选择,也为了岳麓书院的发展,真宗还是同意了周式的请求,使归教授,并赐给他秘籍、对衣鞍马,还亲笔御书"岳麓书院"匾额。也正因此匾额,岳麓书院始称岳麓书院,它原名为岳麓山书院,岳麓书院也因此名扬天下。从《爱日斋丛抄》记载看,仁宗天圣八年(1030年),漕臣黄总请求朝廷授予山长进士孙胄一定的官职,以表彰他对岳麓书院做出的贡献。这也从侧面反映

① 陈谷嘉、邓洪波:《中国书院史资料》上册,浙江教育出版社,1998年,第46页。

了朝廷对书院人才的器重,通过赐以官职或请赐以官职,体现书院在皇帝心中的重要地位。

岳麓书院历经地方官员集公众之力多次修葺,又得到朝廷的支持,于是闻名天下,并发展成为湖湘一带的文化教育中心,被誉为"惟楚有材,于斯为盛"。湖湘之地历来人文荟萃,实得益于岳麓书院及由岳麓书院带动起来的湖南多所书院。①后来成为"潭州三学",官学化。

3.嵩阳书院

关于嵩阳书院的历史记载非常简略。清乾隆五十二年(1787年)刊本河南《登封县志》卷十七中对嵩阳书院记载如下:

> 在太室南。《旧志》:即太室书院。五代周时建。宋至道三年,赐名太室书院,藏九经其中。是年,河南守臣上言甘露降书院讲堂。宋景祐二年,敕西京重修,更名"嵩阳书院"。王曾奏置院长,给田一顷供爨……②

王应麟在《玉海》卷一百六十七中记载如下:

> 至道二年七月甲辰,赐院额,及印本九经书疏。祥符三年四月癸亥,赐太室书院九经。景祐二年九月十五日己丑,西京(河南府)重修太室嵩阳书院,诏以嵩阳书院为额。又至道三年五月戊辰,河南府言甘露降书院讲堂③。

建于五代时周朝的嵩阳书院坐落于河南登封嵩山南麓的太室山下,是在道教太乙宫的遗址上建的,书院原名太乙书院、太室书院。宋景祐二年(1035年),更名为嵩阳书院。秦汉唐以来,嵩山、太室山已经成为道教、佛教名山,成为多朝天子、名臣、文人往返参拜的重要场所,日益成为重要的地缘文化重地。嵩山位于洛阳和开封中间,尤其毗邻洛阳,洛阳时为北宋时的西京,是重要的政治和文化中心。嵩阳书院与道教关系密切,不仅修建于道教太乙宫遗址,还与道教崇福宫相邻,并多有名家讲学于此。由于司马光、程颢、程颐等与王安石变法政

---

① 王炳照:《中国古代书院》,中国国际广播出版社,2009年,第33-34页。
② 陈谷嘉、邓洪波:《中国书院史资料》上册,浙江教育出版社,1998年,第59页。
③ 陈谷嘉、邓洪波:《中国书院史资料》上册,浙江教育出版社,1998年,第45页。

见不同,先后提举嵩山崇福宫。因程颢、程颐也曾居住在开封、洛阳、鸣皋镇等比邻之地,故二程兄弟多次在嵩阳书院讲学。治平三年(1066年),程颐任职国子监时,曾到嵩阳书院用理学观点讲授《大学》《中庸》《论语》《孟子》,并以四书作为书院的基本教材,最后由朱熹编辑成《四书集注》,成为程朱理学的代表作。元祐七年(1092)年,程颐授通直郎,分管崇福宫。由于崇福宫与嵩阳书院相邻,程颐再次到嵩阳书院,讲授《周易传》。二程兄弟是理学四大流派濂、洛、关、闽中洛学的代表,因此嵩阳书院也一直被视为洛学产生和传播的基地。[①]范仲淹也曾讲学于嵩阳书院。嵩阳书院名家汇集,书院教育与学术研讨相结合,听者甚众,常达"数十百人",因此,嵩阳书院日渐成为洛学基地。

从以上史料记载看出,嵩阳书院于宋初也是备受朝廷的厚爱、支持与利用的。第一,朝廷两次赐九经给嵩阳书院。宋太宗至道二年(996年)七月,赐国子监印本"九经"于太室书院并藏于其中。大中祥符年间(1008—1016年)再次赐书院"九经"及子书、史书等书籍。第二,两次赐额并更名。根据上述清乾隆五十二年(1787年)刊本河南《登封县志》卷十七记载,宋至道三年(997年),赐名为太室书院;王应麟在《玉海》卷一百六十七中记载,至道二年(996年),赐院额。这两种记载时间相差一年,所记载内容是否是一回事,还是某个记载有误,还是至道二年赐额、至道三年赐名,都需要进一步考证,但无论怎样都说明了至道年间朝廷对太室书院给予了实际的支持。至景祐二年(1035年),敕西京重修,赐匾额改称"嵩阳书院"。第三,置院长,拨学田。王曾奏置院长,给田一顷供膳食。嵩阳书院学田最多时达1750余亩。[②]

4.朝廷对其他书院的支持

除了支持以上重要书院之外,北宋朝廷对其他书院也有一定的支持与赞助。在太宗太平兴国二年(977年)至仁宗宝元元年(1038年)60余年的时间内,通过赐田、赐额、赐书、召见并封官山长等措施对书院予以支持。除了上面提及的白鹿洞书院、岳麓书院和嵩阳书院之外,对其他书院的支持如下所示。[③]

雍熙二年(985年):赐南昌奉新胡氏为义门,诏令旌表其族,胡氏之华林书院因以声闻于天。

① 王炳照:《中国古代书院》,中国国际广播出版社,2009年,第36-37页。
② 王炳照:《中国古代书院》,中国国际广播出版社,2009年,第35-36页。
③ 邓洪波:《中国书院史》增订版,武汉大学出版社,2012年,第80-81页。

淳化五年(994年):"颁御书"以光奉新胡氏私第,朝廷旧相、司空以下30余人题诗寄赠华林书院。

至道元年(995年):遣内侍赐御书给江州义门陈氏,东佳书堂与有荣焉。

至道三年(997年):太宗御书飞白"义居人"一轴,赐给南康达昌县雷湖书院(舍)。

天圣二年(1024年):赐田三顷给江宁茅山书院。

景祐二年(1035年):赐衡州石鼓书院院额及学田五顷。

宝元元年(1038年):赐登封书院学田十顷。

综上,北宋书院,尤其是北宋前期(庆历兴学之前)书院的宗旨是"补官学之不足",在朝廷和官府多种形式的支持和引领下,承担了替代官学的角色,以科举应试为目标,强化了教育教学的职能,为北宋培养与选拔人才尽了一份力量。

## 第三节　应天府书院与书院官学化及其意义

北宋四大书院之所以声名显林,与朝廷和政府的支持密切相关。朝廷对书院进行支持,一是为了彰显对教育的重视,对文化的传承,二是为了满足朝廷对人才的迫切需求。书院在朝廷的支持下必然会朝着与朝廷所要求一致的方向发展。在北宋初期这个官学荒芜、人才匮乏的特殊时期,朝廷通过对各大书院赐田、赐额、赐书、封官、嘉奖等方式予以支持,为我所用,不断强化书院的教育教学功能,使得书院不断官学化,围绕科举设置课程,组织教学,成为官学的替代者。在四大书院中,应天府书院成为官学化的代表,具有官学化的典型特征。

### 一、应天府书院的历史沿革

应天府书院在河南商丘西北隅。王应麟在《玉海》卷一百六十七中对应天府书院记载如下:

祥符二年二月二十四日庚戌,诏应天府新建书院,以曹诚为助教。国初,有戚同文者,通五经业,聚徒百余人,许骧、宗度、郭承范、董循、陈象舆、王砺、滕涉皆其门人。于是诚即同文旧居,建学舍百五十间,聚书千五百余卷,愿以学舍入官,令同文孙舜宾主之。故有是命,并赐院额。天圣三年,应天府增解额三人。

六年九月,晏殊言:"请以王洙充书院说书。"从之。明道二年十月乙未,置讲授官一员。景祐二年十一月辛巳朔,以书院为府学,给田十顷。范仲淹《南京书院题名记》:"皇宋功揭日月,泽注河汉,金革尘积,弦诵风布。睢阳先生同文贲于丘园,教育为乐。祥符中,曹氏请以金三百万建学于先生之庐,以舜宾干其裕,王渎掌其教。张吉甫领其纲密,学绘画一而上。真宗嘉叹,面可其奏。盛度文其记,陈尧佐题其榜。章甫如星,逢掖如云,聚学为海,淬词为锋,二十年间仪羽台阁盖翩翩焉。"[1]

### 1.戚同文初建睢阳学舍

应天府书院前身为睢阳学舍,是戚同文讲学之所。戚同文号称睢阳先生,故学舍称为睢阳学舍。更确切地说,睢阳学舍是戚同文和其师杨悫的讲学之所。杨悫,虞城人。力学勤志,不求闻达。戚同文,宋之楚丘人。他是当时之名士大儒,益勤励读书,累年不解带,"通五经业,高尚不仕,聚徒教授,常百余人"[2],致力研读学问和讲学,终生不仕。"先生名同文,生唐天祐中,历五代入本朝,皆不仕,以文学行义为学者师。及是,四方之士争趋之。……先生乃制为学规,凡课试讲肄劝督惩赏,莫不有法……先生之规,后传于时。及建太学,诏取以参定学制。"[3]由此看来,戚同文乃教育家,教学有法,制为学规,影响后世深远。"请益之人,不远千里而至,登第者五十六人,宗度、许骧、陈象舆、高象先、郭成范、王砺、滕涉,皆践台阁。"[4]可见当时的睢阳学舍影响之大,请益者众多,培养了一大批人才,位列尚书之人就如此之多。太平兴国元年(976年),戚同文去世,学舍停废。

### 2.曹诚即同文旧居建书院

应天府书院的创建者是宋城富人曹诚,他于大中祥符二年(1009年)在戚同文睢阳学舍的基础上通过捐注大笔钱财扩建书院,书院规模较大,学舍达150间,聚书1500余卷,凡百余区。宋人徐度在《却扫篇》中有所记载:"五代之乱,天下无复学校。皇朝受命,方削平四方,故于庠序之事,亦未暇及。宋城富人曹

① 陈谷嘉、邓洪波:《中国书院史资料》上册,浙江教育出版社,1998年,第44页。
② 陈谷嘉、邓洪波:《中国书院史资料》上册,浙江教育出版社,1998年,第42页。
③ 陈谷嘉、邓洪波:《中国书院史资料》上册,浙江教育出版社,1998年,第47页。
④ 沈善洪:《黄宗羲全集》第3册,浙江古籍出版社,1992年,第179页。

诚者,独首捐私钱,建书院城中,前庙后堂,旁列斋舍,凡百余区。"①这里介绍了曹诚复建书院的社会背景、书院布局以及规模。

3.曹诚以学舍入官

曹诚捐资所建书院在规模、名气方面甚至超过睢阳学舍,声名显赫。为了更有利于学舍的发展,也因"同文卒后,无能继其业者"②,曹诚"以学舍入官",将学舍捐给政府,由政府幕职官提举。北宋朝廷也听闻书院名气之盛,认为其是一个可以为我所用,以借此培养人才之所,所以对于曹诚捐献书院之举非常赞赏。宋真宗赐额"应天府书院",由此,睢阳学舍更名为应天府书院,也意味着应天府书院自此诞生。"由此书院日以寝盛,事闻京师,有诏赐名'应天府书院'。"③另,"愿以学舍入官,令同文孙舜宾主之。故有是命,并赐院额"④。即,由曹诚捐建的书院无人能主掌,在曹诚的建议和朝廷综合考虑之下,戚同文之孙戚舜宾主持了书院,当时的戚舜宾已是知名学者。自此,睢阳学舍改称"应天府书院",并开启了官学管理模式。

4.景祐二年(1035年)为府学,庆历三年(1043年)改为南京国子监

洪迈在《容斋三笔》中有载,"诏赐额曰'应天府书院',命奉礼部戚舜宾主之,仍令本府幕职官提举,以诚为府助教。宋兴,天下州府有学自此始。其后潭州又有岳麓书院。"⑤宋真宗诏令"以曹诚为府学教授"⑥。

此时,随着皇帝诏赐院额为"应天府书院",建立在睢阳学舍基础上的应天府书院正式成立,标志着应天府书院正式成为官方的书院。更有意义的是,应天府书院成为天下州学之始。大中祥符七年(1014年),应天府更名为南京,应天府书院也改称南京学舍,或南京书院。⑦景祐二年(1035年),南京留守夏竦重修南京夫子庙,奏请改应天府书院为应天府学,拨官田40顷,以供束脩、膏火、修缮、祭祀之用。⑧到此,应天府书院正式变成了官学。范仲淹也称其为州学。

---

① 陈谷嘉、邓洪波:《中国书院史资料》上册,浙江教育出版社,1998年,第47页。
② 陈谷嘉、邓洪波:《中国书院史资料》上册,浙江教育出版社,1998年,第42页。
③ 陈谷嘉、邓洪波:《中国书院史资料》上册,浙江教育出版社,1998年,第47页。
④ 陈谷嘉、邓洪波:《中国书院史资料》上册,浙江教育出版社,1998年,第44页。
⑤ 陈谷嘉、邓洪波《中国书院史资料》上册,浙江教育出版社,1998年,第48页。
⑥ 王炳照:《中国古代书院》,中国国际广播出版社,2009年,第34页。
⑦ 王炳照:《中国古代书院》,中国国际广播出版社,2009年,第34页。
⑧ 王炳照:《中国古代书院》,中国国际广播出版社,2009年,第35页。

庆历三年(1043年),南京书院更名为南京国子监,伴随着东京(开封)、西京(洛阳)和南京(商丘)的鼎足之势的形成,南京(商丘)的书院因其重要的影响力自然被提升为代表性教育机构,发挥着重要的作用。

## 二、应天府书院官学化的意义

**1.应天府书院官学化为地方官学体系提供了一种替代模式**

曹诚以学舍入官,标志着应天府书院正式官学化。虽然应天府书院官学化为个案,但鉴于当时的社会背景,这必然成为一种模式,一种代表,一种发展方向。在北宋初年官学教育极度萧条的情况下,为了国家的稳定和国力的恢复,朝廷对人才的需求更加迫切,这时必然会抓住一切可以利用的机会和资源,而此时的应天府书院也恰恰面临着自身发展不力的状况,非常需要有一股强大的力量助推其发展。曹诚有着敏锐超前的眼光和宏阔的视野,对书院抱有培养更多人才的期待和责任担当,此时将书院入官,不仅能在一定程度上帮助朝廷解人才培养的燃眉之急,而且官方的介入必将给书院带来更为广阔的发展前景,借政府的大平台将书院的功能发挥到极致,这必将是双赢的事情。的确如此,应天府书院官学化为当时书院发展提供了一种可以借鉴的模式,朝廷也借此为典范,对其他较有影响的书院给予了一定的支持与鼓励。

**2.应天府书院官学化彰显了北宋朝廷对书院持有的积极态度并引领了书院发展的方向**

应天府书院以学入官,北宋朝廷予以高度赞赏,这也是政府求之不得的事情,借此,北宋朝廷也看到了一种为我所用的教育组织形式——书院,对书院给予了赐田、赐额、赐书、封官、召见等各种形式的支持。得到朝廷支持的书院虽然不一定都是以学入官,但在一定程度上已经具有了官学的某种性质和内涵,为朝廷培养所需人才也成为其主要任务和发展方向。民间书院一般是在当地士绅的支持下维系运行的,以藏书、讲学、祭祀等为主要功能。北宋初年,朝廷迫切需要人才,但又无力顾及当时教育的状况,书院走进朝廷和地方政府的视野也有其必然性,为政府培养人才必然成为传统书院的一种责任和担当。而朝廷和地方政府给予书院的各种支持无疑引导了书院的发展方向,即使其在一定程度上融入了官方的意志,呈现官学化或半官学化状态。

3.缓解了民间书院的窘迫状况,但弱化了书院特有的功能

民间书院一般是在民间力量的支持下运行的,但民间书院的运行往往受到很多因素影响,以至于难以正常运行。比如学舍的多少、藏书量的大小、学田的给养等,这些因素直接影响到书院的发展。而民间书院如果能得到地方政府乃至朝廷的支持,那将是傍上了一个强大有力的臂膀,书院的藏书、学田等问题便不再是问题。但是,如果得到了朝廷的支持,那就必然会为朝廷服务,通过强化教学的形式使书院具有了官学的性质,即书院要按照朝廷需要的人才标准进行教学设计,为了使学员能通过科举入仕,书院的一切围绕着科举而运行,这必然弱化了传统书院特有的功能,比如学术探讨与传播、祭祀、藏书等功能必然遭到弱化,或无暇被顾及。

4.书院与科举结合,教育教学功能得以强化,培养了急需的人才

北宋初期,朝廷急需大量人才充斥国家管理机构,而教育又不给力,没有官学体系,无法在较短时间内培养所需人才,于是在宋太宗执政期间每年大量增加科举取士名额,以尽快收尽天下遗逸。读书人必然也会抓住这个机会,以实现"学而优则仕"的梦想。选择到书院学习成为很多读书人的首选,而北宋朝廷和地方政府也充分利用书院的便利条件并给予书院诸多政策支持,这样书院、读书人和政府就选拔人才一事一拍即合,使得书院自然成为科举取士的教学场所。书院的教学内容、教学方法等完全围绕科举的要求进行,教学成了书院的主要功能。而书院尤其是著名书院在名师的主持和授课下,也是人才辈出,为朝廷培养了一批急需人才。

5.为北宋庆历兴学提供了借鉴模式,奠定了之后官学的基础

庆历兴学是庆历新政的重要组成部分,是在宋仁宗支持下由范仲淹主持的教育改革。庆历兴学的重要内容就是要使所有郡县建立官学,使官学普及化。范仲淹把应天府教学模式借鉴到庆历兴学中,这与他曾主持应天府书院的经历有着直接的关系。他赞书院兴教之盛,在《南京书院题名记》中有言:"观夫二十年间,相继登科,而魁甲英雄,仪羽台阁,盖翩翩焉未见其止,宜观名列,以劝方来登斯缀者,不负国家之乐育,不孤师门之礼教,不忘朋替之善导,孜孜仁义,惟日不足,庶几乎刊金石而无愧也,抑又使天下庠序规此而兴,济济群髦咸底于道,则皇家二五之风步武可到,戚门之光亦无穷已。他日门人中,绝德至行,高

尚不仕如睢阳先生者,当又附于此焉。"①在范仲淹眼里,南京书院(应天府书院)在培养人才方面探索出了可供借鉴的宝贵经验,是当时人才培养的典范。虽然庆历新政以失败告终,但其兴学举措产生了深远的影响,为仁宗朝官学的普及做出巨大贡献。

① 陈谷嘉、邓洪波:《中国书院史资料》上册,浙江教育出版社,1998 年,第 57 页。

# 结语

　　回首北宋教育,是令人感慨和鼓舞的。在我国封建社会长期的发展过程中,宋代教育承上启下,出现了历史上少有的巅峰。这不仅与北宋经济的不断发展、文化的日益繁荣有着密切的联系,而且与北宋历代皇帝对教育的重视有着直接的关系。经过三次大的兴学运动,北宋教育出现了几大浪潮,后浪推前浪,在跳跃式的发展中,到北宋末年达到了顶峰。北宋教育在继承唐代教育成果的基础上,又有诸多创新发展,教育体制愈加完善而成熟,更加适合社会的需要,更加适应更多士子的需求,教育发展呈现出不断公正化和普及化之势。处于政治巅峰的皇帝高瞻远瞩,对教育的作用有着深刻的认识,采取了系列强硬的措施,促成了成熟而具特色的宋代教育模式,并引领后世诸朝教育模式和教育体制的发展。

　　本书对北宋皇帝与教育相关活动进行了研究,综评如下:

　　第一,北宋皇帝重视教育的全面发展。由前文分析可见,北宋皇帝在对教育发展的认识上,站位高,视野开阔,具有超前的意识。对于国家教育事业不断采取措施,成立了以国子监、太学为核心的中央官学系统,同时大力发展专科教育。经过三大兴学运动而不断成熟壮大起来的地方官学系统,达到了县县有官学的状况。对于皇帝自身及其子女宗亲的教育,皇帝亦是高度重视,并设置了相关教育机构,形成了独特的教育系统。经筵是专门针对皇帝或皇太子的特殊教育,经筵制度形成于北宋,通过不断探索,形成了一套含经筵官、经筵理论,及经筵时间、地点、内容、方法等在内的完整体系。随着时间的推移,宗室群体日益壮大,出现了各种问题,由于其身份特殊,将宗室作为特殊群体进行单独管理和教育非常必要,于是朝廷特设宗室管理机构对其进行日常管理和学校教育。宗室教育在不断发展中也形成了较为成熟的体系,并制定有专门的管理、教育、人才选拔、聘任等政策。

　　第二,"兴文教、抑武事"贯彻始终,发展教育的同时不断强化中央集权。北宋学校教育的发达直接受益于国家的教育政策。北宋建国之初,宋太祖便制定了"崇文抑武"国策,该政策成为有宋一代的祖宗之法和文化、教育发展的指针。

自太祖始,每任帝王登基之初,为了彰显国家的文教政策,均采取了一系列措施,如拜谒、诏饬孔庙、赐封孔子后裔等,以示皇帝"崇儒重教"之决心,并将其作为一种制度流传下来。这种国策虽然一度促成了北宋积弱积贫现象的出现,但无形中推动了教育事业的发展。宋初三代基于建国之初的社会现状,虽无重大教育举措问世,但也一直致力于为教育的发展奠定基础。据此,才会有北宋中后期三次兴学浪潮的出现。经过北宋几代帝王的不懈努力,北宋教育事业发展达到了顶峰,甚或成为中国古代社会教育发展的模板和典范。

"兴文教、抑武事"即是北宋加强中央集权的体现,这种政策贯穿于教育发展的全过程,具体反映在各种教育体系的诸多环节上。如对经筵官的选择,要么是皇帝自己选任,要么是大臣推荐,但要通过皇帝的认可。作为一种特殊教育体系,要以皇帝为中心和出发点而创设。其他教育体系如宗室教育、中央官学、地方教育的发展均掌控在朝廷手中。朝廷通过对教官数额、教官选任、经费多少、经费来源、教学内容等的规定,把教育发展的大权牢牢地掌控在自己手中。景祐四年(1037年),藩镇立学令的出台标志着州学的审批权也回归朝廷,加强了中央集权。

第三,北宋皇帝制定教育政策多被政治运动所左右。如果将改革、变法也归为政治运动,那么这种情况突出表现在掀起三大兴学运动的仁宗、神宗和徽宗朝,另外就是出现党争事件的哲宗朝。伴随着政治、经济改革的进行,教育改革也成为必然,为了推进改革运动,执政者必定要排除反变法的异己者,制定有利于变法进行的规章和政策。当然,变法运动关系国计民生,作为最高统治者——帝王的思想也常常被持不同政见者的观点所左右,出现飘忽不定的现象,进而影响到教育政策的制定与修订。庆历兴学的失败是一个典型的例证。即使在王安石主持变法背景下的熙宁兴学运动中,神宗对变法持有坚定的立场,但也曾出现过对变法的疑惑或反思,进而才会出现王安石的几次罢相,无形中必然会影响教育政策的制定与执行。更有甚者,在崇宁兴学运动中,由于不得人心,蔡京也曾几次罢相,每次新上台的宰相均要针对蔡京时期的教育政策,以各种理由游说皇帝对教育政策进行修改,其结果自然是教育政策成了政治运动的牺牲品。哲宗朝出现了党争,对政治、经济、教育等均产生了重要影响。在论述教官试制度的发展时曾重点讲到哲宗朝的变化,这种变化基本上是随着党争而变化的。好在教育发展为大势所趋,这些教育政策的变更并没有从根本上影响发展趋势,所以,从宏观上看,北宋教育事业的发展顺应了社会发展之势,呈现出一派生机。

第四,北宋皇帝营造了宽松的文化氛围,教育发展多有创新,至今仍具现实意义。宋太祖制定了"崇文抑武"之国策,并被之后历代皇帝以祖宗之法得以贯彻执行,营造了浓厚的文化氛围,这对教育的发展起着推动作用。为此,在北宋教育发展史上,宽松的文化氛围促成了教育的大力发展,使教育取得了很多重大成就,而且多有创新。如本书提及的提举学事司成为我国第一个地方教育行政管理机构和监督机构;学田制的实施既解决了学校教育发展的经费问题,又避开了国家财政预算的压力;教官试制度的实行开辟了教师录用制度的新天地。其他如苏湖教法、考试升级制等的实施也产生了重大影响。这些举措均为北宋首创,并成为后世效法的典范,对今天的教育仍然具有一定的启示意义和借鉴价值。

第五,与唐代相比,北宋皇帝更加重视教育,教育模式更加成熟并有所发展。中国教育的制度化始于隋唐,唐代科举制的发展推动了教育制度的系统化。唐代不仅在中央设立了国子监及其所属的国子学、太学、四门学和其他专科学校,还在地方设立了郡县学校。但作为刚从门阀等级制度中脱离出来的朝代,教育必然带有相当程度的等级性,教育制度表现为政教合一。宋沿唐制,北宋在继承唐代教育体制的基础上又有所创新和发展。北宋教育的等级性较弱,公正公平性加强,普通民众参加科举和接受教育的机会增多。提举学事司的创置促使北宋的教育管理趋向专业化、集约化,打破了政教合一的体制。在中央官学系统中新辟了武学、画学、书学等专科教育,并达到了较高的水平。地方官学的普及率超过以往任何朝代。北宋教育的高度发展源自皇帝对教育的重视,朝廷开展了多次专门的兴学运动,这是史无前例的。

当然,北宋的教育不是完美无缺的,也留下了很多遗憾和不足。不是每个皇帝都能自始至终地做到支持教育、尊重老师。很多时候,对教育的支持和重视是政治斗争的结果,而有时皇帝受政治斗争左右,被迫终止教育改革,改革者还会受到排挤、贬职甚或流放,如范仲淹。有的时候,经筵官也会由于种种原因受到皇帝的整治,如苏轼和范祖禹等。

# 参考文献

## 一、古籍文献

［宋］程颢、程颐：《二程集》，王孝鱼点校，北京：中华书局，1981年版。

《宋大诏令集》，北京：中华书局，1962年版。

［宋］司马光：《资治通鉴》，北京：中华书局，1956年版。

［宋］李昉，等：《太平御览》，北京：中华书局影印本，1960年版。

［宋］曾巩：《隆平集》，台北：文海出版社，1967年版。

［宋］邵伯温：《邵氏闻见录》，北京：中华书局，1983年版。

［宋］石介：《徂徕石先生文集》，陈植锷点校，北京：中华书局，1984年版。

［宋］欧阳永叔：《欧阳修全集》，北京：中国书店影印本，1986年版。

［宋］苏轼：《苏东坡全集》，北京：中国书店影印本，1986年版。

［宋］范仲淹：《范文正公文集》，四部丛刊本。

［宋］张方平：《乐全集》，文渊阁四库全书影印本。

［宋］司马光：《温国文正公文集》，四部丛刊本。

［宋］王安石：《王安石全集》，秦克等点校，上海：上海古籍出版社，1999年版。

［宋］苏颂：《苏魏公文集》，王同策等点校，北京：中华书局，1988年版。

［宋］赵抃：《清献集》，台湾商务印书馆，文渊阁四库全书影印本。

［宋］刘攽：《彭城集》，文渊阁四库全书影印本。

［宋］沈括：《梦溪笔谈》，南京：江苏古籍出版社，1999年版。

［宋］苏辙：《苏辙集》，陈宏天等点校，北京：中华书局，1990年版。

［宋］司马光：《涑水纪闻》，文渊阁四库全书影印本。

［宋］文莹：《湘山野录 续录 玉壶清话》，郑世刚等点校，北京：中华书局，1984年版。

［宋］范祖禹：《帝学》，呼和浩特：远方出版社，1998年版。

[宋]文同:《丹渊集》,台北:商务印书馆影印文渊阁四库全书本。

[宋]田锡:《咸平集》,北京:线装书局宋集珍本丛刊影印本,2004年版。

[宋]李焘:《续资治通鉴长编》,北京:中华书局校点本,1995年版。

[宋]马端临:《文献通考》,北京:中华书局,2011年版。

[宋]王应麟:《玉海》,扬州:广陵书社,2003年版。

[宋]王应麟:《困学纪闻》,翁元圻注,上海:商务印书馆影印本,1935年版。

[宋]李攸:《宋朝事实》,台北:文海出版社,1967年版。

[宋]朱熹、李幼武:《宋名臣言行录五集》,台北:文海出版社,1967年版。

[宋]杨仲良:《皇宋通鉴长编纪事本末》,李之亮点校,黑龙江:黑龙江人民出版社,2006年版。

[宋]王称:《东都事略》,台北:文海出版社,1979年版。

[宋]江少虞:《宋朝事实类苑》,上海:上海古籍出版社,1981年版。

[宋]李心传:《建炎以来系年要录》,北京:中华书局,1988年版。

[宋]叶梦得:《石林燕语》,北京:中华书局,1984年版。

[宋]赵汝愚:《宋朝诸臣奏议》,北京大学中国中古史研究中心校点整理,上海:上海古籍出版社,1999年版。

[宋]章如愚:《山堂群书考索》,文渊阁四库全书影印本。

[宋]叶隆礼:《重定契丹国志》,文渊阁四库全书影印本。

[宋]李心傅:《建炎以来朝野杂记》,台北:文海出版社,1967年版。

[宋]孙逢吉:《职官分纪》,北京:中华书局,1988年版。

[宋]洪迈:《容斋随笔》,上海:上海古籍出版社,1978年版。

[宋]赵明诚:《金石录校证》,金文明校证,桂林:广西师范大学出版社,2005年版。

[宋]曹彦约:《经幄管见》,台北:台湾商务印书馆影印文渊阁四库全书本。

[宋]吕中:《宋大事记讲义》,台北:台湾商务印书馆影印文渊阁四库全书本。

[宋]王明清:《挥麈录》,上海:上海书店出版社,2001年版。

[宋]彭龟年:《止堂集》,上海:上海古籍出版社,1987年版。

[宋]佚名:《太平宝训政事纪年纲目》,台北:文海出版社,1981年版。

[宋]邵博:《邵氏闻见后录》,北京:中华书局校点本,1983年版。

[金]赵秉文:《滏水集》,四库全书文渊阁影印本。

[金]王若虚:《滹南遗老集》,四库全书文渊阁影印本。

[元]元好问:《遗山集》,四库全书文渊阁影印本。

[元]佚名:《庙学典礼》,四库全书文渊阁影印本。

［元］富大用：《古今事文类聚遗集》，台湾商务印书馆影印文渊阁《四库全书》本。

［元］脱脱等：《宋史》，北京：中华书局，1985年版。

［元］脱脱等：《辽史》，北京：中华书局，1974年版。

［元］脱脱等：《金史》，北京：中华书局，1975年版。

［宋］宇文懋昭：《钦定重定大金国志》，《四库全书》文渊阁影印本。

［明］李安仁等：《石鼓书院志》，明万历十七年刻本。

［明］宋濂：《元史》，北京：中华书局，1976年版。

［明］黄宗羲：《宋元学案》，北京：中华书局，1986年版。

［明］黄淮、杨士奇：《历代名臣奏议》，上海：上海古籍出版社，1989年影印本。

［清］徐松：《宋会要辑稿》，北京：中华书局，1957年版。

［清］毕沅：《续资治通鉴》，北京：中华书局，1999年版。

［清］王夫之：《宋论》，北京：中华书局，1964年版。

［清］黄以周等：《续资治通鉴长编拾补》，顾吉辰点校，北京：中华书局，2004年版。

［清］许正绶：《安定言行录》，月和精舍丛抄本。

［清］李卫：《畿辅通志》，四库全书文渊阁影印本。

［清］郑廷鹄：《白鹿洞志》，嘉庆四十五年刻本。

［清］赵宁：《长沙府岳麓志》，上海：上海古籍出版社，1995年影印本。

［清］丁善庆：《岳麓书院续志》，清同治六年刻本。

［清］李扬华：《国朝石鼓志》，光绪六年刻本。

丁傅靖：《宋人轶事汇编》，北京：中华书局，1981年版。

## 二、今人著作

王云五：《宋元教学思想》，台北：台湾商务印书馆，1971年版。

贾志扬：《宋代科举》，台北：东大图书股份有限公司，1975年版。

李弘祺：《宋代教育散论》，台北：东昇出版事业公司，1980年版。

李弘祺：《宋代官学教育与科举》，台北：联经出版事业公司，1994年版。

余家菊：《陆象山教育学说》，北京：中华书局，1935年版。

黄现璠：《宋代太学生救国运动》，北京：商务印书馆，1936年版。

张文清：《宋代太学生的救亡运动》，上海：大中国图书局，1953年版。

孟宪承、陈学恂、张瑞璠、周子美：《中国古代教育史资料》，北京：人民教育出版社，1961年版。

顾树森：《中国古代教育家语录类编下册：汉唐宋明各家》，上海：上海教育出版社，1962年版。

刘伯骥:《宋代政教史》,北京:中华书局,1971年版。

陈寅恪:《金明馆丛稿二编》,上海:上海古籍出版社,1980年版。

陈元辉,尹德新,王炳照:《中国古代的书院制度》,上海:上海教育出版社,1981年版。

章柳泉:《中国书院史话》,北京:教育科学出版社,1981年版。

顾树森:《中国历代教育制度》,南京:江苏人民出版社,1981年版。

章柳泉:《中国书院史话——宋元明清书院的演变及其内容》,北京:教育科学出版社,1981年版。

张先觉:《王安石之教育思想》,台北:文史哲出版社,1982年版。

陈述:《全辽文》,北京:中华书局,1982年版。

龚延明:《宋太祖》,北京:中华书局,1983年版。

毛礼锐、沈灌群:《中国教育通史》,济南:山东教育出版社,1985年版。

陈述:《辽金史论集》,上海:上海古籍出版社,1987年。

周德昌:《朱熹教育思想述评》,长春:吉林教育出版社,1987年版。

郭齐家等:《中国教育思想通史第三卷:宋元》,长沙:湖南教育出版社,1994年版。

陈谷嘉等:《中国书院制度研究》,杭州:浙江教育出版社,1997年版。

曾枣庄、刘琳:《全宋文》,成都:巴蜀书社,1988年版。

漆侠:《宋代经济史》下册,上海:上海人民出版社,1988年版。

邓广铭、漆侠:《两宋政治经济问题》,北京:知识出版社,1988年版。

尹德新、蔡春:《历代笔记教育史料(宋辽金元)》,北京:中国劳动出版社,1991年版。

张鸣岐:《辽金元教育论著选》,中国古代教育论著丛书,北京:人民教育出版社,1991年版。

邹元初:《中国皇帝要录》,北京:海潮出版社,1991年版。

袁征:《宋代教育》,广州:广东高等教育出版社,1991年版。

朱瑞熙、张其凡:《中国政治制度史》,天津:天津人民出版社,1991年版。

苗春德:《宋代教育》,开封:河南大学出版社,1992年版。

程方平:《辽金元教育史》,重庆:重庆出版社,1993年版。

刘锡山:《宋徽宗的书画艺术》,北京:人民中国出版社,1993年版。

邓小南:《宋代文官选任制度诸层面》,石家庄:河北教育出版社,1993年。

乔卫平:《中国宋辽金夏教育史》,北京:人民出版社,1994年。

徐连达,朱子彦:《中国皇帝制度》,广州:广东教育出版社,1996年。

毛元佑,雷家宏:《宋太祖》,长春:吉林文史出版社,1996年版。

汪圣铎:《宋真宗》,长春:吉林文史出版社,1996年版。

任崇岳:《宋徽宗·宋钦宗》,长春:吉林文史出版社,1996年版。

叶坦:《大变法——宋神宗与十一世纪的改革运动》,三联书店,1996年版。

苗书梅:《宋代官员选任和管理制度》,开封:河南大学出版社,1996年版。

张希清,等:《宋朝典制》,长春:吉林文史出版社,1997年版。

王志平:《帝王与佛教》,北京:华文出版社,1997年版。

张其凡:《宋太宗》,长春:吉林文史出版社,1997年版。

黄燕生:《宋仁宗·宋英宗》,长春:吉林文史出版社,1997年版。

仲伟民:《宋神宗》,长春:吉林文史出版社,1997年版。

王菡:《宋哲宗》,长春:吉林文史出版社,1997年版。

张希清,等:《宋朝典制》,长春:吉林文史出版社,1997年版。

龚延明:《宋代官制辞典》,北京:中华书局,1997年版。

李昌宪:《司马光评传》,南京:南京大学出版社,1998年版。

王逸飞:《北宋危机管理》,呼和浩特:远方出版社,1998年版。

周德昌:《北宋教育论著选》,北京:人民教育出版社,1998年版。

杨渭生等:《两宋文化史研究》,杭州:杭州大学出版社,1998年版。

北京大学古文献研究所:《全宋诗》,北京:北京大学出版社,1998年版。

陈谷嘉、邓洪波:《中国书院史资料》(上册),杭州:浙江教育出版社,1998年版。

姚瀛艇:《宋代文化史》,开封:河南大学出版社,1992年版。

周膺:《斜阳嘉树·宋史随笔》,杭州:浙江文艺出版社,1999年版。

漆侠:《中国改革通史·两宋卷·内外交困中的艰难抉择》,石家庄:河北教育出版社,2000年版。

郭声波:《宋朝官方文化机构研究》,成都:天地出版社,2000年版。

乔卫平:《中国教育制度通史·宋辽金元》,济南:山东教育出版社,2000年版。

乔卫平:《中国教育制度通史》第3卷,济南:山东教育出版社,2000年版。

李经纬、林昭庚:《中国医学通史》,北京:人民卫生出版社,2000年版。

王善军:《宋代宗族和宗族制度研究》,石家庄:河北教育出版社,2000年版。

郭齐家、王炳照:《中国教育史研究·宋元分卷》,上海:华东师范大学出版社,2000年版。

关长龙:《两宋道学命运的历史考察》,上海:学林出版社,2001年版。

漆侠:《宋学的发展和演变》,石家庄:河北人民出版社,2002年版。

虞云国:《细说宋朝》,上海:上海人民出版社,2002年版。

李国钧、顾宏义:《教育政策与宋代两浙教育》,武汉:湖北教育出版社,2003年版。

李之亮:宋代京朝官通考(1),成都:巴蜀书社,2003年版。

杨学为、刘芃:《中国考试史文献集成》,北京:高等教育出版社,2003年版。

李之亮:《宋代京朝官通考》,成都:巴蜀书社,2003年版。

李树:《中国科举史话》,济南:齐鲁出版社,2004年版。

刘海峰、李兵:《中国科举史》,上海:东方出版中心,2004年版。

陈峰:《北宋武将群体与相关问题研究》,中华书局,2004年版。

邓洪波:《中国书院史》,上海:东方出版中心,2004年版。

邢铁:《宋代家庭研究(中国家庭、家族、宗族研究系列)》,上海:上海人民出版社,2005年版。

邓小南:《祖宗之法》,北京:生活·读书·新知三联书店,2006年版。

(日)竺沙雅章:《宋朝的太祖和太宗》,方建新译,杭州:浙江大学出版社,2006年版。

廖奔:《中华艺术通史·五代两宋辽西夏金卷》,北京:北京师范大学出版社,2006年版。

曾枣庄、刘琳:《全宋文》,上海辞书出版社、安徽教育出版社,2006年版。

何忠礼:《科举与宋代社会》,北京:商务印书馆,2006年版。

何忠礼:《宋代政治史》,杭州:浙江大学出版社,2007年版。

郑天挺,等:《中国历史大辞典:音序本(下)》,上海:上海辞书出版社,2007年版。

汪圣铎:《宋代社会生活研究》,北京:人民出版社,2007年版。

张明华:《徽宗朝诗歌研究》,上海:上海古籍出版社,2008年版。

苗春德、赵国权:《南宋教育史》,上海:上海古籍出版社,2008年版。

费正清:《中国的思想与制度》,郭晓兵等译,北京:世界知识出版社,2008年版。

张其凡:《宋代人物论稿》,上海:上海人民出版社,2009年版。

王炳照:《中国古代书院》,北京:中国国际广播出版社,2009年版。

姜锡东:《〈近思录〉研究》,北京:人民出版社,2010年版。

汪圣铎:《宋代政教关系研究》,北京:人民出版社,2010年版。

邓洪波:《中国书院史》(增订版),武汉:武汉大学出版社,2012年版。

## 三、博士、硕士论文

袁征:《宋朝学校教育研究》,河北大学博士学位论文,1989年。

何兆泉:《宋代宗室研究》,浙江大学博士学位论文,2004年。

王作良:《两宋宗室词研究》,陕西师范大学博士学位论文,2004年。

姜鹏:《北宋经筵与宋学的兴起》,复旦大学博士学位论文,2006年。

陈东:《清代经筵制度研究》,山东大学博士学位论文,2006年。

邹贺:《宋朝经筵制度研究》,陕西师范大学博士学位论文,2010年。

赵英华:《宋代皇储制度研究》,河北大学硕士学位论文,2000年。

张小红:《宋代宗室子弟教育制度研究》,河南大学硕士学位论文,2001年。

张春生:《两宋官学教育政策研究》,河北大学硕士学位论文,2003年。

戴晓刚:《宋代三次兴学中的教学改革研究》,西北师范大学硕士学位论文,2004年。

晃根池:《宋代宗室管理制度探析》,河南大学硕士学位论文,2005年。

刘庆宇:《明清宗室教育比较研究》,辽宁师范大学硕士学位论文,2005年。

楚利英:《宋太祖的治国思想》,暨南大学硕士学位论文,2006年。

华春勇:《宋代太医局医学教育诸问题初探》,西北大学硕士学位论文,2006年。

杨华:《论宋朝家训》,西北师范大学硕士学位论文,2006年。

朱云霞:《宋代教育中的进步因素研究——兼谈对当今中学语文教育的启示》,云南师范大学硕士学位论文,2006年。

曹俊平:《宋代书院教学管理研究》,安徽师范大学硕士学位论文,2006年。

晏富宗:《宋代书院师生关系研究》,江西师范大学硕士学位论文,2006年。

刘畅:《宋代官学经费制度研究》,河南大学硕士学位论文,2007年。

杨冰:《宋代原创性教育思想研究》,东北师范大学硕士学位论文,2007年。

孙巧莲:《两宋宗室词人群体研究》,华东师范大学硕士学位论文,2008年。

熊浒林:《宋代医学教育研究》,浙江大学硕士学位论文,2008年。

黄宝权:《宋代家庭教育研究》,河南大学硕士学位论文,2009年。

丛迪:《宋代书院教学管理制度研究》,东北师范大学硕士学位论文,2009年。

张瑜:《宋代多元化医学教育体制研究》,河南大学硕士学位论文,2009年。

马元元:《南宋经筵制度及其历史作用》,河北大学硕士学位论文,2008年。

## 四、其他论文

刘真:《宋代的学规和乡约》,《宋史研究集》第一辑,台北编译馆,1958年。

赵铁寒:《宋代的州学》,《宋史研究集》第二辑,台北编译馆,1964年。

钱穆:《唐宋时代文化》,《宋史研究集》第三辑,台北编译馆,1966年。

张其昀:《宋代四明之学风》,《宋史研究集》第三辑,台北编译馆,1966年。

赵铁寒:《宋代的学校教育》,《宋史研究集》第四辑,台北编译馆,1969年。

刘子建:《略论宋代地方官学和私学的消长》,《宋史研究集》第四辑,台北编译馆,1969年。

刘子健:《宋代考场弊端——兼论士风问题》,《宋史研究集》第五辑,台北编译馆,1971年。

朱重圣:《宋代太学发展的五个重要阶段》,《宋史研究集》第八辑,台北编译馆,1976年。

金中枢:《北宋科举制度研究(上)》,《宋史研究集》第十一辑,台北编译馆,1979年。

金中枢:《北宋科举制度研究(下)——进士诸科之解省试法(下)》,《宋史研究集》第十四辑,台北编译馆,1984年。

金中枢:《北宋科举制度研究再读——殿试法(上)》,《宋史研究集》第十五辑,台北编译馆,1984年。

何忠礼:《两宋登科人数考索》,《宋史研究集刊》第二集,浙江省社联《探索》杂志增刊,1986年。

金中枢:《北宋科举制度研究再读——进士诸科殿试法(中)》,《宋史研究集》第十六辑,台北编译馆,1986年。

朱重圣:《宋代太学取士及组织》,《宋史研究集》第十八辑,台北编译馆,1988年。

葛绍殴:《宋代四川地区的州县学》,《宋史研究集》第十八辑,台北编译馆,1988年。

葛绍殴:《湖州的文教》,《宋史研究集》第十九辑,台北编译馆,1989年。

金中枢:《从司马光十科举士看北宋的举官制度》,《宋史研究集》第十九辑,台北编译馆,1989年。

葛绍殴:《宋代徽州的文教》,《宋史研究集》第二十一辑,台北编译馆,1991年。

叶鸿洒:《试探北宋医学教育之发展》,《宋史研究集》第二十四辑,台北编译馆,1995年。

葛绍欧:《宋代的提举学事司》,《宋史研究集》第二十三辑,台北编译馆,1995年。

葛绍殴:《宋代府州的贡院》,《宋史研究集》第二十四辑,台北编译馆,1995年。

黄慧娴:《论北宋明法科及新科明法》,《宋史研究集》第二十四辑,台北编译馆,1995年。

王止峻:《复兴文化谈宋太祖》,《醒狮》1971年46卷第1期。

李弘祺:《宋代教育与科举的几个问题》,《宋代教育散论》,台北:东昇出版公司,1980年版。

陈汝法:《广闻见,增智虑(赵匡胤)》,《学习与思考》1984年第11期。

张惠芬:《宋代的太学》,《上海高教研究》1985年第3期。

章煌远:《试评宋太祖的用人之道》,《上海大学学报》(社会科学版)1986年第2期。

何忠礼:《北宋扩大科举取士的原因及与冗官冗吏的关系》,《宋史研究集刊》第一辑,杭州:浙江古籍出版社,1986年版。

汪魁龄:《论宋太宗》,《人大复印报刊资料·宋辽金元史》1986年第3期。

马诤:《唐宋两代的棋待诏》,《体育文化导刊》1986年第3期。

王瑞来:《略论宋太宗》,《社会科学战线》1987年第4期。

张士尊:《谈谈宋太祖的统御术》,《鞍山师专学报》1988年第2期。

张其凡:《雍熙北征到澶渊之盟——真宗朝政治研究之一》,《史学月刊》1988年第1期。

俞启定:《宋代太学三舍法评述》,《教育评论》1988年第5期。

黄书光:《宋代专科学校浅探》,《社会科学家》1988年第1期。

王瑞来:《论宋代皇权》,《历史研究》1989年第1期。

袁征:《宋朝中央和州郡学校教职员选任制度》,《文史哲》1989年第6期。

毛元佑:《论宋太宗的性格特征及其影响》,《华中师范大学学报》1989年第5期。

赵刚:《宋代的医学教育述略》,《东疆学刊》1990年第3期。

何忠礼:《科举制度与宋代文化》,《历史研究》1990年第5期。

牛梦琪:《宋代的社会教育》,《河南财经学院学报》1991年第3期。

袁征:《宋代小学的课程和教材》,《河北学刊》1991年第2期。

袁征:《北宋的教育与政治》,《宋辽金史论丛》第二辑,北京:中华书局,1991年版。

郭声波:《宋代宫廷教育机构考述》,《宋代文化研究》(第二集),成都:四川大学出版社,1992年。

剑锋:《宋太祖"重文"的贡献》,《海南大学学报》(人文社会科学版)1992年第2期。

郑强胜:《宋初的用人政策及影响》,《史学月刊》1993年第3期。

贺圣迪:《宋太祖太宗的文化建树》,《上海大学学报》(社会科学版)1993年第5期。

张邦炜:《两宋无内朝论》,《河北学刊》1994年第1期。

张邦炜:《论宋代的皇权和相权》,《四川师范大学学报》(社会科学版)1994年第2期。

韩冬:《宋初教育及其借鉴作用》,《杭州大学学报》(哲学社会科学版)1994年第2期。

王曾瑜:《北宋晚期政治简论》,《中国史研究》1994年第4期。

王才忠:《略论北宋儒学对政治统治及文化教育发展的积极作用》,《阜阳师范学院学报》(社会科学版)1995年第4期。

张炼:《论宋代教育家的道德教育观》,《西南民族学院学报》(哲学社会科学版),1996年第A2期。

朱瑞熙:《宋朝经筵制度》,《中华文史论丛》第55辑,上海:上海古籍出版社,1996年版。

葛绍欧:《宋代帝王幸学考》,《第二届宋史学术研讨会论文集》,中国文化大学,1996年。

邓广铭:《论赵匡胤》,《邓广铭治史丛稿》,北京:北京大学出版社,1997年。

宫云维:《宋初文化政策与儒佛道之关系》,《孔子研究》1997年第4期。

修海林:《宋代宫廷与官学中的音乐教育活动与理论》,《音乐艺术》1997年第4期。

王瑞明:《论宋代教育的主旋律》,《华中师范大学学报》(人文社会科学版)1998年第4期。

郭学信:《宋代社会文化形态简论》,《历史教学》1998年第8期。

葛庆华:《宋代宗室教育及应试问题散论》,《中州学刊》1999年第1期。

贺圣迪:《北宋诸帝的重儒活动》,《上海大学学报》(社会科学版)1999年第2期。

李华瑞:《论北宋政治变革时期的文化》,《文献》1999年第2期。

都樾:《略论宋代宗室的宗法文化特征》,《南通师范学院学报》(哲学社会科学版)2000年第1期。

都樾:《宋代宗室的文化成就及其影响》,《中国典籍与文化》2000年第2期。

张震:《论宋太祖、宋太宗的德政》,《天府新论》2002年第4期。

杨昆:《宋代文化繁荣探源》,《辽宁大学学报》2002年第1期。

邓小南:《走向"活"的制度史——以宋代官僚政治制度史研究为例的点滴思考》,《浙江学刊》2003年第3期。

罗家祥:《论北宋徽宗统治初期的政局演变》,《河北学刊》2003年第5期。

崔英超、张其凡:《熙丰变法中宋神宗作用之考析》,《暨南学报》(哲学社会科学版)2004年第3期。

伊沛霞:《宫廷收藏对宫廷绘画的影响:宋徽宗的个案研究》,《故宫博物院院刊》2004年第3期。

薄松年:《宋徽宗墨笔花鸟画初探》,《故宫博物院院刊》2004年第3期。

王瑞来:《宋代士大夫主流精神论——以范仲淹为中心的考察》,《宋史研究论丛》第6辑,保定:河北大学出版社,2005年。

杨昆:《宋真宗与北宋兴衰》,《北方论丛》2005年第5期。

邓小南:《谈宋初之"欲武臣读书"与"用读书人"》,《史学月刊》2005年第7期。

夏金兰:《浅谈宋代宗室文化》,《四川职业技术学院学报》2006年第2期。

何兆泉:《论宋代宗室的法律管理》,《浙江社会科学》2006年第2期。

杨建宏:《论宋代家训家范特点及其与民间社会控制之关系》,《宋史研究论文集》第十一辑,成都:巴蜀书社,2006年。

邓小南:《导向的确立——兼谈宋初"欲武臣读书"与"用读书人"》,《宋史研究论文集》第十一辑,成都:巴蜀书社,2006年。

郭洪义:《宋真宗个人因素对澶渊之盟的影响》,《辽宁师专学报》(社科版)2006年第5期。

方建新、高深:《宋代宫廷藏书考》,《浙江大学学报》(人文社会科学版)2007年第3期。

丁建军、金之易:《宋代教育发达原因探析》,《河北大学学报》(哲学社会科学版)2007年第4期。

张兴武:《〈庆历圣德诗〉与北宋中期政治文化的转型》,《中华文史论丛》2007年第1期。

甘松、刘尊明:《论宫廷文化背景下的宋代宫廷词创作》,《齐鲁学刊》2008年第5期。

方建新、王晴:《宋代宫廷藏书续考:专藏皇帝著作的殿阁》,《浙江大学学报》(人文社会科学版)2008年第3期。

王惠霖:《宋代武学考述》,《社科科学论坛》(学术研究卷)2008年第11期。

李慧斌、于宁:《宋代御书院制度考》,《青岛农业大学学报》(社会科学版)2008年第3期。

李强:《政治文化视野中的宋仁宗》,《中华文化论坛》2008年第1期。

余慧婷:《宋仁宗的历史形象》,《宋史研究论文集》上海:上海人民出版社,2018年版。

李强:《政治文化视野中的宋仁宗》,《中华文化论坛》2008年第1期。

邢宇峰、肖建新:《宋代太学教育管理的责任追究》,《安徽师范大学学报》(人文社会科学版)2009年第5期。

郭美琴:《宋代家训文献述论》,《兰台世界》2009年第8期。

徐星华、李立:《宋代帝王的宗教思想及其特点》,《通化师范学院学报》2009年第3期。

赵润金:《宋太宗与文学》,《中国文学研究》2009年第4期。

姜鹏:《北宋经筵中的师道实践》,《学术研究》2009年第7期。

张全明、张舜:《宋代人的读书风气与高雅境界》,《安徽师范大学学报》(人文社会科学版)2009年第1期。

聂强革:《试析宋代官方学校美术教育的基本特征》,《美与时代》(下半月)2010年第1期。

宋月辉、惠爱瑙、沈璿:《宋代书院师生管理、师生关系的特点及现代意义》,《扬州大学学报》(高教研究版)2010年第5期。

张力奎:《宋代学校教育经费来源之考证》,《平顶山学院学报》2010年第4期。

王曾瑜:《宋帝御集和御笔述论》,《兰州学刊》2015年第3期。

史泠歌、丁建军:《宋代皇帝对官员物质赏赐考论》,《兰州学刊》2015年第2期。

田志光、杨国珍:《宋代经筵官俸禄与待遇》,《宋史研究论丛》2017年第1期。

姜锡东、许丞栋:《庆历兴学——宋代官学教育自发向自觉的转折》,《河北大学学报》(哲学社会科学版)2016年第2期。

张邦炜:《宋代学校教育的时代特征——着眼于唐宋变革与会通的观察》,《四川师范大学学报》(社会科学版)2016年第5期。

刘迪:《论宋代宗正寺、宗正司对宗室教育的保障作用》,《铜仁学院学报》2016年第1期。

宋晓希:《御书赏赐的文治气象——宋太宗与唐宋御书政治文化的传承和转型》,《北京社会科学》2016年第12期。

夏福英:《宋代经筵制度化与"帝王之学"的形成》,《社会科学战线》2017年第10期。

赵润金:《宋代经筵讲义体的发展》,《北方论丛》2017年第6期。

韦兵:《"张守真神降"考疑:术士与宋太祖太宗皇权更替》,《华东师范大学学报》(哲学社会科学版)2017年第3期。

朱义群：《宋神宗起用王安石知江宁府的背景及其政治和文化意涵》，《中华文化论丛》2017年第3期。

游彪：《宋徽宗与成就斐然的宋代文化》，《人民论坛》2017年第13期。

顾宏义：《宋徽宗即位日记事发覆》，《首都师范大学学报》(社会科学版)2017年第5期。

卢璐：《论宋代以〈易〉解〈老〉的诠释向度——以〈宋徽宗御解道德真经〉为例》，《周易研究》2017年第2期。

丁建军：《宋朝皇帝诏求直言类型及原因探析》，《兰州学刊》2017年第10期。

武建雄：《北宋经筵奏议的思想内涵及政治意义——以〈宋朝诸臣奏议·经筵〉为例》，《淮北师范大学学报》(哲学社会科学版)2018年第2期。

王琦：《论宋代经筵讲义的兴起》，《中国哲学史》2018年第2期。

程民生：《论宋代宗室的文化水平》，《经济社会史评论》2018年第2期。

廖寅：《宋真宗〈劝学诗〉形成过程及作伪原因考述》，《中国高校社会科学》2018年第3期。

李政阳：《宋徽宗崇道成因新考——以宋本〈度人经〉为中心》，《世界宗教研究》2018年第5期。

曾祥波：《经筵概念及其制度源流商兑——帝学视野中的汉唐讲经侍读与宋代经筵》，《史学月刊》2019年第8期。

邹贺：《从"经筵"词源管窥儒、释文化的互相影响》，《保定学院学报》2019年第4期。

王贞贞、舒大刚：《北宋经筵讲诗对宋诗学形成的影响》，《河南大学学报》(社会科学版)2019年第5期。

他维宏：《法祖宗、裨治体：宋代圣政编纂与经筵讲读》，《历史教学问题》2019年第6期。

江小涛：《北宋的宗室学校教育》，《隋唐辽宋金元史论丛》第九辑，上海古籍出版社，2019年。

陈峰：《在底线上下的宋真宗》，《读书》2019年第6期。

汤勤福：《宋真宗"封禅涤耻"说质疑——论真宗朝统治危机与天书降临、东封西祀之关系》，《河北大学学报》(哲学社会科学版)2019年第2期。

李晓虎、李利霞：《宋神宗在熙宁变法中的过失与历史之鉴》，《领导科学》2019年第19期。

龚延明：《宋代经筵制度探析》，《中原文化研究》2020年第2期。

王瑞来：《"君德成就责经筵"——〈玉牒初草〉所见君臣互动考察》，《社会科学战线》2020年第6期。

王琦:《经义、君德与治道——宋代〈论语〉经筵讲义研究》,《孔子研究》2020年第6期。

赵冬梅:《宋仁宗之"仁"》,《人民论坛》2020年第20期。

田志光:《宋仁宗为赤脚大仙转世神话考论》,《河南大学学报》(社会科学版)2020年第4期。

安国楼,张义祥:《宋徽宗与龙德宫》,《中国史研究》2020年第1期。

邹贺:《宋代经筵讲读经史蠡析》,《中国区域文化研究》2021年第1期。

王琦:《经筵进讲与孟子升格运动》,《中国哲学史》2021年第1期。

孙杰:《经筵讲读:经筵讲官与帝王互动中的经典传承——以《五经》《四书》为中心的考察》,《学术探索》2021年第3期。

丁建军、秦思源:《论宋徽宗东巡镇江的历史书写》,《河北大学学报》(哲学社会科学版)2021年第1期。

王建生:《宋金交互视域中的徽宗之死》,《北京社会科学》2021年第1期。

张晨光:《论宋徽宗曹掾官改革》,《文史》2020年第1辑。

　　这本书终于要出版了。本书的主体部分是我的博士论文《北宋皇帝重教研究》，在此基础上增加了北宋皇帝对书院教育的重视，并进行了一些史料的更新、补充和完善。博士论文的出版离我博士毕业已整整10年，按说博士毕业后就应该尽快出版，但碍于本人的拖沓与学术尚需进步，以及本人的学术与工作重心转移到董仲舒研究，以至到了接近退休的年龄方才怀着忐忑不安的心情，硬着头皮予以出版。

　　我是在2007年评上教授职称之后才决定考博的。我的本科读的是教育学，硕士研究生时读的是法学，都不是历史专业。出于对宋史的喜爱和多年持有的博士情结，我决定报考河北大学宋史研究中心姜锡东先生的博士。由于我的历史学底子非常薄弱，英文也放下了多年，所以备考难度非常大。不过，经过两年的努力终于如愿以偿。读了四年，我取得了博士学位。

　　读博是我人生中一个非常重要的节点，对我的身心是一次全面的考验。因为我的历史学功底差，攻读博士学位的难度可想而知。我工作的单位不太愿意我读博期间丢下工作，而读博期间的功课又绝对不能耽搁，所以就要比常人付出更多。读博期间我未曾落下一节课，除了上课，其他时间我就蹲在宋史研究中心的资料室读书和查阅资料。读博第一年，为了兼顾工作和学业，我经常每周自驾往返保定与衡水三次，晚饭后开车从河北大学的所在地保定回衡水，那时保定到衡水的高速公路尚未开通。读博的生活是紧张充实的，也是困难重重的，更是不堪回首的。我的导师姜锡东先生见我太拼，非常担心我的身体，多次提醒我不要急着毕业，说我已经有工作有饭吃，身体比什么都重要。可是，我还是希望能尽早博士毕业，由于太过拼搏，读博期间我得了甲亢并落下了一有压力便头晕的毛病。

结合我本科读的教育学专业，姜锡东先生为我定了博士论文"北宋皇帝重教研究"这个题目。本书出版之前在姜先生的建议下进行了修改完善，借此更名为"北宋皇帝与教育考论"。博士毕业意味着我刚刚踏进了宋史研究的门槛，本应倍加努力，在宋史研究上不断进步，但非常惭愧的是，我却停滞不前了。当时我已是《衡水学院学报》主编，学报创办了"董仲舒与儒学研究"特色专栏，这个栏目日渐成为学术界和期刊界的名栏，学校在此基础上成立了董子学院，我同时负责两个部门的工作。董仲舒研究成为衡水学院的主打特色，在全国儒学界影响非常大，并享有国际盛誉。现在衡水学院已经成为董仲舒研究的重要基地。我的主要精力用于董仲舒研究相关工作，既要组建研究队伍，又要带队伍进行相关研究；既要打造董学重镇，又要依托董学研究进行优秀传统文化的传播等。河北省董仲舒研究会与中华孔子学会董仲舒研究专业委员会都坐落在董子学院，我是这两个学会的秘书长，每年要召开两个大型学术年会，至此我们已经举办30余场董仲舒研究全国性和国际性学术会议，衡水学院已经成为董仲舒研究国际高地。为此，我对宋史研究便无力顾及，这也成了我学术生命中最大的遗憾和心里难以治愈的痛。

近几年我虽然在宋史研究上没有太多付出，但也关注着宋史研究动态，争取抓住每个可以学习的机会，参与宋史研究学术活动。

本书尚不成熟，敬请各位老师和专家赐教。

魏彦红

2024年2月20日

后记